Kohlhammer

Die Autorinnen

Dr. Regine Schelle ist Diplom-Sozialpädagogin und arbeitet als wissenschaftliche Referentin am Deutschen Jugendinstitut in München in der Abteilung Kinder und Kinderbetreuung.
Dr. Tina Friederich ist Diplom-Wirtschaftspädagogin und Professorin für Pädagogik an der Katholischen Stiftungshochschule München.

Regine Schelle/Tina Friederich

Interaktionsorientierte Didaktik der Frühpädagogik

Konzepte und Prinzipien

Verlag W. Kohlhammer

Dieses Werk einschließlich aller seiner Teile ist urheberrechtlich geschützt. Jede Verwendung außerhalb der engen Grenzen des Urheberrechts ist ohne Zustimmung des Verlags unzulässig und strafbar. Das gilt insbesondere für Vervielfältigungen, Übersetzungen, Mikroverfilmungen und für die Einspeicherung und Verarbeitung in elektronischen Systemen.

Die Wiedergabe von Warenbezeichnungen, Handelsnamen und sonstigen Kennzeichen in diesem Buch berechtigt nicht zu der Annahme, dass diese von jedermann frei benutzt werden dürfen. Vielmehr kann es sich auch dann um eingetragene Warenzeichen oder sonstige geschützte Kennzeichen handeln, wenn sie nicht eigens als solche gekennzeichnet sind.

Es konnten nicht alle Rechtsinhaber von Abbildungen ermittelt werden. Sollte dem Verlag gegenüber der Nachweis der Rechtsinhaberschaft geführt werden, wird das branchenübliche Honorar nachträglich gezahlt.

Dieses Werk enthält Hinweise/Links zu externen Websites Dritter, auf deren Inhalt der Verlag keinen Einfluss hat und die der Haftung der jeweiligen Seitenanbieter oder -betreiber unterliegen. Zum Zeitpunkt der Verlinkung wurden die externen Websites auf mögliche Rechtsverstöße überprüft und dabei keine Rechtsverletzung festgestellt. Ohne konkrete Hinweise auf eine solche Rechtsverletzung ist eine permanente inhaltliche Kontrolle der verlinkten Seiten nicht zumutbar. Sollten jedoch Rechtsverletzungen bekannt werden, werden die betroffenen externen Links soweit möglich unverzüglich entfernt.

1. Auflage 2023

Alle Rechte vorbehalten
© W. Kohlhammer GmbH, Stuttgart
Gesamtherstellung: W. Kohlhammer GmbH, Stuttgart

Print:
ISBN 978-3-17-037210-8

E-Book-Formate:
pdf: ISBN 978-3-17-037211-5
epub: ISBN 978-3-17-037212-2

Inhaltsverzeichnis

1	**Einleitung**		**7**
2	**Bildung und Lernen in der frühen Kindheit**		**10**
	2.1	Ausgangspunkt und Ziel: Bildung in der frühen Kindheit	10
		2.1.1 Was ist Bildung?	10
		2.1.2 Bildung in der Kindertageseinrichtung	13
	2.2	Wie lernen junge Kinder?	17
		2.2.1 Psychologische Lerntheorien	17
		2.2.2 Frühpädagogische Perspektiven auf Lernen	21
		2.2.3 Besonderheiten des frühkindlichen Lernens	24
3	**Didaktik der Frühpädagogik – ein Überblick**		**32**
	3.1	Was meint Didaktik?	32
	3.2	Pädagogische Konzepte der Frühpädagogik	43
	3.3	Didaktische Konzepte der Frühpädagogik	46
	3.4	Prinzipien einer Didaktik der Frühpädagogik	66
	3.5	Didaktische Praktiken in der Frühpädagogik	70
4	**Interaktion als didaktisches Kernprinzip**		**75**
	4.1	Interaktion und Kommunikation – Definition und Relevanz für kindliche Entwicklung	75
		4.1.1 Anthropologische Grundannahmen zu Interaktionen	78
		4.1.2 Interaktionsforschung zu Eltern und Kindern	79
		4.1.3 Interaktionsforschung in Kindertageseinrichtungen	81
	4.2	Interaktion als Schlüssel der Didaktik	84
	4.3	Lernförderliche Interaktionsformen	87
5	**Skizzierung eines interaktionsorientierten Konzepts frühpädagogischer Didaktik**		**98**
	5.1	Theoretische Hintergründe – Anschluss an didaktische Modelle	98
	5.2	Verlauf einer interaktionsorientierten Didaktik	102
	5.3	Prinzipien einer interaktionsorientierten Didaktik	105
	5.4	Gegenstand einer interaktionsorientierten Didaktik	108
	5.5	Spannungsfelder einer interaktionsorientierten Didaktik	111
	5.6	Didaktisches Handeln als professionelles Handeln	116

6		**Didaktische Kompetenzen erwerben – Voraussetzungen in Aus- und Weiterbildung sowie in der pädagogischen Praxis**	**120**
	6.1	Kompetenzorientierung in der beruflichen Aus- und Weiterbildung frühpädagogischer Fachkräfte	120
	6.2	Der Kompetenzerwerb	124
		6.2.1 Kompetenzorientierte Didaktik in Aus- und Weiterbildung	125
		6.2.2 Kompetenzerwerb in der Praxis	127
	6.3	Anbahnung didaktischer Kompetenzen in den unterschiedlichen frühpädagogischen Ausbildungsgängen sowie im Rahmen von Weiterbildung	128
		6.3.1 Die Ausbildung zum*r Erzieher*in	129
		6.3.2 Berufsfachschulische Ausbildungen sowie das Studium der Kindheitspädagogik	131
		6.3.3 Kompetenzanbahnung im Rahmen von Weiterbildung	133
	6.4	Kompetenzen für eine interaktionsorientierte Didaktik	135
7		**Fazit und Ausblick**	**143**
Literaturverzeichnis			**147**

1 Einleitung

Seit rund zwanzig Jahren sieht sich das Arbeitsfeld der Kindertagesbetreuung damit konfrontiert, das zu beschreiben, was Bildung in diesen frühen Jahren meint und wie sie umgesetzt werden kann. Zwar wurde bereits 1990 bei Inkrafttreten des Achten Sozialgesetzbuches (SGB VIII) auch der Bildungsauftrag neben dem Erziehungs- sowie Betreuungsauftrag in § 22 SGB VIII als Grundsatz für die Förderung von Kindern in Tageseinrichtungen festgelegt. Doch erst der sogenannte »PISA-Schock« zu Beginn der 2000er Jahre, bei der eine internationale Vergleichsstudie schulischer Leistungen der OECD Deutschland ein nur mittelmäßiges Abschneiden bescheinigte, gab den Impuls dazu, sich damit verstärkt auseinanderzusetzen, wie ein solcher Bildungsauftrag in den Kindertageseinrichtungen ausgestaltet sein sollte. Im Zuge dieser Entwicklung wurde die Kindertageseinrichtung zunehmend auch in der breiten Öffentlichkeit als außerschulischer Bildungsort wahrgenommen (Otto & Rauschenbach 2004; Münchmeier, Otto & Rabe-Kleeberg 2002). In den Bundesländern wurden die Rahmenpläne für frühe Bildung in Kitas entwickelt, Bildung in Kindertageseinrichtungen wurde, wenn auch unterschiedlich, konzipiert (Liegle 2010; Schäfer 2011; Fthenakis 2003; Laewen 2002).

Damit rückte unweigerlich die Frage nach einer Didaktik in den Vordergrund, denn das Unterstützen und Anregen von Lernprozessen als Voraussetzung für Bildung ist ein ureigener Gegenstand der Didaktik, unabhängig vom Alter der Lernenden. Didaktisches Handeln kann als praktische Umsetzung dessen verstanden werden, was an Zielen, Leitorientierungen und Bildungsinhalten in Bildungskonzepten festgehalten wird.

Trotz dieser Entwicklungen scheint Didaktik aber von vielen Fachkräften nicht als eine eigene Aufgabe verstanden zu werden. Boll (2020) befragte pädagogische Fachkräfte in Kindertageseinrichtungen. Sie kommt zu dem Ergebnis, dass Didaktik durch die Fachkräfte lediglich als unvermitteltes Lehren, z. B. in gezielter Beschäftigung oder Angeboten, wahrgenommen wird und im Sprachgebrauch der Fachkräfte kaum vorkommt. Die Ergebnisse spiegeln eine große Unsicherheit der Fachkräfte mit dem Begriff der »Didaktik« und auch fehlendes Wissen im Umgang damit wider. Lediglich die Angebotsplanung und die damit verbundene Methodenlehre wird als Didaktik verstanden. Didaktik ist etwas, das die Fachkräfte »mal gemacht« haben, etwas Exklusives. In der Praxis kann eine Unsicherheit im didaktischen Handeln beobachtet werden und eine deutlich eingeschränkte Wahrnehmung von Didaktik als gezielte Vermittlungstätigkeit. Auch weitere Studien weisen darauf hin, dass wenig didaktisches Fachwissen bei Fachkräften in Kindertageseinrichtungen vorhanden ist (z. B. Wieduwilt et al. 2019), Interaktionen zwischen Fachkräften und Kindern sind meist emotional unterstützend, aber selten lernförderlich (z. B. Wadepohl & Mackowiak 2016; Wertfein, Wirts & Wildgruber 2015; König 2009).

Betrachtet man diesen Diskurs in seiner Gesamtheit, so stellt sich die Frage, wie diese Entwicklung zu erklären ist. Vermutungen können dazu angestellt werden: Auf der einen Seite dient die Abgrenzung zur Didaktik im frühpädagogischen Bereich auch der Abgrenzung zum schulischen Lernen und ist in dieser Funktion auch vor dem Hintergrund der Professionalisierung der Fachkräfte wichtig. Was zeichnet pädagogische Fachkräfte in Kindertageseinrichtungen aus? Wie unterscheiden sie sich in ihrem pädagogischen Handeln etwa von Lehrkräften? Die Frage nach einer Didaktik in der Frühpädagogik steht im Verdacht, diese Grenzen womöglich zu verwischen und so die »Verschulung« der Kindertageseinrichtung voranzutreiben. Dieser Verdacht ist aufgrund der in den letzten Jahren zu beobachtenden Standardisierungsprozesse in der Kinder- und Jugendhilfe und aufbauend auf internationalen Bestrebungen, Daten zu Leistungen auch im frühkindlichen Bereich (»Baby-PISA«) z. B. durch die Organisation für wirtschaftliche Zusammenarbeit und Entwicklung (OECD) zu erheben und zu vergleichen, sicherlich nicht unbegründet (Kasüschke & Frank 2021).

Neben diesen stark professionspolitisch gefärbten Motiven, Didaktik in der Kindertageseinrichtung abzulehnen, zeigt sich auf der anderen Seite aber auch ein Desiderat in der Wissenschaft und Disziplin der Pädagogik der frühen Kindheit. So beschäftigt sich die Allgemeine Didaktik als Wissenschaft kaum mit der frühen Bildung, also mit dem Lernen von Kindern vor dem Schuleintritt. Grundlegende Modelle, auf die zurückgegriffen werden kann, fehlen entsprechend (Hopf 2020). Das wäre aber dringend notwendig, um eine eigenständige Didaktik zu entwickeln, die sich andererseits als Teil der Allgemeinen Didaktik verstehen kann. Dies kann auch dazu beitragen, die oben genannten professionspolitischen Bedenken der Didaktik gegenüber zu überwinden. Kasüschke (2018) konstatiert, dass der Begriff der Didaktik zu lange allein auf das schulische Lernen angewendet wurde, ohne den Begriff in die Diskurse in der frühen Bildung zu integrieren. Im Diskurs und in Forschungsprojekten wurde oft ein eigenes Verständnis von Bildung und Lernen in der Kindertageseinrichtung entwickelt, das aber nicht explizit wurde, und Aussagen zur Didaktik getroffen, aber der Begriff nicht genutzt.

Die Pädagogik der frühen Kindheit ist also gefordert, den Bildungskonzepten in der frühen Kindheit einen didaktischen Rahmen zur Seite zu stellen, der Anschluss an allgemeine didaktische Diskurse, Modelle oder Konzepte herstellt und gleichzeitig die Spezifizität des Lernens und der Bildung in Kindertageseinrichtungen in den Mittelpunkt rückt und als somit nicht verhandelbar darlegt. Damit rückt das frühpädagogische Handeln, also die Arbeit mit Kindern im Alter von 0 Jahren bis zur Einschulung, bezogen auf die Zielsetzungen einer Didaktik in den Vordergrund.

Für dieses Buch verwenden wir sehr bewusst den Begriff der Frühpädagogik (synonym Pädagogik der frühen Kindheit) und nicht Begriffe wie Elementarpädagogik, Kindergartenpädagogik oder Vorschulerziehung. Aus unserer Sicht beinhaltet der Begriff der Frühpädagogik ein umfassenderes Aufgabenfeld und bezieht sich auf alle pädagogischen Fragen, die Kinder von 0 Jahren bis zum Schuleintritt betreffen. Damit wird der Blick nicht allein auf bildungsrelevante Fragestellungen gelenkt. So soll deutlich werden: didaktisches Handeln ist *ein* Teil, *ein* Aspekt der pädagogischen Arbeit in Kindertageseinrichtungen, die noch wesentliche andere Aufgaben beinhaltet (z. B. Erziehung und Betreuung, gruppenpädagogische Aspekte, soziale Inklusion, die Zusammenarbeit mit Eltern, die Sozialraumarbeit etc.). Das Buch blickt also sehr bewusst auf *einen* Ausschnitt der pädagogischen Arbeit, den es gilt, näher zu beleuchten.

Dazu will das vorliegende Buch einen Beitrag leisten und zum einen notwendiges Fachwissen gebündelt darstellen, zum anderen auch die Entwicklung eines didaktischen Konzepts vorantreiben, das die Interaktion zwischen pädagogischen Fachkräften und Kindern als Kern pädagogischen Handelns ins Zentrum stellt.

Im zweiten Kapitel wird dazu zunächst analysiert, wie Bildung und Lernen in der frühen Kindheit verstanden werden können, welche Aspekte wichtig sind und wie junge Kinder lernen. Diese Basis für alle didaktischen Überlegungen wird dann in Kapitel 3 mit einer Zusammenstellung von grundlegendem Wissen zu Didaktik ergänzt. Didaktische Modelle, Prinzipien, pädagogische Konzepte sowie didaktische Konzepte der Frühpädagogik werden dargelegt und dabei darauf verwiesen, auf welchem großen »Schatz« an Wissen die Disziplin bereits aufbauen kann. In Kapitel 4 wird der erste Schritt einer konzeptionellen Entwicklung einer Didaktik der Frühpädagogik getan: Die Interaktion wird als Kernprinzip herausgestellt und begründet. Lernförderliche Interaktionsformen werden vorgestellt. In Kapitel 5 folgt dann der zweite, schon konkrete Schritt in Richtung einer interaktionsorientierten Didaktik als Konzept: einzelne Aspekte dazu, wie der Verlauf, die Prinzipien oder etwa der Gegenstand, werden herausgearbeitet und »übersetzt«. So entsteht eine erste Kontur einer interaktionsorientierten Didaktik. Welche Konsequenzen eine solche für die Kompetenzen der pädagogischen Fachkräfte hat und wie diese erworben werden können, wird in Kapitel 6 skizziert. Mit den Schlussfolgerungen werden in Kapitel 7 bedeutsame Aspekte und Gedanken nochmal zusammengefasst.

2 Bildung und Lernen in der frühen Kindheit

2.1 Ausgangspunkt und Ziel: Bildung in der frühen Kindheit

Kinder lernen bereits vor ihrer Geburt im Mutterleib, das zeigen Untersuchungen mit Säuglingen, die sich nach der Geburt an bestimmte Klangmuster erinnern können, die sie bereits vorgeburtlich gehört haben (Pauen 2017). Aber handelt es sich hierbei schon um Bildung? Welche Voraussetzungen braucht Bildung und welche Lernprozesse führen zu Bildung? Und wie kann Bildung in Kindertageseinrichtungen unterstützt werden? Um diesen Fragen auf den Grund zu gehen, ist in einem ersten Schritt zunächst zu klären, was der Begriff Bildung meint und wie dieser mit dem Lernen zusammenhängt.

2.1.1 Was ist Bildung?

Für die Pädagogik ist der Begriff der Bildung zentral und doch ist er nicht einheitlich definiert. Der Begriff wird – das stellte Dieter Lenzen schon Ende der 1990er Jahre fest – inflationär verwendet und sagt damit oft nichts mehr aus oder meint alles Mögliche (Lenzen 1997). Die Schärfe des Bildungsbegriffs nimmt also mit seiner zunehmenden Popularität und Verwendung ab (Drieschner 2017).

In seiner ursprünglichen Wortbedeutung meint Bildung so viel wie Ebenbild, Nachbild und Nachahmung (Zirfas 2018). Damit verweist der Begriff in seiner Bedeutung aus dem 14. Jahrhundert auf ein Bildungsverständnis, bei dem es Ziel war, einem Vorbild nachzueifern oder auch sich Gott anzunähern. Im Laufe der Jahrhunderte und vor allem durch die Etablierung der Disziplin der Pädagogik an den Universitäten wurde das Konzept von Bildung weiterentwickelt. Im Zuge dessen entstanden verschiedene Vorstellungen von Bildung, die andere Schwerpunkte und Ziele als auch Bildungsinhalte setzen – natürlich abhängig von Zeitgeist und gesellschaftlichen Entwicklungen. Der bildungstheoretische Diskurs ist vielfältig und bezieht sich auf oft sehr unterschiedliche theoretische Zugänge. Drei Beispiele veranschaulichen diese Unterschiede auch im historischen Verlauf:

Wilhelm von Humboldt (1767–1835)

Im 18. Jahrhundert formuliert Wilhelm von Humboldt ein Verständnis von Bildung, das bis heute die pädagogischen Diskussionen größtenteils prägt. Er trennt Bildung vom religiösen Fundament und stellt das Individuum mit seiner Entwicklung in den Mittelpunkt. Bildung bezieht sich in diesem Sinne vor allem auf die innere Entwicklung der gesamten Person (Koller 2017). Für Humboldt ist eine allgemeine, umfassende Bildung des Individuums anzustreben, die die drei Grundkategorien Individualität, Universalität und Totalität beinhaltet. Mit Individualität ist gemeint, dass jeder Mensch als Individuum betrachtet werden muss und sich nur durch Bildung individuell entwickeln kann. Universalität bezieht sich darauf, dass eine Entfaltung des Individuums erst über viele verschiedene Bildungsinhalte gelingen kann, während die Totalität eine ganzheitliche individuelle Entwicklung beschreiben will. Bildung ist damit für Humboldt ein lebenslanger, nicht abschließbarer Prozess, der auch immer in Kontakt mit anderen und schließlich in einer Rückbindung an sich selbst abläuft (Zirfas 2018).

Wolfgang Klafki (1927–2016)

Wolfgang Klafki verstand anknüpfend an klassische Bildungstheorien wie z. B. Humboldt Bildung als Allgemeinbildung und setzt an der »Vernachlässigung der gesellschaftlichen Dimension von Bildungsprozessen« (Koller 2014, S. 105) an. Bildung hat nach Klafki die Aufgabe, das Individuum in die Lage zu versetzen, die herrschenden Gesellschaftsverhältnisse kritisch zu reflektieren und damit verändern zu können. Dazu sind drei Aspekte erforderlich: »Bildung muss in diesem Sinne zentral als Selbstbestimmungs- und Mitbestimmungsfähigkeit des einzelnen und als Solidaritätsfähigkeit verstanden werden« (Klafki 1985, S. 17). Dieser Bildungsanspruch richtet sich nach Klafki an alle, daher machte er auch konkrete Vorschläge, wie dieses Ziel erreicht werden kann: durch eine möglichst lange, gemeinsame schulische Allgemeinbildung, die die zentralen gesellschaftlichen Probleme aufgreifen soll und nicht nur kognitive Prozesse anregen, sondern auch »die Förderung von Argumentations- und Kritikfähigkeit, von Empathie sowie moralischer Entscheidungs- und Handlungsfähigkeit« (Krüger 2019, S. 85) umfasst. Die Allgemeinbildung soll über die Beschäftigung mit Schlüsselproblemen erreicht werden, mit denen sich die Lernenden auseinandersetzen sollen, ergänzt durch die Möglichkeit, persönlichen Interessen und Fähigkeiten nachzugehen (Koller 2014). Dieses Konzept der kategorialen Bildung hat zum Ziel, die materiale (was soll gelernt werden?) und die formale (wie soll gelernt werden?) Seite von Bildung ineinander zu integrieren.

> **Hans-Christoph Koller (*1956)**
>
>
> In aktuellen Debatten wird häufig auf den Bildungsbegriff von Hans-Christoph Koller zurückgegriffen, der ebenfalls an Humboldt anschließt (Zirfas 2018). Koller versteht Bildung als einen Prozess, aus dem das Individuum »verändert hervorgeht«, was das »gesamte Verhältnis des Subjekts zur Welt, zu anderen und zu sich selbst betrifft« (Koller 2012, S. 9). Somit kann Bildung einerseits als ein Prozess beschrieben werden, der durch Krisen in Gang gesetzt wird, andererseits aber auch als einen Vorgang, der empirisch erfassbar ist, weil er Veränderungsprozesse darstellt. Bildung wird als Transformation des Individuums verstanden, die durch Auseinandersetzung mit neuen, widersprüchlichen oder paradoxen Themen und Inhalten angestoßen wird (Zirfas 2018).

Allein diese drei Definitionen von Bildung zeigen: Bildung ist ein Begriff, der sehr unterschiedlich verwendet wird, und obwohl er für die Pädagogik – neben Erziehung, Lernen und Sozialisation – zentral ist, findet sich keine allgemeingültige Definition.

Doch lassen sich in den neueren bildungstheoretischen Reflexionen gewisse Gemeinsamkeiten erkennen (Drieschner 2017), die angelehnt an Zirfas (2011, S. 13) im Kern wie folgt zusammengefasst werden können: »Bildung meint einen differenzierten, intensiven und reflektierten Umgang mit sich und der Welt, der zur Ausformung eines selbstbestimmten kultivierten Lebensstils führt.« Um es noch genauer zu beschreiben:

1. Bildung ist Ergebnis einer Auseinandersetzung zwischen einem Individuum mit der objektiven Welt, also eine Verschränkung von Individualität und Kultur, von Selbst und Welt. Bildungsprozesse können als Auseinandersetzungen mit der Welt, in der wir leben, beschrieben werden: mit den Bedingungen, mit den Erwartungen, mit den Normen und Werten sowie mit den kulturellen Errungenschaften.
2. Bildung ist eine Leistung des Subjekts und ist damit ein Selbstformungsprozess. Bildung geschieht selbsttätig und ist daher keine Leistung des bzw. der Pädagog*in, sie ist immer eine Leistung des Subjekts. Bildung ist also nicht pädagogisches Handeln, sie ist allenfalls Ziel des pädagogischen Handelns.
3. Bildung zielt darauf ab, das Subjekt zur Selbstbestimmung zu befähigen. Ziel ist die Teilhabe an gesellschaftlichen Prozessen sowie eine aktive Gestaltung der Umgebung und die Partizipation. Mit Drieschner (2017, S. 94) kann man hier ergänzen, dass sich so ein immer »differenzierterer, individueller Welt- und Selbstbezug im Denken, Fühlen und Handeln« ausbildet.

Bildung ist demnach viel mehr als das Erlangen einer Qualifikation und auch nicht an die Institution Schule gebunden. Vielmehr handelt es sich um einen lebenslangen Prozess, der sich in allen Interaktionen und Lebenswelten ereignen kann und keineswegs in nur dafür vorgesehenen Institutionen (Drieschner 2017).

Bildung ist in unserer Wissensgesellschaft ein entscheidender Wert geworden. Sie wird nicht mehr nur durch Zertifikate bestätigt und ist Grundlage für materielle Sicherheit, sondern sie soll vieles anderes einlösen, das wir uns in einer freien, demokratischen Gesellschaft wünschen: Bildung soll Lebenschancen eröffnen und ist entscheidende Voraussetzung für die Entfaltung der Persönlichkeit sowie dafür, individuelle Wege zu gehen und unabhängige Entscheidungen treffen zu können. Darüber hinaus ist Bildung Schlüssel für die Teilhabe an und Gerechtigkeit in der Gesellschaft. Angesichts dieser hohen Bedeutung ist es folgerichtig, dass Bildung ein erklärtes Menschen- und Kinderrecht ist (Thiersch 2006; Zirfas 2011).

Versteht man Bildung in diesem Sinne, dann ist unausweichlich, dass auch für die pädagogische Arbeit in Kindertageseinrichtungen das Ziel sein muss, kindliche Bildungsprozesse zu unterstützen und zu begleiten.

2.1.2 Bildung in der Kindertageseinrichtung

Kindertageseinrichtungen haben nach dem § 22 Absatz 3 SGB VIII einen gesetzlich verankerten Auftrag, der formuliert, dass »Erziehung, Bildung und Betreuung« in den Institutionen entsprechend umgesetzt werden müssen (Roßbach & Spieß 2019). Lange Zeit noch nach dem Inkrafttreten des Gesetzes im Jahr 1992 war unklar, was dieser Auftrag umfasst und besonders auch, was mit Bildung in der Kindertageseinrichtung konkret gemeint ist. Erst die viel diskutierten internationalen Vergleichsstudien der schulischen Leistungen Jugendlicher und Grundschüler*innen (wie PISA oder TIMMS)[1] hatten zur Folge, dass die Kindertageseinrichtung als nonformaler Bildungsort »entdeckt« und sich damit auseinandergesetzt wurde, was den Bildungsauftrag umfasst (Otto & Rauschenbach 2004; Münchmeier, Otto & Rabe-Kleeberg 2002; Laewen 2013).

Drei unterschiedliche Diskurse zur Ausgestaltung des Bildungsauftrags in Kitas fasst Reyer (2015) zusammen:

- Einzig gesetzlich legitimierter Bildungsauftrag ist der *sozialintegrative (sozialpädagogische) Bildungs-, Erziehungs- und Betreuungsauftrag* der Kindertageseinrichtungen. Dieser Bildungsauftrag ist ein doppelter, weil er nicht nur die Unterstützung der Erziehungs- und Bildungsprozesse der Kinder beinhaltet, sondern auch die Entlastung der Eltern bei der Vereinbarkeit von Beruf und Familie. »Sozialintegration bedeutet, den Kindern und ihren Familien bei der Erfüllung der Aufga-

---

1 Die internationale Schulleistungsstudie »PISA« erfasst im Auftrag der Organisation für wirtschaftliche Zusammenarbeit und Entwicklung (OECD) die Kompetenzen von 15-jährigen Jugendlichen beim Lesen, in der Mathematik und den Naturwissenschaften. Im Jahr 2001 zeigte die erste Studie, dass die Leistungen deutscher Schüler*innen im Lesen, in der Mathematik und den Naturwissenschaften im internationalen Vergleich als unterdurchschnittlich angesehen werden können. Noch schlimmer: Jede*r vierte 15-Jährige konnte nicht ausreichend gut lesen und schreiben (»Risikogruppe«). Nur in einem Punkt lag Deutschland vorn: in der Bildungs*un*gerechtigkeit. In keinem anderen Land war die Schulleistung so eng an die soziale Herkunft gekoppelt wie hierzulande.

ben zu helfen, die ihnen vom Sozialsystem gestellt sind; die ältere Formel hieß Familienergänzung.« (Reyer 2015, S. 7 f.) Zwei Ziele zeichnen sich ab: zum einen die Betreuung und Sozialerziehung des Kindes, zum anderen die Freistellung familialer Betreuungspersonen für den Arbeitsmarkt. Die Sozialerziehung des Kindes, also seine Primärsozialisation, ist Teil eines ganzheitlichen Bildungsbegriffs (vgl. ebd., S. 8). Wie die Ansprüche der Eltern gegenüber denen der Kinder zu verhandeln sind, muss dabei geklärt werden. Die Ausübung des Erziehungs- und Bildungsauftrags ist in diesem Verständnis von den Vorstellungen der Eltern abhängig, die eine Einrichtung wählen, die ihnen mit ihrer Konzeption und Umsetzung der Bildungspläne entspricht (Reyer 2015).

- Die Forderung nach einem *eigenständigen Bildungsauftrag* der Kindertageseinrichtung richtet sich gegen einen solchen sozialintegrativen Blick und will einen allgemeinen Bildungsauftrag des Elementarbereichs geltend machen. Frühe Bildung weist, unabhängig davon, ob Familien eine Entlastung brauchen oder nicht, einen eigenen Mehrwert gegenüber der Erziehung und Bildung allein in der Familie auf. Eine deutliche Abgrenzung gegenüber der Schule wird dabei gefordert. Aufgrund der Bedeutung von Selbstbildung und Interaktion, die in ganzheitliche Bildungsprozesse münden, und dem Spiel als spezifische Form des Lernens wird nicht danach gestrebt, Kindertageseinrichtungen in das Bildungswesen zu integrieren (Reyer 2015).
- Bestrebungen, den Elementarbereich auch gesetzlich aus dem sozialintegrativen Funktionszusammenhang zu lösen, können als ein *systemintegrativer Bildungsauftrag* zusammengefasst werden. Das würde den Wechsel von Zuständigkeiten bedeuten, nämlich von der sozialministeriellen zur bildungsministeriellen Zuständigkeit und damit einer strukturellen Eingliederung der Kindertageseinrichtungen in das Bildungswesen. Eine Erhöhung der Chancengerechtigkeit und der Verbesserung des Bildungserfolges im nachfolgenden Bildungssystem werden bei dieser Argumentation hervorgehoben (Reyer 2015).

Ein eigenständiger Bildungsauftrag scheint vielversprechend zu sein, allerdings darf nicht vergessen werden, dass die Kinder in Kindertageseinrichtungen noch sehr jung sind. Die Kinder sind eng mit ihren Familien verbunden, sie sind ihre wichtigsten Bindungs- und Bildungspersonen und haben großen Einfluss auf deren Entwicklung. Studien zeigen, dass die Familie einen nachhaltigeren Einfluss auf die Bildungsprozesse der Kinder haben als die Institutionen (vgl. Tietze et al. 2013; NICHD 2006). Vor diesem Hintergrund erscheint ein Zusammenspiel zwischen Kindertageseinrichtung und Familie zielführend, um die Bildungsprozesse des Kindes in der Kindertageseinrichtung passgenau zu unterstützen. Liegle (2004) schlägt einen integrierenden Bildungsbegriff vor, der eine Verschränkung von Erziehung, Bildung und Betreuung umfasst und in den jeweiligen Einrichtungen abhängig von den dort anwesenden Familien und Kindern ausdifferenziert werden muss. Auch der Aktionsrat Bildung beschreibt frühe Bildung als mehrdimensionales Konstrukt, das in einem Zusammenspiel aus dem Erwerb basaler Kompetenzen (Bildung) in angemessenen Rahmenbedingungen (Betreuung) unter Hinzunahme unterstützender Maßnahmen (Erziehung) besteht. Alle drei Aufgaben erhalten ein eigenständiges

Gewicht und sind von gleicher Bedeutung (Vereinigung der Bayerischen Wirtschaft e. V. 2012).

Ein Ergebnis der oben erwähnten intensiven Auseinandersetzungen in der Fachöffentlichkeit und in der Bundes- und Länderpolitik mit dem Bildungsauftrag sind die seit 2004 veröffentlichten »*Bildungspläne*«[2] für die Kindertageseinrichtungen. Im Jahr 2004 hat die Kultus- und Jugendministerkonferenz einen Beschluss zu einem »Gemeinsamen Rahmen für die frühe Bildung in Kindertageseinrichtungen« vorgelegt, der die Entwicklung von Bildungsplänen für den Elementarbereich vorsah. Dies stellte einen Paradigmenwechsel dar, da erstmals eine »Verständigung über die Grundsätze der Bildungsarbeit« (Röhner 2020, S. 689) in Kindertageseinrichtungen erfolgte sowie eine Konkretisierung zum Bildungsbegriff, zum Bildungsauftrag und zu Bildungsbereichen vorgenommen wurde. Heute liegen für alle 16 Bundesländer Bildungspläne vor, die deutlich machen sollen, was unter Bildung in Kindertageseinrichtungen verstanden wird und welche Bereiche mit welchen Methoden gefördert werden sollen (ebd.). In den Bildungsplänen werden einige Merkmale der Ausgestaltung frühkindlicher Bildungsangebote erkennbar: Dazu gehören die Orientierung der Bildungsarbeit an der Lebenswelt und Vielfalt der Kinder, die Ganzheitlichkeit sowie die Beteiligung von Kindern an den ihr Leben betreffenden Entscheidungen (Partizipation). Ausgangspunkt für Bildungsangebote sollen zudem die Interessen und Fragen der Kinder sein, die über Beobachtung und Dokumentation in Erfahrung gebracht werden, und die Gestaltung anregender Räumlichkeiten und Außengeländen (Röhner 2020). Zusammenfassend können die folgenden Bildungsbereiche, die im gemeinsamen Rahmen der Kultus- und Jugendministerkonferenz formuliert sind, als grundlegend für die Bildungsarbeit in Kindertageseinrichtungen betrachtet werden:

- Sprache, Schrift, Kommunikation
- Personale und soziale Entwicklung, Werteerziehung/religiöse Bildung
- Mathematik, Naturwissenschaft, (Informations-)Technik
- Musische Bildung/Umgang mit Medien
- Körper, Bewegung, Gesundheit
- Natur und kulturelle Umwelten
  (vgl. JMK/KMK 2004)

Beschäftigt man sich damit, wie Bildung konkret in der Frühpädagogik konzipiert werden kann, dann zeigt sich, dass insbesondere die selbstbildenden Kräfte der Kinder und damit die Idee, dass Bildung ein Selbstformungsprozess ist, hervorgehoben wird. Eine solche Fokussierung kann auch als Ausdruck eines sich wandelnden Bilds von jungen Kindern in den letzten Jahrzehnten verstanden werden: Nicht mehr nur der*die Erwachsene, der*die einen Wissensvorsprung und mehr Erfahrung hat, bringt dem Kind etwas bei, sondern das Kind setzt sich aktiv mit der

---

2 Die Bundesländer haben verschiedene Titel gewählt: Bildungsempfehlungen, Bildungsrahmenpläne, Orientierungspläne etc. Mit dem Begriff »Bildungspläne« sind all diese Dokumente gemeint.

Welt auseinander und erklärt sich diese durch die eigenen Erfahrungen selbst. Forschungen bestätigen ein solches Bild eines sich selbstbildenden Kindes, das deutend und gestaltend die eigenen Lern- und Entwicklungsprozesse steuert. Ergebnisse aus der Säuglings- und Hirnforschung beispielsweise zeigen, dass Kinder – entgegen vorheriger Annahmen – in den ersten Jahren ihres Lebens nicht allein biologischen Reifungsprozessen unterlegen sind, die weitgehend unabhängig von äußeren Einflüssen vonstattengehen. Von Geburt an verfügen Kinder über wichtige Kompetenzen, um sich mittels Interaktion mit ihrer Umwelt auseinanderzusetzen (Pauen & Vonderlin 2007).

Im Mittelpunkt steht also das Kind als Individuum und Subjekt, das sich aus eigenem Antrieb bildet, um Lebenskompetenzen zu erwerben, wie z. B. die Sprache. Bildung ist ohne die Selbsttätigkeit des Kindes nicht möglich, sie ist Voraussetzung für Bildung (Drieschner 2010). Schäfer (2006) begründet die Bedeutsamkeit von Selbstbildungsprozessen bei jungen Kindern damit, dass diese in diesem Alter »Kulturneulinge« sind, d. h., sie können noch nicht auf so viele Erfahrungen mit der Welt zurückgreifen wie Schulkinder und müssen daher erst »mentale Repräsentationen und Deutungen von Welt« (Drieschner 2010, S. 189) aufbauen. Das meiste, was die Kinder erleben, ist für sie neu, daher müssen sie eine Auswahl treffen an Aspekten, die sie verstehen wollen, und das tun sie anhand ihres Interesses. Viele traditionelle Konzepte in der Pädagogik der frühen Kindheit basieren auf der Idee einer solchen kindlichen Selbstbildung, auch wenn diese die Bedeutung der erwachsenen Bezugsperson dafür hervorheben (Hopf 2020). Auch in den Bildungsplänen der Bundesländer wird – mit unterschiedlichem Schwerpunkt – das Kind als aktiver Akteur seines eigenen Bildungswegs beschrieben. Dabei darf eine solche Vorstellung nicht darüber hinwegtäuschen, dass kein Kind kompetenter sein kann als das Umfeld, das von den Erwachsenen bereitgestellt wird (Pramling Samuelsson & Asplund Carlsson 2007). Inwiefern sich Kinder also selbstbilden können, hängt in besonderem Maße von förderlichen oder hemmenden Umweltbedingungen ab (Pauen 2012). Kinder benötigen förderliche Beziehungen und Interaktionen und auch eine herausfordernde Lernumgebung, damit sie ihren Antrieb, ihr Interesse und ihre Selbstbildungskräfte entfalten können.

Trotz des zumeist geteilten Verständnisses, dass Kinder in der Lage sind, ihre Bildungsprozesse eigentätig voranzutreiben, unterscheiden sich die Vorstellungen davon, wie die Bildung junger Kinder bestmöglich anzuregen ist. Das ist insbesondere auch davon abhängig, welche Faktoren für das Lernen von jungen Kindern als entscheidend wahrgenommen werden (Drieschner 2010; Gold & Dubowy 2013; Schelle 2011). Dabei sind nicht alle Lernprozesse als Bildungsprozesse zu verstehen, sondern nur jene, die dazu beitragen, dass der bzw. die Einzelne die eigenen Handlungsmöglichkeiten, aber auch die Möglichkeiten des Fühlens und Denkens erweitert. Damit erhöht sich die Wahrscheinlichkeit für die bzw. den Einzelne*n, dass er bzw. sie selbstwirksam handeln und so die Umwelt im Rahmen der eigenen Möglichkeiten aktiv gestalten kann. Auch wenn nicht alle Lernprozesse nach diesem Verständnis zu Bildung führen, so sind sie dennoch die Voraussetzung für Bildung.

2.2 Wie lernen junge Kinder?

»Lernen ist ein Prozess, bei dem es zu überdauernden Änderungen im Verhaltenspotenzial einer Person als Folge von Erfahrungen kommt« (Ehm, Lonnemann & Hasselhorn 2017, S. 13). Lernen betrifft dabei ganz unterschiedliche Bereiche (motorischer, sprachlicher, sozialer Bereich etc.), kommt auf unterschiedliche Weise zustande (beiläufig oder bewusst etc.) und ist von unterschiedlicher Dauer (einmalige Erfahrung oder langwieriger Prozess). Dabei unterscheiden sich auch gleichaltrige Kinder in ihrem Lernerfolg und Lernaktivität, auch in manchen Bereichen kann das Lernen leichter oder schwerer fallen. Das Lernen verändert sich über die Altersspanne hinweg, ist also als zeitlich dynamisch zu begreifen (Ehm, Lonnemann & Hasselhorn 2017). Lernen ist neben der Reifung ein Motor der Entwicklung des Menschen (Fröhlich-Gildhoff, Mischo & Castello 2016). Dabei spielt neben den biologischen Faktoren, die in jedem Menschen angelegt sind, die Umwelt eine entscheidende Rolle: Abhängig davon, welche Erfahrungs- und Lernpotentiale die Umwelt bietet, werden Lernprozesse aktiviert. Entscheidend sind die Selbstgestaltungskräfte des Individuums, die zu seiner Entwicklung beitragen. (Gold & Dubowy 2010; Kärtner 2019). Wie solche Lernprozesse konkret ablaufen, wovon sie abhängen und wie sie beeinflusst werden können, versuchen psychologische Lerntheorien zu erklären, die im Folgenden für einen Überblick kurz skizziert werden.

2.2.1 Psychologische Lerntheorien

Vier große Theoriesysteme können als Klassiker der psychologischen Lerntheorien bezeichnet werden: der Behaviorismus, die sozial-kognitive Theorie des Lernens, der Kognitivismus und der Konstruktivismus (Reinmann 2013).

Behaviorismus – Lernen als Reiz-Reaktion

Über weite Strecken des 20. Jahrhunderts wurde der psychologische Lernbegriff vom Behaviorismus geprägt (Göhlich, Wulf & Zirfas 2014). Grundlage des Behaviorismus ist die Annahme, dass das Gehirn ein Organ ist, das auf Reize von außen mit angeborenen oder erlernten Verhaltensweisen reagiert. Lernen wird also durch eine Reiz-Reaktions-Kette ausgelöst: Auf bestimmte Reize folgen bestimmte Reaktionen. Innerpsychische oder kognitive Prozesse (»black box«) sind dabei nicht von Interesse, da sie als von außen nicht beobachtbar gelten. Als Kern des Behaviorismus können zwei Prinzipien betrachtet werden: das klassische Konditionieren und das operante Konditionieren (Ehm, Lonnemann & Hasselhorn 2017). Bei der klassischen Konditionierung wird ein an sich neutraler Reiz mit einem Reiz gekoppelt, der eine Reaktion auslöst, sodass dann der erste Reiz später auch allein eine solche Reaktion auslöst (z.B. weißer Arztkittel steht in Zusammenhang mit Schmerz). Beim operanten Konditionieren wird ein spontanes Verhalten mit einem angenehmen Reiz (positiv) oder durch Entfernung eines unangenehmen Reizes (negativ) verstärkt und auf diese Weise geformt (Reinmann 2013). Bei unerwünschten Verhaltensweisen wird z. B. dem Kind die Aufmerksamkeit entzogen, bei erwünschtem wird ihm besondere Aufmerksamkeit geschenkt. Auf diese Weise passen Kinder ihr Verhalten an, um möglichst viel positive Aufmerksamkeit zu erhalten (Siegler et al. 2016).

Sozial-kognitive Theorie des Beobachtungslernens

Als ein zentrales Lernprinzip führt der kanadische Psychologe Bandura das Konzept des Modell-Lernens (Lernen durch Beobachtung und am Modell) ein. Denn die recht simplen Mechanismen der Konditionierung können den Erwerb komplexer Verhaltensweisen, z. B. der Sprache, nicht ausreichend erklären (Ehm, Lonnemann & Hasselhorn 2017). In seiner sozial-kognitiven Lerntheorie geht Bandura davon aus, dass Kinder durch Beobachtung und Nachahmung lernen und sich diese Prozesse in drei Teilprozesse gliedern lassen: Beobachtung, Speicherung und Reproduktion des Verhaltens. Dabei nehmen Kinder auch stellvertretende Verstärkung (z. B. durch die Bilder in einem Film) für eine bestimmte Verhaltensweise wahr und reagieren entsprechend in ihrem eigenen Verhalten darauf (Siegler et al. 2016, S. 324). Hervorgehoben wird dabei, dass neben den kognitiven Voraussetzungen, die das Kind mitbringt (Aufmerksamkeit, Entschlüsselung des Beobachteten, Erinnerung des Gesehenen und Wiederabruf), um die Umwelt zu verstehen, die Reaktionen der Umwelt ebenfalls auf das Kind einwirken und rückgespiegelt werden. Diese Wechselwirkungen haben sowohl Einfluss auf das Kind als auch die Umwelt. Banduras Theorie weist damit dem Kind einen aktiven Part an seiner Entwicklung zu und verweist auf den interaktionalen Charakter der Erfahrungen mit anderen Personen. Abhängig vom Verhalten der Personen entwickelt das Kind unterschiedliche Vorstellungen von sich selbst und seiner Umwelt (Siegler et al. 2016, S. 140). Dabei geht es auch um die Weitergabe relevanten Wissens und Fertigkeiten der jeweiligen Kultur. Die Theorie des sozial-kognitiven Lernens grenzt sich entscheidend vom Behaviorismus ab, da sie nicht nur den Reizen, sondern auch deren kognitiver Verarbeitung einen Einfluss auf das Lernen einräumt und sich Lernen nicht nur in einer Verhaltensänderung, sondern auch in inneren kognitiven Prozessen ausdrückt (Ehm, Lonneman & Hasselhorn 2017).

Den behavioristischen Lerntheorien, auch der Theorie des sozial-kognitiven Lernens, kann vorgeworfen werden, dass sie für nicht erwartbares Verhalten keine ausreichende Erklärung liefern. »Das schöpferische Tun des Menschen bleibt aus behavioristischer Sicht unerklärlich.« (Göhlich, Wulf & Zirfas 2014, S. 10) So kann man bei diesem Verständnis von Lernen das Zutrauen in die Kompetenz des bzw. der Lernenden vermissen und auch das Vertrauen in den inneren Antrieb, das Interesse und die Motivation des bzw. der Lernenden (Göhlich, Wulf & Zirfas 2014). Entsprechend dieser Kritik wurden die theoretischen Zugänge zum Lernen weiterentwickelt. Der Kognitivismus, aber insbesondere der Konstruktivismus suchen eine erweiterte Erklärung.

Kognitivismus – Lernen als Informationsverarbeitung

Seit Beginn der 1980er Jahre verbreitete sich die Idee des Kognitivismus in der Theorie- und Forschungslandschaft (Reinmann 2013). Der Kognitivismus stellt die Informationsverarbeitung, also die Art und Weise, wie Menschen Probleme lösen, in den Mittelpunkt. Lernen beruht auf einem Informationsfluss zwischen drei unterschiedlichen Speicherkomponenten im menschlichen Gehirn: dem sensorischen Register (in dem die Reize aus der Umwelt für sehr kurze Zeit bereitgehalten werden), dem Kurzzeit- bzw. Arbeitsgedächtnis (in dem die Reize verarbeitet werden, wenn ihnen Aufmerksamkeit geschenkt wird) sowie dem Langzeitgedächtnis (das einen permanenten Speicher von Informationen darstellt). Entscheidend für das Lernen sind die Verarbeitungsprozesse im Kurzzeitgedächtnis: Dort werden Informationen nicht nur festgehalten, sondern auch mit den Informationen im Langzeitgedächtnis abgeglichen und geordnet. Dabei weist dieses Gedächtnis eine Architektur auf, in der unterschiedliche Wissensarten auch unterschiedlich abgespeichert werden und miteinander verknüpft sind. Lernen bedeutet dann eine Veränderung dieses Wissensnetzwerkes und entsteht durch die Integration neuer Informationen darin (Ehm, Lonnemann & Hasselhorn 2017). Lernen ist also eine Wechselwirkung zwischen dem externen Angebot (z. B. ein Lerngegenstand) und der inneren Struktur des Lernenden. Dafür ist die intrinsische Motivation Voraussetzung, nicht wie beim Behaviorismus die extrinsische (Göhlich, Wulf & Zirfas 2014). Kritisch anzumerken bleibt, dass die Informationsverarbeitung bei den kognitivistischen Lerntheorien stark allein in eine Richtung gedacht (vom Reiz ins Gedächtnis) wird. Offen bleibt dabei die Frage, wie das Wissen, über das wir schon verfügen, die Aufmerksamkeit auf bestimmte Reize lenkt, sozusagen »vorsortiert«, und entsprechend die Aufnahme und Verarbeitung von Reizen beeinflusst. Wie sich ein solches Wechselspiel zwischen vorhandenem Wissen und neuen Erfahrungen und Informationen gestaltet, das fokussieren die konstruktivistischen Lerntheorien (Ehm, Lonnemann & Hasselhorn 2017).

Konstruktivismus – Lernen als Konstruktion von Wissen

Lernen als Konstruktion meint, dass Informationen nicht passiv aufgenommen und abgespeichert werden, sondern diese Informationen aktiv ausgewählt und verarbeitet werden (Ehm, Lonnemann & Hasselhorn 2017). Kern dieser Lerntheorien ist der Gedanke, dass jedes Subjekt eine eigene Vorstellung von Wirklichkeit und ein eigenes Bild von der Welt hat, die es umgibt. Jede*r formt aus dem eigenen Bild der Welt eine innere Struktur, in die er oder sie neue Erfahrungen oder Reize stets »einsortiert« und entsprechend bewertet. Durch dieses innere Abgleichen und Interpretieren konstruiert jede Person etwas Neues, wenn sie lernt. Eine Erkenntnis, ein Lernergebnis ist daher eine Konstruktionsleistung des bzw. der Einzelnen. Die eigene innere Struktur organisiert dabei jede*r selbst, auch wenn wir stets in Austausch mit der Umwelt stehen. Ereignisse in der Umwelt können Auslöser für Veränderungen und Lernen sein. Aber wie sich Veränderungen tatsächlich bei

Einzelnen auswirken, hängt von der eigenen inneren Struktur ab (König 2009; Reich 2014; 2019).

Wissen kann in diesem Sinne nicht vom Lehrenden einfach transferiert werden. Damit ist Lernen kein Informationsverarbeitungsprozess, sondern ein Konstruktionsprozess, der das subjektive Konstruieren von Wissensstrukturen umfasst. Die Reize von außen sind nicht per se Informationen, sondern werden ausschließlich vom psycho-physischen System, also von der lernenden Person selbst, als eine solche wahrgenommen und so zu einer relevanten Information für die eigene innere Struktur gemacht (Göhlich, Wulf & Zirfas 2014).

Als ein Wegbereiter des Konstruktivismus kann die Theorie der kognitiven Entwicklung von Jean Piaget betrachtet werden (Reich 2014; 2019). Mittlerweile gibt es unterschiedliche Denkrichtungen konstruktivistischer Theorien, wie z. B. den radikalen Konstruktivismus, den systemtheoretischen oder den entwicklungspsychologischen Konstruktivismus. Auf diesen Ansätzen bauen die Selbstbildungsansätze der Frühpädagogik auf. Es gib aber auch einen Ansatz des Konstruktivismus, der sich davon nochmals abhebt: den Sozialkonstruktivismus, aus dem heraus die Ko-Konstruktion als Erklärung, wie Kinder lernen, folgt (Drieschner 2010).

Jean Piaget – Theorie der kognitiven Entwicklung

Als Wegbereiter des Konstruktivismus kann der Ansatz von Jean Piaget verstanden werden. Piaget beschreibt, dass Lernende nach und nach verschiedene Entwicklungsstufen durch aktive Auseinandersetzung mit der Umwelt (Assimilation) sowie mittels situativer Anpassung an jeweilige Umweltbedingungen (Akkomodation) durchlaufen müssen. Der Konstruktivismus greift die Erkenntnis Piagets auf, dass Lernen immer subjektiv konstruiert wird (vgl. Piaget in Reich 2008, S. 72). Piaget legte eine breit angelegte Entwicklungstheorie vor, die sich über verschiedene Altersstufen erstreckt und unterschiedliche Entwicklungsbereiche abdeckt. Damit ist sie auch heute noch eine der zentralen Entwicklungstheorien beinhaltet, die wichtige Erkenntnisse über das Lernen von Kindern. Piaget versteht Kinder als Forschende und geht davon aus, dass sie aufgrund ihrer Erfahrungen selbst Wissen konstruieren. Dabei benennt er drei wesentliche Prozesse, die zu diesen Konstruktionen führen: das Hypothesenbilden, das Experimentieren und das Schlussfolgern. Dabei nimmt er an, dass Kinder vieles von sich selbst aus lernen und keine Anleitung von anderen Personen benötigen (z. B. etwas immer wieder fallen lassen und damit Rückschlüsse auf das Verhalten von Objekten ziehen). Aus zahlreichen Beobachtungen seines Sohnes und anderer Kinder gelangte Piaget zu dem Schluss, dass Kinder aus eigenem Interesse lernen und dass es hierzu keiner Belohnung bedarf. Zudem ging er auch davon aus, dass Kinder über ihre Erkenntnisse nachdenken und diese auf neue Situationen anwenden können.

Damit kann konstatiert werden, dass Entwicklung bei Piaget ein Zusammenspiel von Anlage und Umwelt erfordert und durch Lernen vorangetrieben wird. Unter der Voraussetzung eines reifenden Gehirns und eines reifenden Körpers spielt nicht nur die Erziehung der Eltern oder in Institutionen eine Rolle, sondern alle Erfahrungen, die das Kind macht. Dabei werden ständig neue Erfahrungen mit bereits gemachten abgeglichen und so innere Konzepte weiterentwickelt (Siegler et al. 2016, S. 120f.)

Obwohl Piagets Theorie der kognitiven Entwicklung über 100 Jahre alt ist, besitzt sie heute noch Relevanz. Allerdings gibt es auch Kritikpunkte. Ein zentraler Kritikpunkt betrifft den eher geringen Wert, den Piaget der sozialen Welt zur kognitiven Entwicklung der Kinder zuschreibt. Kinder leben jedoch vom Tag ihrer Geburt an in einer sozialen Welt und erleben zahlreiche Interaktionen mit verschiedenen Personen. Diese wirken maßgeblich auf die Entwicklung der Kinder ein und haben einen nachhaltigen Einfluss, was z. B. angesichts kultureller Bildung offensichtlich wird.

Die Darstellung der verschiedenen Perspektiven auf das Lernen von Kindern zeigt, dass die ersten Theorien noch von einfachen Reiz-Reaktions-Mustern ausgingen, während die kognitiven Theorien die wechselseitigen Bezüge zwischen Mensch und Umwelt beschreiben und beiden Faktoren einen aktiven Anteil bescheinigen. Keine dieser Lerntheorien kann als die »beste« Theorie oder als allgemeingültig angesehen werden. Allerdings nehmen konstruktivistische Diskurse seit den letzten Jahrzehnten sowohl in der Psychologie, der Soziologie und in der Pädagogik eine bedeutende Rolle ein und beeinflussen maßgeblich die Ansichten darüber, wie Kinder lernen. Auch in der pädagogischen Psychologie, mehr als in der Lernpsychologie allgemein, hat sich das Verständnis von Lernen nach dem Konstruktivismus größtenteils durchgesetzt (Göhlich, Wulf & Zirfas 2014). Das mag daran liegen, dass der Konstruktivismus die Eigenständigkeit und Selbstbestimmtheit des Subjekts hervorhebt und den Eigensinn des Lernens als bedeutend beschreibt – beides Aspekte, die auch für ein modernes Bildungsverständnis wichtig sind. Auch das Bild vom Kind als kompetentem Akteur, der seine eigenen Bildungsprozesse vorantreibt, findet sich hier wieder.

Psychologische Lerntheorien sind eine wichtige Basis, um das Lernen junger Kinder zu erklären und zu verstehen. Pädagogik will aber einen Schritt weitergehen: Sie will das Lernen nicht nur verstehen und analysieren, sondern bestmöglich unterstützen. Somit rückt die Qualität der Beziehung zwischen Kind und Umfeld in den Vordergrund sowie die Möglichkeiten, diese für eine Weiterentwicklung des Kindes zu verbessern (Göhlich, Wulf & Zirfas 2014). Das kindliche Lernen findet nicht isoliert statt, sondern eingebunden in ein Umfeld, dass das Lernen unterstützt oder womöglich behindert. Das Lernen junger Kinder wird also durch das Setting einer Kindertageseinrichtung nachhaltig beeinflusst.

2.2.2 Frühpädagogische Perspektiven auf Lernen

Auch innerhalb der Diskussion in der Frühpädagogik um Bildung und Lernen wird deutlich, dass der Konstruktivismus als theoretische Erklärung zumeist dominiert. Demnach sind kindliche Lernprozesse Konstruktionsprozesse, die sich auf die

Wahrnehmung des einzelnen Kindes von sich und seiner dinglichen, aber auch personalen Umwelt stützen. Lernen bei jungen Kindern führt so zu einer

> »Errichtung eines inneren Weltmodells [...], eines Arbeitsmodells von der Welt und sich selbst. Dieses Arbeitsmodell dient dem Kind zur Deutung seiner Erfahrungen und zugleich als Ort, in den seine Erfahrungen integriert und wo sie aufbewahrt werden.« (Laewen 2013, S. 99)

Das Kind nimmt nicht schon etwas Vorgefertigtes, das ihm angeboten wird, in Besitz und bildet es ab, sondern es konstruiert aufbauend auf den eigenen Erfahrungen etwas Neues, wenn es lernt (Laewen 2013). Kinder setzen sich mit dem Rückgriff auf eigene Erfahrungen und ihnen bekannte Sinnkontexte »handelnd, empfindend, denkend und in schöpferischer Form in Bezug zu den Phänomenen ihrer Umwelt und zu anderen Menschen« auseinander. »Vorstellungsmuster und Handlungsmöglichkeiten werden durch kreatives Erproben und Spielen ausdifferenziert, verändert oder völlig verworfen.« (Viernickel & Stenger 2010, S. 177)

Dabei darf man nicht übersehen, dass der Konstruktivismus kein »fertiges« oder einheitliches Theoriegebäude ist, sondern eher wie eine große Baustelle verstanden werden kann, an der fortwährend und sehr unterschiedlich gearbeitet wird. So gibt es verschiedene Denkrichtungen konstruktivistischer Theorien und stetig werden diese durch neue ergänzt. Für das Lernen in Kindertageseinrichtungen sind, wie in Kapitel 2.2.1 schon angedeutet, zwei Strömungen des Konstruktivismus in den letzten Jahren besonders relevant geworden: der radikale Konstruktivismus, auf dem die Idee der Selbstbildung beruht, und der Sozialkonstruktivismus, der den Prozess der Ko-Konstruktion beschreibt (Drieschner 2010).

Der Ansatz der Selbstbildung (Schäfer 2008) geht davon aus, dass Kinder von Geburt an über alle notwendigen Potentiale verfügen, um die innere Erfahrung selbst zu organisieren und so ihre Fähigkeiten zu entwickeln und zu entfalten. Diese Potentiale entwickeln sich durch die fortwährenden Konstruktionsprozesse stetig weiter. Abhängig ist diese Entwicklung von den Möglichkeiten, die Kinder in ihrer Umwelt dafür finden, denn Selbstbildung ist keine »Von-Selbst-Bildung«. Ohne eine kindliche Eigeninitiative sind Lernprozesse nicht möglich, Kinder können also nicht gebildet werden, sondern sie bilden sich von Beginn an selbst (Laewen 2002). Pädagogisch gestaltbar sind damit die Kommunikations- und Interaktionsprozesse zwischen Fachkräften und Kindern sowie die Lernumgebung, die die selbsttätige Weltaneignung von Kindern unterstützen sollen. Die Prozesse des Lernens und schließlich der Bildung entziehen sich der direkten Einwirkung der Erwachsenen und liegen in der Kompetenz des Kindes. Grundfrage für jedes pädagogische Handeln ist es demnach, inwieweit Kindern es dadurch ermöglicht wird, ihre Selbsttätigkeit und Selbstorganisation realisieren zu können (Schäfer 2008).

Aufbauend auf einer sozialkonstruktivistischen Idee des Lernens gewinnt die Idee der Ko-Konstruktion an Bedeutung. Dabei wird – wie auch bei der Idee der Selbstbildung – davon ausgegangen, dass Kinder über selbstbildende Kräfte verfügen. Noch deutlicher als bei der Selbstbildung wird aber hervorgehoben, dass Kinder beim Lernen auf soziale Vermittlungsprozesse angewiesen sind, die durch andere Personen (Eltern, Geschwister, frühpädagogische Fachkräfte u. a.) gestaltet werden. Ko-Konstruktion bezeichnet damit den Prozess der Erarbeitung von Wissen

2.2 Wie lernen junge Kinder?

durch das Kind über die Zusammenarbeit mit sozialen Partner*innen. Wird von einem ko-konstruktivistischem Verständnis des Lernens ausgegangen, rücken die Interaktionsprozesse zwischen den Kindern und ihren sozialen Partner*innen in den Mittelpunkt des Interesses. Diese haben dann eine hohe Bedeutung und Verantwortung für die Bildungsprozesse der Kinder (Gold & Dubowy 2010; Fthenakis 2002). »Im Sozialkonstruktivismus wird das Kind als von Geburt an in soziale Beziehungen eingebettet betrachtet« (Fthenakis 2002, o. S.). Aus dieser Perspektive hängen das Lernen und somit die Wissenskonstruktionen des Kindes davon ab, welche Erfahrungen es in seiner spezifischen Umgebung im Rahmen von ko-konstruktiven Prozess macht. Als Beispiel nennt Fthenakis eine Sequenz aus den Forschungen von Jerome Bruner, die eine Bilderbuchbetrachtung zwischen einer Mutter und einem Kind im Sprachentwicklungsprozess darstellt: Für das Kind gewinnen die Bilder im Buch erst mit den Erläuterungen der Bezugsperson an Bedeutung (Fthenakis 2002, o. S.).

König (2012) konstatiert, dass in der Frühpädagogik aktuell ein sozialkonstruktivistisches Bildungsverständnis vorherrsche, welches unter anderem auch auf die Theorie von Lev Wygotsky verweist.

Lev Wygotsky: Die Zone der nächsten Entwicklung

Lev Wygotsky (1896–1934) war einer der einflussreichsten Psychologen seiner Zeit, der sich auch mit pädagogischen Fragestellungen beschäftigte. Im Jahr 1930 veröffentlichte er erstmals seine sozialkonstruktivistische Lerntheorie. Dabei stellt er die These auf, dass man bei Lernprozessen zwischen dem aktuellen Entwicklungsstand (Actual Development Level) und dem potentiellen Entwicklungsstand (Potential Development Level) unterscheiden könne. Der aktuelle Entwicklungsstand umfasst die momentanen Fertigkeiten und Kenntnisse eines Kindes, mit denen das Kind Herausforderungen ohne fremde Hilfe bewältigen kann. Der potentielle Entwicklungsstand meint Kenntnisse und Fähigkeiten, die der bzw. die Lernende noch nicht beherrscht, und Aufgaben, die er oder sie (noch) nicht selbstständig, also ohne fremde Hilfe, lösen kann. Damit ergibt sich ein Abstand zwischen dem aktuellen und potentiellen Entwicklungsstand. Diesen Abstand bezeichnet Wygotsky als »Zone der nächsten Entwicklung.« (Kunze & Gisbert 2007). In dieser Zone trifft das Kind auf Anforderungen, die es allein nicht meistern kann. Mittels Unterstützung durch eine*n Erwachsene*n kann das Kind seinen aktuellen Entwicklungsstand ausbauen und so eine neue Zone der nächsten Entwicklung erreichen. Ziel ist es also, dass Kinder immer in Bewegung auf eine neue Zone der Entwicklung sind. Dazu braucht es eine anregungsreiche Umgebung und die Kinder brauchen einen Ansporn, sich mit neuen Herausforderungen auseinanderzusetzen. Notwendig sind dafür Erwachsene, die das Kind auffordern und motivieren, damit es sich mit Dingen beschäftigt, die es herausfordern (König 2009). Die Idee dieser Zone der nächsten Entwicklung wird gerade in der Frühpädagogik häufig aufgegriffen.

Stehen diese beiden Ideen des Lernens in der frühen Kindheit nun im Gegensatz zueinander? Schäfer (2011) kritisiert den Zugang der Ko-Konstruktion, da dieser die Gefahr beinhalte, die Bedürfnisse des Kindes zugunsten derer der Erwachsenen zu vernachlässigen. Denn ist das Kind von Ko-Konstruktionsprozessen mit Erwachsenen abhängig, können diese auch maßgeblich entscheiden, welche Bildungsinhalte es wert sind, angeregt zu werden. Doch letztlich unterscheiden sich die beiden Perspektiven vorrangig in der Frage, was der ursprüngliche Motivator für kindliches Lernen ist: Liegt dieser in der Neugier und damit den Selbstbildungsfähigkeiten des Kindes oder werden diese durch die Interaktionen mit anderen Personen erst aktiviert und dadurch angetrieben? Dies kann nicht endgültig geklärt werden, als sicher gilt jedoch, dass Lernen und schließlich auch Bildung ohne beide Aspekte kaum möglich wäre. Auch Schäfer (2011) schätzt beide Perspektiven als sich ergänzend ein. Vor diesem Hintergrund lässt sich festhalten, dass Lernen durch die Selbstbildungsfähigkeiten der Kinder möglich wird und sich teilweise in Selbsttätigkeit vollzieht, aber durch Interaktionen, Umgebungen und Gegenstände angeregt werden kann. Mit diesem Verständnis von Lernen wird deutlich, dass der Gestaltung von Interaktionen und der Lernumgebung in Kindertageseinrichtungen für die Bildung der Kinder eine zentrale Rolle zukommt.

Neben diesen grundlegenden theoretischen Annahmen sind noch weitere Aspekte zu beachten, will man die Lernprozesse junger Kinder pädagogisch begleiten und unterstützen. Denn das kindliche Lernen im Alter von unter sechs Jahren in Institutionen weist Besonderheiten auf.

2.2.3 Besonderheiten des frühkindlichen Lernens

Die Art und Weise, wie ein Kind lernt, ist hochgradig von dessen Alter abhängig (Ehm, Lonnemann & Hasselhorn 2017). Obwohl es relativ wenig Wissen über das Lernen von jungen Kindern gibt (Hasselhorn 2011), lässt sich dieser Befund mit einem Blick in die Forschungsergebnisse der pädagogischen Psychologie verdeutlichen: Bis zum Schulalter verändern sich die kognitiven Voraussetzungen für das Lernen, etwa die selektive Informationsaufnahme, die Funktionstüchtigkeit des sprachlichen Arbeitsgedächtnisses sowie die Verfügbarkeit von Wissen (Hasselhorn 2011). Einige Beispiele seien angeführt:

- In Studien zeigte sich, dass Kinder zentrale Informationen, z. B. aus einer Geschichte, leichter herausfiltern können und auch behalten können, je älter sie sind. Auch das Arbeitsgedächtnis, das beim Lernen entscheidend mitwirkt und uns ermöglicht, mehrere Informationen vorübergehend zu speichern, bereitzuhalten und in Bezug zueinander zu setzen, verändert sich schon in den ersten Lebensjahren der Kinder. Das sprachliche Arbeitsgedächtnis lässt uns gehörte Informationen immer wieder innerlich nachhören, wie auf einer Tonbandschleife, die in unserem Gedächtnis eingelesen wird. Mit etwa drei Jahren können Kinder in der Regel noch nicht automatisch Informationen »innerlich Nachsprechen«, um sie durch diese Wiederholung länger verfügbar zu halten. Erst im Alter von fünf Jahren kommt es bei den meisten Kindern zu einer Automati-

sierung dieses relevanten Prozesses. Die so zunehmende Kapazität des Arbeitsgedächtnisses sorgt dafür, dass immer komplexere Probleme durch die Kinder gelöst werden können, und kann als Voraussetzung für das schulische Lernen betrachtet werden (Hasselhorn 2011).
- Erst im Alter von acht Jahren verlieren Kinder langsam ihren »Überoptimismus«, also den Gedanken, dass sie über alle Voraussetzungen verfügen, um jede Aufgabe zu lösen. Allein die Anstrengung ist dieser Logik nach entscheidend, ob man etwas schafft. Diese Überzeugung führt dazu, dass gerade junge Kinder sich motiviert und neugierig neuen Aufgaben widmen. Das Scheitern des eigenen Handelns führt im Alter zwischen vier und sechs Jahren nicht dazu, den Erfolg für eine erneute Bearbeitung der Aufgabe in Frage zu stellen. Auch soziale Vergleiche scheinen für die Beurteilung der eigenen Kompetenz bis zum sechsten Lebensjahr kaum von Interesse zu sein. Die motivationalen Voraussetzungen für das Lernen sind im frühen Kindesalter also hervorragend (Hasselhorn 2011).

Deutlich macht diese Auswahl bestimmter Zusammenhänge, dass ein strukturiertes Lernen, so wie es ab etwa dem 6. Lebensjahr in der Schule praktiziert wird, bei jüngeren Kindern weniger erfolgreich sein kann und das Aufgreifen der kindlichen Motivation, die besonders in diesem Alter stark ausgeprägt ist, die Lernprozesse der Kinder bestmöglich unterstützten kann (Dollase 2007; Schuster-Lang 2013). Gerade das Anknüpfen an individuellen Interessen und vorhandenem Wissen scheint somit eine Möglichkeit darzustellen, Kinder in ihrem Lernen voranzubringen. Für die bestmögliche pädagogische Lernunterstützung in Kindertageseinrichtungen sind dabei noch drei besondere Formen des kindlichen Lernens relevant: das Lernen in Beziehungen, das Lernen aus Erfahrung und das Lernen im Spiel.

Lernen in Beziehungen

Für das kindliche Lernen ist eine verlässliche und vertrauensvolle Beziehung zu einer Bezugsperson von entscheidender Bedeutung.

Aus der Bindungs- und Säuglingsforschung ist bekannt, dass schon wenige Tage nach der Geburt das Kind die primäre Bezugsperson erkennen kann, im ersten halben Jahr werden diese Personen auch von anderen Menschen unterscheidbar für das Kind. Grund dafür ist ein Verhaltenssystem, das es ihm ermöglicht, eine Beziehung einzugehen, aktiv anzuregen und sichere Bindungen zu entwickeln (Becker-Stoll 2009; Siegler et al. 2016). Eine Bindung ist eine »emotionale Beziehung zu einer bestimmten Person, die räumlich und zeitlich Bestand hat« (Siegler et al. 2016, S. 399). Zum Aufbau einer Bindung treten die Säuglinge mit ihren Bezugspersonen in Interaktion, indem sie lächeln, schreien oder sich bewegen und auf diese Weise eine Reaktion einfordern. Umgekehrt können Säuglinge auch bereits Reize verarbeiten und sich gezielt neuen Reizen zuwenden. Dies gelingt ihnen besonders gut, wenn sie Wiederholungen, Routinen und Sicherheit erleben. Dafür ist eine stabile Beziehung zu einer oder mehreren Bezugspersonen grundlegend, auf die sich der Säugling verlassen kann (Pauen 2012). Diese Zusammenhänge hat John Bowlby gemeinsam mit seiner Mitarbeiterin, Mary Ainsworth, in der Bildungstheorie abgebildet.

> **John Bowlby: Die Bindungstheorie**
>
>
>
> Der britische Kinderarzt, Kinderpsychiater und Psychoanalytiker John Bowlby ging von einem aktiven Kind aus, das seine engsten Bezugspersonen als »sichere Basis« nutzt, um seine Umwelt zu erforschen. Dabei durchläuft der Säugling vier Phasen, die zu einem inneren Arbeitsmodell von Bindung führt: In der Vorphase der Bindung (Geburt bis 6 Wochen) macht das Kind durch angeborene Signale auf sich aufmerksam, die zu Interaktionen mit der Bezugsperson führen. Dadurch entsteht in der 2. Phase (6 Wochen bis 6 bis 8 Monate) allmählich eine Bindung zu der Person, die regelmäßig auf das Kind reagiert. Dies zeigt sich in der Bevorzugung dieser Person durch das Kind (z. B., indem es sich von dieser Person leichter beruhigen lässt). Auf diese Phase folgt die der ausgeprägten Bindung (6 bis 8 Monate bis 1,5 Jahre), in der die Kleinkinder aktiv den Kontakt zu den Bezugspersonen suchen, aber auch mit Trennungsangst reagieren, wenn diese nicht verfügbar sind. Hier zeigt sich, dass die Bezugsperson Sicherheit gibt, die das Erkunden der Umwelt erleichtert. In der letzten, der reziproken Phase (zwischen 1,5 und 2 Jahren), beginnen die Kinder, mit ihren zunehmenden Fähigkeiten die Gefühle, Ziele und Motive der Bezugspersonen zu verstehen und sich danach zu verhalten. Dadurch entsteht eine wechselseitige Beziehung, in der das Kind auch eine aktive Rolle innehat, womit die Trennungsangst schwindet. Das so entstandene Arbeitsmodell von Bindung werden die Kinder zukünftig auf andere Beziehungen übertragen. Bowlby nahm an, dass die Erfahrungen der Kinder mit ihren frühen Bezugspersonen ihre Erwartungen an alle weiteren Beziehungen prägen und sich in ihrem sozialen Verhalten zeigen. Wenn Kinder in jungen Jahren erlebt haben, dass Beziehungen etwas Positives sind und sie als Personen wertgeschätzt werden, entwickeln sie ein positives Selbstwertgefühl und werden diese Erwartungen auch an zukünftige Beziehungen stellen (Siegler et. al 2016).

Bowlby hat darauf aufmerksam gemacht, dass es neben dem Bindungsverhaltenssystem ein Explorationsverhaltenssystem gibt, das dafür sorgt, dass der Säugling seine Umwelt aktiv wahrnimmt und erkundet. Sind die Bindungsbedürfnisse des Kindes durch eine sichere und verlässliche Bezugsperson erfüllt, kann sich das Kind seiner Umgebung widmen und diese erkunden. Wenn der Säugling verunsichert oder überfordert ist, wird das Bindungsverhaltenssystem wieder aktiviert und das Explorieren eingestellt (Becker-Stoll 2017). Diese Zusammenhänge machen deutlich, dass die Bezugspersonen eine zentrale Rolle für die Bedürfnisbefriedigung und den Erkundungsdrang der Kinder spielen und für erste Lernerfahrungen bedeutend sind. Säuglinge lernen in Beziehungen, die Emotionen und Reaktionen der primären Bezugspersonen sowie die damit verbundenen eigenen Emotionen wahrzunehmen. Letzteres gelingt den Kindern durch den kontinuierlichen Austausch mit den sozialen Bezugspersonen und schließlich bis zum sechsten Lebensjahr auch zunehmend unabhängiger von diesen (Roux & Sechtig 2018). Diese frühen Beziehungserfahrungen können sehr prägend für die kindliche Entwicklung sein (Pauen 2012), da sie darauf Einfluss nehmen, wie lebenslang Beziehungen eingegangen, wie Fehlschläge verarbeitet werden können und wie auf neue Situationen reagiert wird. Denn das Bindungsverhalten des Kindes ist darauf ausgerichtet, bei der Bezugsperson Sicherheit zu erfahren, indem diese ihm hilft, seine negativen Emotionen zu regulieren und Ängste zu überwinden. Die Stressreduktion führt zur Wiederherstellung von Sicherheit und der Bereitschaft, sich auf andere Dinge oder Personen einzulassen. Dies wird meist durch die Bezugsperson unterstützt, da diese das Kind zu Erkundungen auffordert. Ahnert (2010) kommt daher zu dem Schluss, dass sich das »Zuwendungs-, Sicherheits- und Unterstützungssystem der Mutter-Kind-Bindung« sehr gut für die Entwicklungsbegleitung eignet. Fehlen dem Kind positive Bindungs- und Beziehungserfahrungen, kann es sich kaum auf Neues einlassen, selbstbewusst Explorieren oder die Lernumgebung für sich nutzen. Ohne vermittelnde Beziehungen werden daher Wissensstrukturen von Kindern eher unpräzise entwickelt (Ahnert 2006) (vgl. zur Entstehung von Beziehungen und Bindungen auch ▶ Kap. 4.1). Auf der Basis einer sicheren Bindung oder Beziehung entwickeln Kinder Neugier, erleben sich als selbstwirksam und emotional kompetent, lassen sich auf neue Spielgegenstände ein und können so ihr geistiges Potential besser nutzen (Drieschner 2011).

Auch die Art und Weise, wie Kinder zu pädagogischen Fachkräften in Kindertageseinrichtungen Beziehungen eingehen, wird durch diese frühen, prägenden Erfahrungen im familiären Kontext beeinflusst. Die Fachkraft ist wichtige*r Bezugspartner*in für das Kind und übernimmt die Aufgabe, aktiv eine vertrauensvolle und stabile Beziehung zu jedem Kind aufzubauen. Dafür bedarf es eines feinfühligen und empathischen Interaktionsverhaltens sowie ein responsives Erziehungsverhalten, d. h., die Fachkraft reagiert prompt und angemessen auf die Signale des Kindes. Teil davon ist es, das richtige Maß an Geborgenheit und Sicherheit sowie an Zumutung und Gewährung von Selbstständigkeit zu finden (Ahnert 2010). Diese »feinfühlige Explorationsunterstützung« (Drieschner 2011, S. 17) zeichnet neben den Aspekten der Sicherheit, Zuwendung, Assistenz und Stressreduktion in besonderem Maße die Beziehungsqualität in Kindertageseinrichtungen aus.

Je älter die Kinder werden, umso mehr Beziehungen können sie eingehen und umso bedeutender wird dabei auch die *Beziehungen zu den Gleichaltrigen*, die zu einer wichtigen Ressource für das Lernen werden. Nach Ahnert (2005) stellt die Peergruppe auch für sehr junge Kinder eine wichtige Entwicklungsressource dar. In der Gruppe der Gleichaltrigen eröffnet sich ein Erfahrungsraum, in dem unterschiedliche Erfahrungen ausgetauscht werden können, und durch das gemeinsame Spiel wird die Teilhabe an der Alltagswirklichkeit anderer ermöglicht. Die Bedeutung der Peergruppe als Lernraum für Kinder haben vor allem die Arbeiten von Youniss (1980) hervorgehoben. Im Sinne einer sozialkonstruktivistischen Lerntheorie wird darin deutlich, dass die Lernerfahrungen eines Subjekts von seinen sozialen Beziehungen abhängig ist. Der Erfahrungsraum der Gruppe eröffnet hier eine Erweiterung der kindlichen Perspektive und erweitert somit die Realitätssichten. Die Interaktionen zwischen Kindern sind andere als zwischen Erwachsenen und Kindern und bieten daher auch andere Anregungsmöglichkeiten. Es sind Interaktionen unter Gleichen und daher symmetrisch. Brandes (2009) weist darauf hin, dass es bei Interaktionen zwischen Kindern mehr um Aushandlungsprozesse geht, während sie sich in Spielsituationen mit Erwachsenen eher deren Interpretationen anschließen. Eine symmetrische Auseinandersetzung damit, wie unterschiedlich andere Kinder der Gruppe mit einem Thema, einem Problem oder einer Fragestellung umgehen, regt darüber hinaus das kindliche Denken an und eröffnet neue Perspektiven auf einen Lerngegenstand. Das eigene Denken kann relativiert werden, Variationen zeigen dem Kind die Unterschiede im Lernen und Denken und lassen es diese Vielfalt auch akzeptieren (Pramling Samuelsson & Asplund Carlsson 2007).

Lernen aus Erfahrung

Kinder machen in ihren ersten Lebensjahren im Alltag viele unterschiedliche Erfahrungen und versuchen, sich auf diese Weise Wissen über die Funktionsweise der Welt zu erschließen (Schäfer 2011). Sie müssen sich in der Welt, in der sie leben, orientieren und sammeln über Handlungen in ihrer Umgebung entsprechendes Wissen dafür. Dieses Alltagswissen entsteht also durch »situiertes Handeln. Bewegen und Handeln, mehr oder weniger differenzierte sensorische Erfahrungen sind dabei mit Emotionen, sozialen und sachlichen Beziehungsformen verknüpft.« (Schäfer 2010, S. 26) Handlungen im Alltagsgeschehen als Teil kultureller Praktiken eröffnen den Kindern die Bedeutung, die Dinge oder Ereignisse im soziokulturellen Umfeld einnehmen. Die Alltagserfahrungen sind entsprechend Voraussetzung für kulturelles Lernen und davon kaum zu trennen (Schäfer 2010). So regt etwa ein Kartenspiel, bei dem es um die Zuordnung von gleichen Karten geht, nicht nur die Wahrnehmung von Symbolen an, sondern enthält auch soziale wie emotionale Lernmomente, wenn das Spiel gewonnen oder verloren wird. Kindliches Lernen erfolgt ganzheitlich, mit allen Sinnen, und ist an konkrete Situationen und Aktionen gebunden. Zumeist werden diese Situationen nicht intentional als Lernsituation durch Erwachsene gestaltet, finden also in Alltagszusammenhängen statt, in denen dem Kind nicht bewusst ist, dass es gerade etwas lernt (Schäfer 2010). In vielen Handlungsschleifen differenziert das Kind durch rekursive, vergleichbare Erfahrungen sein Erfahrungswissen aus und erweitert somit sein Können und Wissen.

Diese kindlichen Erfahrungen in Alltagszusammenhängen sorgen für eine Spannung zwischen bereits Erlebtem und Bekanntem und Neuem und Unbekanntem; für die Bearbeitung dieser Spannung bedarf es dann reflexiver Prozesse, bei denen Erwartungen, Ursachen und Wirkungen in Beziehung gesetzt werden können. Diese Bearbeitung möglicher Irrtümer oder auch die Korrekturen einer neuen Erfahrung können in Lernprozesse münden, die wiederum zu weiteren Erfahrungen führen (Göhlich 2014). Erfahrungen entstehen dabei als aktiver Zugriff auf die Umwelt durch das Kind oder auch zufällig in ungeplanten Momenten. Oft sind Erfahrungen auch Widerfahrnisse, die das Kind nicht steuern kann (Giese 2010; Göhlich 2014). Sollen Lernprozesse durch Erfahrungen angeregt werden, sind Erlebnisse notwendig, die auf der einen Seite einen Anschluss zu bereits bestehenden

Erfahrungen ermöglichen und zum anderen auch als störend wahrgenommen werden, sodass ein Erlebnis überhaupt ins Bewusstsein der Wahrnehmung gerückt wird. »Vollkommene Fremdheit des zu Erfahrenden verhindert Erfahrungen ebenso wie völlige Vertrautheit.« (Giese 2010, S. 74) Durch Erfahrungen verändern sich im besten Fall zukünftige Antizipationen einer Situation, sie sind handlungsleitend für die Zukunft und werden in die bereits bestehenden Erfahrungshorizonte des Subjekts eingefügt (Giese 2010).

> **John Dewey: Lernen aus Erfahrung**
>
> Sein erstes Werk zum Lernen aus Erfahrung veröffentlichte John Dewey 1896. Damit begründete er ein neues Bild vom Lernen, das bis heute wenig an Bedeutung verloren hat. Denn er hebt hervor, dass Lernen nicht mechanisch ist, sondern ein komplexer Vorgang, der wesentlich von der emotionalen Betroffenheit bestimmt ist und Wissen neu konstruiert. Daher werden die Erkenntnisse von Dewey häufig auch als Ideengeber des Konstruktivismus verstanden (Reich 2018). Für Dewey (in Göhlich 2014) sind Erfahrungen Fundament jeglichen Lernens. Er skizziert zwei Seiten der Erfahrung: zum einen zeigt sich eine aktive Seite einer Erfahrung durch das Versuchen und Ausprobieren, zum anderen gibt es mit dem Erleiden und Hinnehmen von Erfahrungen auch eine passive Seite. Aktivität und Passivität sind nicht zu trennen. So wirkt eine Person auf einen Gegenstand ein, aber dieser wirkt im selben Moment auch auf diese zurück. Dabei stellt Dewey das Primat der Aktivität auf: Zuerst kommt das aktive Tun, Versuchen und Ausprobieren, schließlich das passive Erleiden bestimmter Ergebnisse und Zustände, bevor man wiederum im eigenen Tun über das Erlebnis reflektiert. Diese Reflexion und eine damit einhergehende Rekonstruktion der Erfahrungen stehen im Zentrum von Deweys Idee des Lernens. Denn gelernt wird dann, wenn eine Aktivität und die Folgen dieser verfolgt werden und die Veränderung dadurch auf den Menschen zurückwirkt. »Der Erfahrende wird als (Re-)Konstrukteur seiner (Lebens-)Wirklichkeit gedacht, eine Auffassung, die wir auch bei Piaget oder in neuerer Zeit bei Konstruktivisten […] finden.« (Göhlich 2014, S. 193) Dabei werden nicht nur die Aktivität, die Vorausberechnung, das Ausprobieren und die Entwicklung sowie Prüfung des eigenen Handlungsplans als Erfahrung beschrieben. Insbesondere die Schritte der anschließenden Reflexion sind entscheidend, in denen »das Denken selbst zu einer Erfahrung wird.« (Dewey 2000, S. 202) Erfahrung wird bei Dewey vor allem als rationaler, kognitiv steuerbarer Prozess beschrieben. Kritisiert wird daran, dass die Komplexität der Erfahrungssituation, deren leibliche, soziale und emotionale Aspekte, zu wenig Raum einnehmen kann.

Lernen im Spiel

Auch wenn sich keine von allen geteilte Definition darüber findet, was der Begriff Spiel genau umfasst (Fleer 2009), kann die Annahme, dass Kinder vor allem im gemeinsamen Spiel lernen, als allgemein anerkannt angesehen werden (Watson 2019; Heimlich 2017). Kinder lernen über sich, über die Welt und über andere im Spiel. Im Spiel, das die hauptsächliche Tätigkeit von Kindern ist, treten sie »wechselseitig in Interaktion und hierüber gestalten sich nicht zuletzt ganz wesentlich die Peerbeziehungen im Kindesalter.« (Brandes & Schneider-Andrich 2019, S. 69) Das Spiel ist die treibende Kraft im Entwicklungsprozess der Kinder, regt unbewusste und beiläufige Lernprozesse an (Oerter 2012) und kann als »zentrale Lebensäußerung« von Kindern beschrieben werden (Heimlich 2017, S. 12).

Spielen unterstützt die Selbstbestimmungsfähigkeit von Kindern und die Entwicklung ihrer eigenen Ideen und Vorstellungen und ist damit kein zweckfreier Zeitvertreib, sondern kann als der kindliche Weltbezug schlechthin betrachtet werden. »Phänomenologisch betrachtet können wir das kindliche »In-der-Welt-Sein« deshalb mit Spiel gleichsetzen [...]« (Heimlich 2017, S. 13). Gerade das freie Spiel ermöglicht den Kindern, ihren Interessen nachzugehen und sich im Spiel mit Gleichaltrigen zu erproben und damit umfassende Erfahrungen zu sammeln. Als ein Meilenstein der kindlichen Entwicklung kann verstanden werden, wenn das Kind ein kooperatives Spiel mit anderen eingehen kann (Watson 2019). So eröffnet das Spiel die Möglichkeit, eine eigene Peerkultur zu kreieren (Corsaro 2000).

Spielen wirkt sich nach vorliegenden Erkenntnissen auf die kognitive, die emotionale sowie auf die soziale Entwicklung von Kindern aus (Hauser 2005). Zudem weist Heimlich (2017) darauf hin, dass »aus sozialkonstruktivistischer Perspektive [...] das Spiel Kindern die Chance [bietet], ihre eigene Welt in Interaktion mit anderen sowie ihrer räumlich-materiellen Umwelt hervorzubringen« (ebd., S. 13). Obwohl Spielen und Lernen häufig getrennt betrachtet werden, gehören sie doch gerade in der Frühpädagogik untrennbar zusammen.

 Zwischenfazit

Die Ausführungen zeigen deutlich: Das Lernen sehr junger Kinder zeichnet sich durch besondere Voraussetzungen und Formen aus und ist nicht gänzlich gleichzusetzen mit dem Lernen von Kindern im Schulalter. So gilt es, diese Besonderheiten als Ausgangspunkt zu nutzen, will man frühkindliches Lernen in Kindertageseinrichtungen bestmöglich unterstützen.

Festzuhalten bleibt, dass Bildung kein Prozess ist, der als allmählicher Zuwachs von Wissen bezeichnet werden kann, sondern es geht vor allem um eine lebenslange Transformation des Person-Umwelt-Verhältnisses und der Veränderung einer inneren Struktur des Menschen, die die Wissensinhalte überhaupt erst rahmt (Drieschner 2017). So ist es eine zentrale Aufgabe in Kindertageseinrichtungen, kindliche Bildungsprozesse zu unterstützen und zu begleiten. Voraussetzung für Bildung sind Lernprozesse, die entsprechend durch die pädagogischen Fachkräfte ermöglicht und gefördert werden müssen. Das Kapitel 2 lenkt den Blick darauf, was Lernen bedeuten kann und welche Besonderheiten es im Lernen sehr junger Kinder in der pädagogischen Arbeit in Kindertageseinrichtungen zu berücksichtigen gilt. Kinder verfügen dabei über das Potential, die eigenen Lern- und Bildungsprozesse voranzutreiben, sie sind motiviert und interessiert an Neuem. Wie kann es also gelingen, sie dabei bestmöglich zu unterstützen? Die Didaktik, als Wissenschaft des Lehrens und Lernens, kann bei der Suche nach Antworten darauf genutzt werden.

3 Didaktik der Frühpädagogik – ein Überblick

Kapitel 2 hat verdeutlicht, dass die Unterstützung und Förderung kindlicher Bildungsprozesse in Kindertageseinrichtungen zur Kernkompetenz pädagogischer Fachkräfte gezählt werden kann. Die Frage, wie man frühkindliche Bildungsprozesse dabei bestmöglich unterstützt, ist eine Schlüsselfrage der Didaktik, die auch für die Frühpädagogik ihre Erklärungskraft entfalten kann. So wird nun im Folgenden ein Überblick über Gegenstand und Fragestellung einer Didaktik gegeben und schließlich der Blick auf die frühe Bildung gerichtet.

3.1 Was meint Didaktik?

Jank und Meyer (2014, S. 14) definieren Didaktik als die »Theorie und Praxis des Lernens und Lehrens.« Als Teilgebiet der Pädagogik umfasst Didaktik alle pädagogischen Aktionen, die auf das Lernen und die Bildung von Menschen abzielen, und will diese Lernenden unterstützten (Kron 2008). Ziel ist es, Orientierung für das Handeln in Lehr- und Lernsituationen zu geben. Um das zu erreichen, will Didaktik als Wissenschaft durch die Erforschung der Praxis des Lehrens und Lernens sowie durch die Entwicklung theoretischer Grundlagen den Erwerb didaktischer Handlungskompetenzen der Lehrenden anregen (Jank & Meyer 2014).

Kron et al. (2014) ergänzen diese Definition von Didaktik um eine weitere Deutung: Didaktik ist in ihrem Sinne eine Enkulturationswissenschaft. Das bedeutet, dass Didaktik dazu dient, die bzw. den Einzelne*n beim Hineinwachsen in die Kultur der ihn oder sie umgebenden Gesellschaft zu unterstützen. Damit werden die Vermittlungsprozesse kultureller und sozialer Inhalte ins Zentrum von Forschung, Theoriebildung und Praxis der Didaktik gerückt. Das Individuum lernt im Prozess der Enkulturation kulturelle Inhalte der Gesellschaft und damit lernen die Heranwachsenden, zu sein und zu handeln »wie alle anderen«. Gleichzeitig lernen die Heranwachsenden aber auch, eine einzigartige Identität herauszubilden und damit so zu sein und so zu handeln, wie kein*e andere*r. Nur durch das Aneignen der Kultur wird den Heranwachsenden die Möglichkeit eröffnet, sich selbst zu entfalten und in der Gesellschaft handlungsfähig und selbstständig zu werden. Beide Lernprozesse sind aufeinander bezogen und für Didaktik relevant.

Didaktik erfüllt ihre Aufgaben auf dreierlei Weise (Sünkel in Meyer & Walter-Laager 2019): Zum Ersten analysiert, ordnet und systematisiert die *theoretische Di-*

daktik historisch ein, was mit Bildung, Erziehung, Unterricht usw. gemeint ist. Zum Zweiten untersucht die *empirische Didaktik*, wie Lehr-/Lernprozesse in der Realität ablaufen, welche Bedingungen entscheidend sind und was sie bewirken. Zum Dritten macht die *pragmatische Didaktik* (auch Handlungswissenschaft) deutlich, was gute Praxis ausmachen kann, und liefert Leitfäden und Handlungsorientierungen für Pädagog*innen. Als Voraussetzung für die Umsetzung konkreter Vorgehensweisen kann aber das Wissen um die theoretischen Grundlagen und empirischen Ergebnisse angesehen werden. Denn dieses Wissen benötigen Pädagog*innen, um eine »reflexive Distanz zum eigenen Denken, Fühlen und Handeln« herzustellen (Meyer & Walter-Laager 2019, S. 188). Theoretisches und empirisches didaktisches Wissen kann helfen, das eigene Handeln zu legitimieren, das eigene Handeln zu hinterfragen, neue Perspektiven zu erkennen sowie das eigene Handeln zu evaluieren (Meyer & Walter-Laager 2019).

Grundsätzlich kann man darüber hinaus eine Allgemeine Didaktik von Fachdidaktiken unterscheiden. Eine *Allgemeine Didaktik* will umfassend Voraussetzungen, Möglichkeiten, Folgen und Grenzen des Lehrens und Lernens strukturieren und erforschen – unabhängig von Zielgruppe oder Lehrinhalten. Im Gegensatz dazu sind *Fachdidaktiken* Spezialwissenschaften, die sich einem konkreten Lernfeld widmen. Im deutschsprachigen Raum gibt es ca. 200 Fachdidaktiken (Jank & Meyer 2014). Sie beziehen sich auf bestimmte Inhalte wie Mathematik, Religion oder auch Sport. Fachdidaktiken orientieren sich an der wissenschaftlichen Leitdisziplin des jeweiligen Faches (Religionsdidaktik bezieht sich auf die Theologie, Deutschdidaktik auf die Germanistik etc.) (Jank & Meyer 2014). Unterscheiden kann man didaktische Modelle, Konzepte und Prinzipien darüber hinaus auch nach ihrer Zielgruppe (Erwachsene, Sekundarstufe, Grundschulkinder, Elementarbereich).

Didaktische Fragen – der Gegenstand der Didaktik

Jank und Meyer (2014) versuchen, den Gegenstand der Didaktik, also die Unterstützung des Lehrens und Lernens, anhand von neun W-Fragen auszudifferenzieren und vor allem zu konkretisieren. Didaktik stellt diese Fragen, kann sie oft aber nur mit Bezugswissenschaften wie der Psychologie, der Anthropologie, den Neurowissenschaften, der Soziologie oder auch der Philosophie beantworten. Aber bei der Beantwortung der Fragen hat Didaktik »das letzte Wort« (Meyer & Walter-Laager 2019, S. 190).

Um Lehr-/Lernprozesse zu unterstützen, werden in der Didaktik folgende Fragen behandelt:

- Wer soll lernen?
- Was soll gelernt werden?
- Wer soll lehren?
- Wann soll etwas gelernt werden?
- Mit wem soll etwas gelernt werden?
- Wo soll gelernt werden?

- Wie soll gelernt werden?
- Womit soll gelernt werden?
- Wozu soll gelernt werden? (Jank & Meyer 2014, S. 17 ff.)

Diese didaktischen Fragen hängen zusammen und beeinflussen sich gegenseitig. Im Idealfall können alle Fragen stimmig beantwortet werden und – wie in einem Mobile – werden die Fragen für unterschiedliche Lernorte, Zielgruppen und Situationen in Balance gebracht. Die folgende Abbildung zeigt dieses didaktische Mobile.

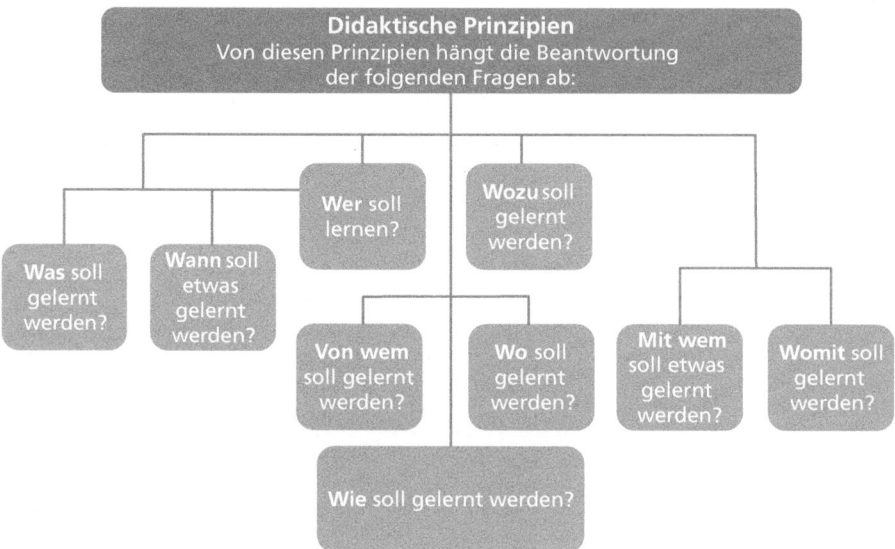

Abb. 1: Didaktische Fragen (Kovacevic & Schelle 2017: Didaktische Prinzipien für eine kompetenzorientierte Weiterbildung. In: Deutsches Jugendinstitut/Weiterbildungsinitiative Frühpädagogische Fachkräfte (Hrsg.), Bildungsteilhabe und Partizipation. Grundlagen für die kompetenzorientierte Weiterbildung. WiFF Wegweiser Weiterbildung, Band 12, S. 105; vgl. Schüßler 2011, Jank & Meyer 2014)

Wie diese Fragen jeweils beantwortet werden, hängt davon ab, mit welcher theoretischen Perspektive man auf die Fragen blickt. Wie lernen Kinder und was benötigen sie dafür? Welche Bedeutung hat die lehrende Person dafür, welche Rolle übernimmt sie? Unterschiedliche Lerntheorien erfordern unterschiedliche didaktische Prinzipien und Modelle, entsprechend variieren die Antworten auf die didaktischen Fragen. Manche der didaktischen Fragestellungen sind von politischer Natur – das zeigt auch ein Blick in die Historie des Bildungssystems. Bei manchen Fragen werden also die Spielräume der Pädagog*innen von außen gerahmt. Die Fragen, wer lernen soll, auch was und wann, sind Fragen, die zunächst auf bildungspolitischer Ebene entschieden werden. Innerhalb dieses vorgegebenen Rahmens können die Pädagog*innen dann spezifische Antworten finden (Jank & Meyer 2014).

Didaktische Entscheidungen werden also auf ganz unterschiedlichen Ebenen getroffen. Die Abbildung zeigt diese Ebenen mit Beispielen für die Frühpädagogik.

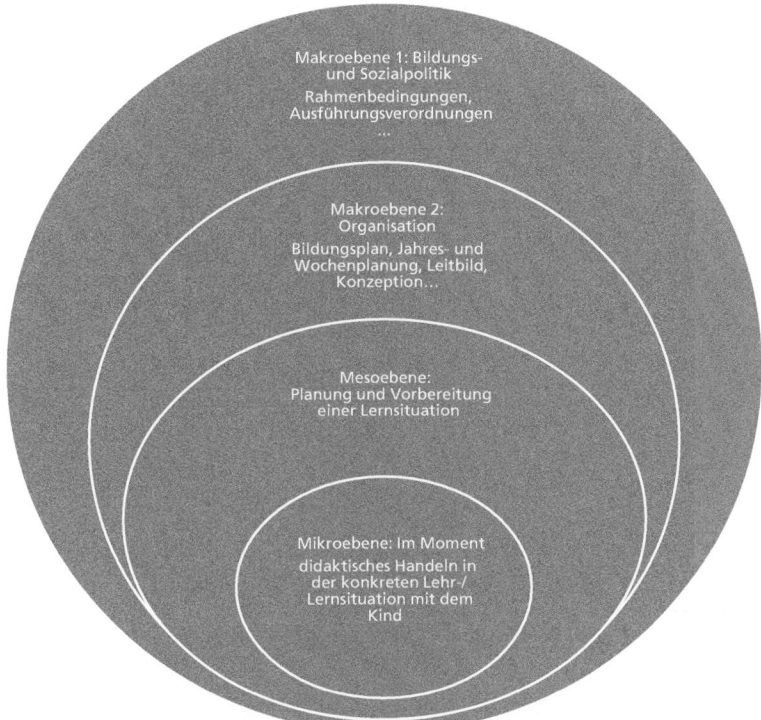

Abb. 2: Ebenen der didaktischen Entscheidungen (eigene Darstellung)

Ein Kern der didaktischen Entscheidungen wird auf der *Mikroebene* getroffen, also in der konkreten Lehr-/Lernsituation. Im konkreten Handeln treffen Pädagog*innen fortwährend spontan, vielleicht intuitiv und kreativ didaktische Entscheidungen, auch wenn diese vielleicht erst in einer späteren Reflexion als solche erkannt werden können. Auf der *Mesoebene*, »auf dem Reißbrett«, werden Angebote geplant und vorbereitet, wie z. B. ein Morgenkreis oder eine Lernwerkstattarbeit, oder aber die Planung findet spontan und innerhalb weniger Minuten statt, da sich gerade eine alltägliche Situation zu einem Bildungsmoment für die Kinder wandelt und die Fachkraft darauf reagiert. Wie gerade schon angedeutet, werden diese beiden Ebenen aber auch von der *Makroebene*, also zum einen von den Vorgaben innerhalb der Organisation und zum anderen auch von den rechtlichen Vorgaben beeinflusst. Wenn die Ebenen kongruent sind, kann das Mobile der didaktischen Fragestellungen, um bei diesem Bild zu bleiben, einfacher in Einklang gebracht werden. Ein*e Pädagog*in, der*die didaktische Entscheidungen der Organisation anzweifelt oder gar konträr dazu denkt, wird es schwerer haben, sein*ihr didaktisches Handeln zu planen und umzusetzen.

3 Didaktik der Frühpädagogik – ein Überblick

Exkurs: Kleine Geschichte der Didaktik

Der Begriff der Didaktik wird seit etwa 2.500 Jahren verwendet. Er stammt vom griechischen Wort »didáskein« ab, das schon damals so viel wie »unterrichten« und »lehren« meinte. Im Lateinischen wurde »didacta« als griechisches Fremdwort übernommen (Jank & Meyer 2014, S. 10f.).

In der Neuzeit wurde der Begriff von Johann Amos Comenius (1592–1670) übernommen, der, gezeichnet vom Dreißigjährigen Krieg und als sehr frommer Mann, die »Didactia magna«, wohl das erste Modell der Allgemeinen Didaktik, entwickelte. Diese Grosse Didaktik wurde 1628 auf Tschechisch, zehn Jahre später auch auf Latein veröffentlicht. Comenius wollte damit ein umfassendes, theoretisches Programm für die Gestaltung von Schule und Unterricht schaffen. Seine Didaktik beinhaltete die »Kunst, alle Menschen alles zu lehren ODER Sichere und vorzügliche Art und Weise, in allen Gemeinden, Städten und Dörfern eines jeden christlichen Landes Schulen zu errichten, in denen die gesamte Jugend beiderlei Geschlechts ohne jede Ausnahme RASCH, ANGENEHM UND GRÜNDLICH in den Wissenschaften gebildet, zu guten Sitten geführt, mit Frömmigkeit erfüllt und auf diese Weise in den Jugendjahren zu allem, was für dieses und das künftige Leben nötig ist, angeleitet werden kann [...]« (Comenius zit. nach Jank & Meyer 2014).

In den folgenden Jahrhunderten entwickelte sich die Didaktik schrittweise weiter. Ein Meilenstein war der Entwurf einer an den lernenden Subjekten orientierten Didaktik von Johann Friedrich Herbart. 1806 erschien sein Hauptwerk »Allgemeine Pädagogik aus dem Zweck der Erziehung abgeleitet«. Ziel war es, mittels didaktischen Handelns die Persönlichkeitsentwicklung und Selbstbestimmung des Kindes zu fördern. Herbart unterschied zwischen einer *Phase der Vertiefung*, bei der man sich als Lehrender Klarheit über das Vorwissen verschafft und die Lernenden neue Wissenselemente vermittelt bekommen, sowie einer *Phase der Besinnung*. In dieser Phase sollten die Kinder dabei unterstützt werden, die neuen Wissenselemente in das System ihres vorhandenen Wissens einzubauen und durch Übung als Methode anwenden zu können. Die Schüler von Herbart, die sogenannten »Herbertianer«, formten daraus in den folgenden Jahrzehnten das Konzept des »Lektionenhaltens«, also der sogenannten Formalstufentheorie, die Technik des Stundenhaltens. Das prägte die Ausbildung der Lehrkräfte bis weit in das 20. Jahrhundert hinein. Im 19. und 20. Jahrhundert entwickelten immer mehr Autoren wie Willmann, Weniger, Klafki, Blankertz oder Klingberg unterschiedlichste Theoriegebäude zur Didaktik. Damit etablierte sich Didaktik endgültig als Wissenschaftsdisziplin.

Der Blick zurück zeigt deutlich, dass Didaktik und das, was man darunter versteht, welchen Zweck sie hat und auf welchem theoretischen Hintergrund sie aufbaut, stark von gesellschaftlichen Werten und Normen abhängig ist. Die didaktischen Theoriegebäude aus der zweiten Hälfte des 20. Jahrhunderts sind geprägt durch die menschenfeindlichen Erfahrungen im Nationalsozialismus

> und zielen deswegen darauf ab, das Individuum und seine Selbstverwirklichung durch didaktisches Handeln zu unterstützen (Jank & Meyer 2014, S. 12 ff.).

Didaktische Ideen und Vorstellungen werden in unterschiedlicher theoretischer Abstraktion formuliert. Daher kann man didaktische Modelle, Konzepte sowie Prinzipien unterscheiden.

Didaktische Modelle

Ein didaktisches Modell ist ein erziehungswissenschaftliches Gebäude zur Analyse und Modellierung didaktischen Handelns. Es stellt den Anspruch, durch Begriffe, Kategorien und Fragen Übersicht und Ordnung herzustellen sowie die Komplexität zu verringern. Um ein solch umfassendes Gebäude zu erstellen, enthalten didaktische Modelle grundlegende Ansichten über den Bildungs- und Lernbegriff, über das Bild vom Lernenden und Lehrenden sowie auch darüber, wie Menschen lernen. Somit kann ein didaktisches Modell einer wissenschaftstheoretischen Position zugeschrieben werden, die sich aus unterschiedlichen theoretischen und philosophischen Blickwinkeln entwickelt hat (Jank & Meyer 2014).

Für die Forschung übernehmen didaktische Modelle eine richtungsweisende Funktion, da sie einen Rahmen setzen, in dem Forschungsfragen formuliert und Forschungsergebnisse interpretiert werden. Darüber hinaus dienen didaktische Modelle der Handlungsorientierung von Pädagog*innen, indem sie bei der Analyse, Planung und Auswertung von Lehreinheiten helfen können. Für Kron et al. (2014) sind didaktische Modelle eine Art Vorform von Theorie, da sie zwar Elemente enthalten, die zur Hypothesenbildung anregen, aber die einzelnen Elemente noch nicht zu einer stimmigen Theorie verbunden wurden. Somit können didaktische Modelle als Mittler zwischen Theorie und Praxis angesehen werden.

Didaktische Modelle sind Modelle der Allgemeinen Didaktik und werden nicht für eine bestimmte Zielgruppe oder ein Fach formuliert. So können Aspekte der unterschiedlichen Modelle für unterschiedliche Zielgruppen, wie etwa auch für die Erwachsenenbildung, relevant sein (Jank & Meyer 2014). Dabei kann man zwischen Strukturmodellen und Verlaufsmodellen unterscheiden. Strukturmodelle weisen auf bestimmte Strukturen hin, die die Lehr-/Lernsituation beeinflussen, wie Inhalte, Ziele, Methoden, Medien, individuelle Bedingungen etc. Verlaufsmodelle hingegen nehmen den Prozess einer Lehr-/Lernsituation und den Ablauf einer solchen in den Blick (Kron et al. 2014).

Zwei bedeutende Beispiele für didaktische Modelle, die die Diskussion über didaktisches Handeln auch heute noch maßgeblich beeinflussen, sind das bildungstheoretische Didaktikmodell sowie das lerntheoretische Didaktikmodell. Im *bildungstheoretischen Didaktikmodell* wird der Begriff der »kategorialen Bildung« eingeführt. Der Begriff beschreibt ein ganzheitliches Konzept von Bildung, das Wolfgang Klafki (1927–2016) entwickelte. Er fordert eine

»Allgemeinbildung als Bildung für alle zur Selbstbestimmungs-, Mitbestimmungs- und Solidaritätsfähigkeit, als kritische Auseinandersetzung mit einem neu zu durchdenkenden Gefüge des Allgemeinen als des uns alle Angehenden und als Bildung aller uns heute erkennbaren humanen Fähigkeitsdimensionen des Menschen« (Klafki 2007, S.40).

Allgemeinbildung hat in diesem Sinne die Aufgabe, als politische Bildung auch Entpolitisierungsbestrebungen entgegenzuwirken, um so den Demokratieprozess voranzutreiben. Um dieses Ziel zu erreichen, steht in einer bildungstheoretischen Didaktik die Frage nach den Inhalten (also die Frage, *was* gelernt werden soll) im Mittelpunkt. Konkret wird nach der Gegenwarts- und Zukunftsbedeutung, nach der exemplarischen Bedeutung, der Sachstruktur und der Zugänglichkeit des Lerninhalts für die Heranwachsenden gefragt. Klafki sieht darin kein verbindliches Handlungsrezept, sondern eine Reflexionshilfe, um wichtige Inhalte kritisch zu analysieren (Klafki 1986). Er entwickelte basierend auf diesen Überlegungen eine »kritisch-konstruktive Didaktik«, die sich als ein politisches Programm zur Demokratisierung von Bildung und Schule versteht (Jank & Meyer 2014). Dafür benennt Klafki epochale Schlüsselprobleme unserer kulturellen, gesellschaftlichen, politischen und individuellen Existenz, die aus seiner Sicht die gegenwärtige und zukünftige Entwicklung unserer Gesellschaft entscheidend prägen werden (z. B. Friedensfrage, Problematik des Nationalitätenprinzips, Umweltproblem, der Ungleichheit etc.). Schlüsselprobleme wandeln sich mit der Zeit und ihre gesellschaftliche Bewertung verändert sich, haben jedoch immer Relevanz für die Lernenden. Daneben ergänzen unterschiedliche Grunddimensionen menschlicher Interessen und Fähigkeiten diese Probleme als Lehrinhalt (z. B. kognitive Möglichkeiten, zwischenmenschliche Beziehungen, ethische und politische Entscheidungsfähigkeiten, ästhetische Wahrnehmung). Ein solcher »Problemunterricht« soll zu grundlegenden Kompetenzen führen: Kritikfähigkeit, Argumentationsfähigkeit, Empathie und vernetztes Denken, was schließlich zum Handeln befähigen soll (Klafki 2007).

Einen weiteren Ansatz eines didaktischen Modells legten 1976 Heimann, Otto und Schulz in Form der *lerntheoretischen Didaktik* (Berliner Modell) vor, die später von Schulz zur lehrtheoretischen Didaktik (Hamburger Modell) weitergeführt wurde. Dieses didaktische Modell fokussiert auf die Planung und Analyse des Lehr-/Lernprozesses. Zentral ist die Strukturanalyse von Unterricht. Für diese Analyse werden sechs Grundfragen formuliert, die nach der Absicht, dem was, dem wie, nach den Mitteln, dem wen sowie der Situation selbst fragen (Jank & Meyer 2014). Diese Strukturanalyse als Ebene der Reflexion und Vorbereitung des Unterrichts wird durch eine zweite Reflexionsebene ergänzt: die Faktorenanalyse. Diese Analyse will den Lehrenden ergänzend zur Analyse des Unterrichts helfen, die eigenen normativen Hintergründe in Erfahrung zu bringen. Dabei sollen normbildende (Normen, Weltanschauung), bedingungssetzende (Rahmenbedingungen) und formschaffende (Effektivität der Methoden, Verfahren, Strukturen) Faktoren identifiziert werden, um als Pädagog*in selbstreflexiv eigene Entscheidungsgrundlagen zu erkennen (ebd., S. 271). Wolfgang Schulz (in Jank & Meyer 2014) stellt die Verständigung zwischen Lehrenden und Lernenden in den Mittelpunkt. Die Kernthemen, über die sie sich verständigen sollen, sind die vier Planungsebenen:

- Perspektivplanung (Unterrichtsziele),
- Umrissplanung (Ausgangslage der Lehr-Lern-Gruppe, Methoden und Medien als Vermittlungsvariablen, Erfolgskontrolle),
- Prozessplanung (Überführung der Überlegungen in einen Plan) sowie die
- Planungskorrektur (neue und angepasste Entscheidungen bei der Realisierung).

Entscheidend ist also eine Beteiligung der Kinder und Jugendlichen an dieser Planung und in Folge eine Demokratisierung der Schule. Didaktisches Handeln ist im Hamburger Modell emanzipatorisch relevantes, professionelles pädagogisches Handeln. Ziel ist es, die Emanzipation sowie Autonomie und dabei auch die Solidarität der Lernenden zu fördern sowie vorrangig Sacherfahrung im Unterricht zu vermitteln.

Neben diesen beiden sehr bekannten didaktischen Modellen gibt es auch Modelle, die *Interaktion und Kommunikation* als Leitbegriff setzen (Kron 2008). Diese Modelle sehen Lehr- und Lernsituationen vor allem als kommunikativen Prozess, die Inhaltsdimension und die Beziehungsdimension stehen in einer Wechselwirkung. Lehr-/Lernprozesse werden demnach als soziale Prozesse verstanden und durch Interaktionen strukturiert. Ziel ist es dabei, Lehr-/Lernprozesse als kommunikatives Handeln zu gestalten. Das hat zur Grundlage, dass Lernende so weit wie möglich als gleichberechtigte Partner*innen adressiert werden. Diese interaktionsorientierten Modelle wollen damit Chancen eröffnen, symmetrische Interaktionen im Unterrichtsgeschehen entstehen zu lassen. Beispiel für ein solches Modell ist etwa die »Kritisch-kommunikative Didaktik« von Winkel (1983). Winkel plädiert für eine systematische Analyse der unterrichtlichen Strukturen der Vermittlung, Inhalte, Beziehung und Störung (Winkel 1983, S. 85). In der Beziehungsstruktur werden die Elemente der sozialen Interaktion analysiert. Bei den Störungen werden die Aspekte Störungsarten, Störungsfestlegungen, Störungsrichtungen, Störungsfolgen und Störungsursachen in den Blick genommen (ebd.).

Modelle einer *konstruktivistischen Didaktik* bauen auf diesen Grundannahmen auf und differenzieren diese weiter aus. Sie verweisen auf die konstruktivistische Lerntheorie, die davon ausgeht, dass man Wissen nicht vermitteln kann, sondern die Person nur selbst Wissen aufbauen und konstruieren kann (vgl. ▶ Kap. 2). Didaktisches Handeln zielt dementsprechend darauf ab, Strukturen und Lernumgebungen so zu gestalten, dass die Selbstorganisation des Subjekts unterstützt wird (Kron 2008). Lehrende und Lernende verstehen sich als gemeinsam Forschende, die versuchen, kein vollständiges, aber ein passendes, für die Lebenssituation relevantes Wissen zu erarbeiten (Reich 2008).

Diese beiden letztgenannten Modelle werden in Kapitel 5 nochmals in ihrer Bedeutung für eine Didaktik der Frühpädagogik hervorgehoben und deren Wirkkraft dafür reflektiert und diskutiert (▶ Kap. 5). Hier zeigt sich ein möglicher Anschluss an bereits bestehende didaktische Modelle für eine Didaktik der Frühpädagogik.

Didaktische Konzepte

Im Vergleich zu didaktischen Modellen sind didaktische Konzepte zwar auch in Bezug zu unterschiedlichen theoretischen Zugängen zu verorten, sie beinhalten aber eine stärkere Handlungsorientierung und beschreiben auf einer konkreteren Ebene, welches Handeln in Lehr-/Lernsituationen sinnvoll scheint. Didaktische Konzepte formulieren Leitbilder des Verhaltens der Lehrperson, definieren didaktische Prinzipien der Lehr-/Lerntätigkeit und geben auch Empfehlungen für die organisatorische Gestaltung der Lehr-/Lernsituation. Ihre Stärke liegt klar bei der konkreten Orientierung für didaktische Momente. Im Gegenzug dazu fehlt aber häufig die Anbindung an einen wissenschaftstheoretischen Diskurs oder auch die Anleitung dazu, die Umsetzung kritisch und theoriebasiert zu reflektieren. Damit wird es schwieriger, Konzepte weiterzuentwickeln. Für den Unterricht gibt es zahlreiche didaktische Konzepte wie den offenen Unterricht, den handlungsorientierten Unterricht, den Projektunterricht, exemplarisches Lernen etc. (Jank & Meyer 2014). Auch für die Frühpädagogik können Konzepte wie die Projektarbeit, die Altersmischung oder die Lernwerkstattarbeit als didaktische Konzepte betrachtet werden.

Didaktische Prinzipien

Didaktische Prinzipien sind als Grundsätze zu verstehen, die didaktische Entscheidungen und das didaktische Handeln beeinflussen. Sie basieren auf theoretischen Zugängen zum Lernen, zum Bild vom Kind sowie dessen Entwicklungs- und Bildungsprozessen. Didaktische Prinzipien trägt jeder in sich, auch wenn sie nicht als solche benannt werden. Sie hängen von der eigenen Bildungsbiografie und von den eigenen didaktischen Ansprüchen ab (Schüßler 2011). Beispiele für didaktische Prinzipien sind etwa die Subjekt- oder die Handlungsorientierung. Bei der Subjektorientierung gilt es, bei allen didaktischen Überlegungen den Eigensinn jedes bzw. jeder einzelnen Lernenden wertzuschätzen und in den Mittelpunkt zu stellen. Auch die Handlungsorientierung ist ein didaktisches Prinzip, das zielgruppenübergreifend wichtig ist. Hier wird betont, dass Lernen in Handlungs- und Erfahrungsvollzügen stattfindet und Didaktik dazu dient, diese Erfahrungen und Handlungen zu ermöglichen. Didaktische Modelle oder Konzepte vereinen zumeist mehrere didaktische Prinzipien in sich.

Im Fokus der Didaktik steht, das wurde bereits an unterschiedlichen Stellen deutlich, die Lehr-/Lernsituation, die sich zwischen Lehrenden und Lernendem entwickelt. Die Gestaltung, die Struktur sowie der Ablauf dieser sind Kernfragen der Didaktik.

Ausgangspunkt: Die Lehr-/Lernsituation

Von »Lehren« kann man dann sprechen, wenn das Handeln das Ziel verfolgt, beim Gegenüber einen Lernprozess anzuregen. Nicht immer gelingt diese Tätigkeit, denn nicht jedes Lehren führt zum Lernen. Das sogenannte »didaktische Dreieck« bildet ab, wie Lehr-/Lernsituationen entstehen.

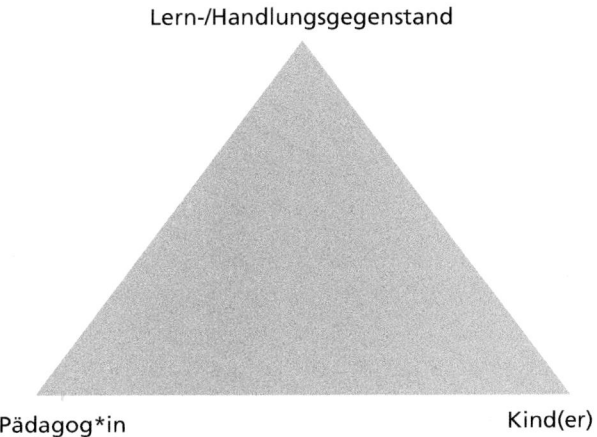

Abb. 3: Das didaktische Dreieck (eigene vereinfachte Darstellung nach Jank & Meyer 2014)

Ausgangspunkt einer Lehr-/Lernsituation ist ein Lern- oder Handlungsgegenstand. In der Frühpädagogik sind das meist alltagsnahe Anlässe, die z. B. bei der Betrachtung eines Bilderbuchs entstehen. Auch eine Frage des Kindes kann zu einem solchen Lern- oder Handlungsgegenstand werden. Es ist aber auch denkbar, dass die Fachkraft bewusst ein Thema als Lern- bzw. Handlungsgegenstand auswählt. Entscheidend ist hier, dass etwas zu einem Lern- bzw. Handlungsgegenstand *gemacht* wird – Kind und Pädagog*innen lassen einen Anlass in ihren gemeinsamen Interaktionen zu einem solchen Gegenstand werden. Auf der einen Seite will sich das Kind mit dem Gegenstand auseinandersetzen, damit Erfahrungen machen, ihn erforschen, es ist fasziniert und will mehr erfahren. Die Pädagog*innen greifen auf der anderen Seite dieses Interesse auf oder haben es selbst geweckt und treten mit dem Kind in eine Interaktion über den Gegenstand. Eine Lehr-/Lernsituation entsteht. Pädagog*innen, Kind(er) sowie der Lern- oder Handlungsgegenstand stehen also in *wechselseitigem Bezug* miteinander und beeinflussen sich gegenseitig. Diesen wechselseitigen Bezug gilt es durch didaktisches Handeln aktiv und bewusst zu gestalten.

Dabei verweist dieser wechselseitige Bezug darauf, dass der Didaktikbegriff von einer Dualität gekennzeichnet ist: Er verweist zum einen auf die Kunst des Lehrens, aber auch auf die Kunst des Lernens. Lange Zeit wurde dieses Spannungsverhältnis auch durch zwei verschiedene Begriffe deutlich. Die Didaktik bezog sich auf die Tätigkeit des Lehrens, die *Mathetik* auf die Tätigkeit des Lernens, so wie es schon Comenius im Jahr 1628 in seiner »Allgemeinen Didaktik« formulierte (Boll 2020). In den nachfolgenden Jahrhunderten wurde diese Bipolarität zugunsten der Didaktik aufgegeben und die Didaktik als Wissenschaft des Lehrens *und* Lernens verstanden. Damit läuft der Begriff Didaktik Gefahr, zu stark auf die Perspektive des Lehrenden zu fokussieren und den Aktivitäten auf der anderen Seite, der der Lernenden, zu wenig Beachtung zu schenken (Boll 2020).

Zwischenfazit: Was ist eine Didaktik der Frühpädagogik?

Fokussiert auf Frühpädagogik kann festgehalten werden: Eine Didaktik meint einen Orientierungsrahmen für didaktisches Handeln in Lehr-/Lernsituationen mit Kindern im Alter vor dem Schuleintritt. Sie will das Handeln der Fachkräfte in Lehr-/Lernsituationen mit Kindern unterstützen und damit eine bestmögliche Begleitung und Förderung kindlicher Lern- und Bildungsprozesse erreichen. Dabei ist entscheidend, die Dualität und den wechselseitigen Bezug zwischen Lehren und Lernen zu berücksichtigen. In der frühpädagogischen Didaktik zeigt sich dieser Bezug im Sinne einer Mathetik in intuitiver Form, wie etwa im kindlichen Spiel, aber auch in bewusster Form, wie bei lernförderlichen Interaktionen (Boll 2020).

Eine Didaktik der Frühpädagogik beantwortet sowohl auf der Mikro-, der Meso- als auch auf der Makroebene Fragen, die sich auf die institutionelle Bildung von Kindern vor dem Schuleintritt beziehen:

- Wer soll lernen?
- Was soll dort gelernt werden?
- Wer soll lehren?
- Wann soll etwas gelernt werden?
- Mit wem soll etwas gelernt werden?
- Wo soll gelernt werden?
- Wie soll gelernt werden?
- Womit soll gelernt werden?
- Wozu soll gelernt werden? (Jank & Meyer 2014, S. 17ff.)

Ziel kann es nicht sein, *die* Didaktik der Frühpädagogik zu entwerfen, sondern vielfältige Konzepte zu entwickeln, die dann als Orientierungsrahmen einrichtungs- und kontextspezifisch durch die pädagogischen Fachkräfte genutzt werden können (Kucharz 2012). Der Bezug auf bereits bestehende didaktische Modelle scheint bei der Entwicklung sinnvoll und wichtig, um einen Anschluss an die didaktischen Diskurse der Pädagogik herzustellen. Dabei ist entscheidend, die in Kapitel 2 beschriebenen Besonderheiten der Frühpädagogik zu stärken und hervorzuheben. So geht es nicht um ein Kopieren einer allgemeinen Didaktik, sondern um eine spezifische Weiterentwicklung bestehender didaktischer Überlegungen, die womöglich in einem Modell für die Frühpädagogik münden könnten. Entscheidend ist dabei, zentrale didaktische Prinzipien für die Frühpädagogik herauszuarbeiten und entsprechend zu berücksichtigen. Dabei stellt sich in der Frühpädagogik – und das mehr als etwa in anderen Arbeitsfeldern – eine spezifische Herausforderung: Inwiefern beinhalten pädagogische Konzepte didaktische Aspekte und wie können diese beschrieben werden?

3.2 Pädagogische Konzepte der Frühpädagogik

Nach Gaus und Drieschner können Konzepte in der Pädagogik als eine

> »spezielle Form des Wissens fungieren, die eine wichtige Vermittlungsaufgabe zwischen der systematischen, theoriegeleiteten und empiriegesättigten Reflexion und der Handlungsnotwendigkeit erfüllen. Komplexe und abstrakte Gedankenkonstrukte werden durch Konzepte ›reformuliert‹« (Gaus & Drieschner 2020, S. 76)

und so vereinfacht und handhabbar. Damit erfüllen pädagogische Konzepte die Anforderung, in einem sich fortwährend ausdifferenzierenden Bildungssystem Komplexität zu reduzieren und Orientierung zu geben (Drieschner 2018). Ein pädagogisches Konzept kann als »ein definiertes System pädagogischer Überzeugungen, das sich bewusst von anderen Ansätzen absetzt und Konsequenzen für eine professionelle pädagogische Praxis formuliert« (Knauf 2013, S. 119) verstanden werden. Pädagogische Konzepte enthalten

- anthropologische Vorstellungen vom Kind und darüber, was seine Entwicklung fördern kann.
- Vorstellungen von »guten« pädagogischen Fachkräften und ihrer professionellen Rolle.
- Vorstellungen von der Bedeutung und Ausgestaltung von Interaktionen.
- Vorstellungen von der Bedeutung und der für Kinder förderlichen Nutzung der pädagogischen Kategorien Raum, Zeit, Material.
- Werte, Normen und Regeln für die Gestaltung des Alltags in der Kindertageseinrichtung.
- Werte, Normen und Regeln für das Selbstverständnis von Kindertageseinrichtungen und für die Gestaltung ihrer Beziehung zu Eltern, Nachbarschaft, Trägern, zur erfahrbaren Umwelt und zu sozialen bzw. institutionellen Netzwerken (Knauf 2013).

In jedem pädagogischen Konzept finden sich also Auseinandersetzungen darüber, wie der Ort »Kita« gestaltet sein muss, welche Aufgaben die Fachkräfte übernehmen sollen und wie die Entwicklungsprozesse der Kinder bestmöglich unterstützt und gefördert werden können. Damit enthalten pädagogische Konzepte auch didaktische Fragestellungen, die entsprechend unterschiedlich beantwortet werden. Beispielhaft werden nun im Folgenden kurz fünf bekannte pädagogische Konzepte der Frühpädagogik dargestellt. Dabei sollen diese nicht grundsätzlich vorgestellt, sondern allein bezogen auf die Begleitung und Unterstützung kindlicher Bildungsprozesse sowie bezogen auf deren didaktische Implikationen interpretiert werden (vgl. zu den folgenden Ausführungen Schelle 2021, S. 22 ff.).

Pädagogik nach Friedrich Fröbel (1782–1852) (Heiland 2010; Neumann 2013)

Nach Fröbel zielt Bildung auf eine Grundbildung und die Entwicklung von Basisqualifikationen beim Kind ab. Kinder bilden sich dabei eigentätig und durch konstruktive Auseinandersetzung mit ihrer Umwelt. Dabei bedürfen sie der Unterstützung durch Erwachsene. Vorrangig entwickelt sich eine elementare Bildung des Kinds im konstruierenden Spiel, also durch Erfassen, durch Handeln, Betrachten sowie durch instruierende Hinweise durch die Erwachsenen. Bildungsinhalte sind dabei die »Naturkräfte im Menschen«, wie es bei Fröbel heißt, also ein gesundes Leben, Sinnestätigkeit und -wahrnehmung, Verstand und Vernunft, Gewissen, religiöses Gefühl und auch die Entwicklung eines ästhetischen Gefühls. Dafür ist die Einführung der Kinder in das Natur- und Weltganze wichtig: in das Reich der Elemente (Wasser, Wind, Licht, …), das Reich der toten Natur (Kristalle, Steine, …), das Reich der Pflanzenwelt, das Reich der Tiere sowie das Reich des Menschen. Dabei sollen alle Kinder alle Kräfte (die geistigen, die emotionalen, die motorischen) ausbilden (angelehnt an Pestalozzis Programm: Kopf, Herz, Hand). Als *Prinzip des didaktischen Handelns* kann zunächst das Spiel als Grundlage des Lernens genannt werden. Die didaktischen Materialien sind die »Spielgaben« und »Beschäftigungsmittel« (einfache Gegenstände wie Ball, Kugel, Würfel, Stäbchen). Diese Materialien haben einen auffordernden und autodidaktischen Charakter. Aufgabe der Erwachsenen ist es, den Erfahrungs- und Lernbereich des Kindes so zu strukturieren, dass sich »Kopf, Herz und Hand« ausbilden können.

Pädagogik nach Maria Montessori (1870–1952) (Schäfer 2010)

Bildung meint die Selbstbildungsprozesse des Kindes, durch die sich das Kind sein eigenes Bild von der Welt konstruiert. Den Kindern werden pädagogisch-didaktische Angebote gemacht; was das Kind lernt, liegt außerhalb des Einflussbereichs der Erwachsenen. Die Materialien und Übungen als Bildungsinhalte unterteilen sich in verschiedene Bildungsbereiche wie Übungen des praktischen Lebens, Übungen der Bewegung und Stille, Sinnes-, Mathematik- und Sprachmaterialien, kosmische Erziehung, kulturelle Aktivitäten. Dabei ist das Material besonders vielfältig und orientiert sich an den Interessen der Kinder. Eine selbstständige Fehlerkontrolle durch das Kind wird ermöglicht und weiterführende Übungsmöglichkeiten werden geboten. Als *didaktisches Prinzip* kann zum einen eine Orientierung an den entwicklungsbedingten Interessen des Kindes beschrieben werden. Darüber hinaus wird die Umgebung entsprechend der entwicklungsbedingten Bedürfnisse des Kindes vorbereitet und auf eine ästhetische Raumgestaltung geachtet. Tragendes Prinzip ist auch die Freiarbeit, bei der die Kinder ihre Beschäftigung und die Materialien frei wählen können. Die Fachkraft hilft nur, wenn es das Kind wünscht (»Hilf mir, es selbst zu tun!«).

Reggiopädagogik (Stenger 2010; Knauf 2013)

Kindliche Bildung wird als selbsttätiger und sozialer Konstruktionsprozess betrachtet. Lernen ist somit entdeckendes und forschendes Lernen und nicht abgeschlossen, sondern konstruiert immer nur vorläufiges Wissen, das immer wieder neuer Deutungen bedarf. Bildung basiert auf den Erfahrungen und bisherigen Erkenntnissen des Kindes und findet in einer Gemeinschaft statt. *Bildungsinhalte* sind die Themen und Interessen der Kinder, die z. B. zum Thema einer Projektarbeit gemacht werden. Voraussetzung dafür ist ein forschendes Begleiten durch die Fachkraft: Was brauchen die Kinder in dieser Gruppe? Als *Prinzipien des didaktischen Handelns* sind dabei insbesondere die Raumgestaltung und die Materialauswahl durch die Fachkräfte hervorzuheben. Diese sind Grundlage für die Schaffung von Lerngelegenheiten: Der Raum als »3. Erzieher« übernimmt eine wichtige Rolle: Er soll Kinder anregen, herausfordern und unterstützen, selbst Gestaltungs- und Experimentierprozesse durchzuführen. Darüber hinaus ist zentrales didaktisches Mittel die Gestaltung und Durchführung von Projekten. Diese entwickeln sich aus Spielhandlungen, Gesprächen oder Beobachtungen von Kindern oder auch aus Impulsen, die Fachkräfte geben. Wer am Projekt teilnimmt, hängt davon ab, wer am Thema überhaupt Interesse hat. Wichtiges Element in der Projektarbeit ist die Darstellung des Prozesses in großen Wanddokumentationen (»sprechende Wände«) mit Fotos, Kinderäußerungen, Kinderarbeiten etc. Diese Dokumentationen werden mit den Kindern gemeinsam erstellt.

Situationsansatz (Preissing & Heller 2010; Roßbach 2004)

Bildung ist eine aktive, soziale, sinnliche, emotionale und selbsttätige Aneignung, mit der sich das Kind ein Bild von der Welt macht, und bedarf auch einer bewussten Anregung der kindlichen Aneignungstätigkeit durch Erwachsene. Bildungsprozesse sind kulturell geprägt und hängen von dem Umfeld der Kinder ab. Bildungsinhalte sind dabei die konkreten, komplexen, sich verändernden Lebenssituationen der Kinder und der Familien. Grundlage ist ein offenes Curriculum, d. h., es ist nicht vorab festgelegt, welche Bildungsziele für den Elementarbereich verfolgt werden sollen. Dabei wird zunächst erkundet, in welcher Lebenssituation die Kinder und Familien sind, Schlüsselsituationen werden ausgewählt und geklärt, welche Erfahrungen der Kinder gefördert werden sollen. *Prinzipien des didaktischen Handelns* sind dabei vor allem eine starke Orientierung an den Themen der Kinder und der Alltäglichkeit dieser Themen.

Diese kurze Darstellung pädagogischer Konzepte zeigt, dass didaktische Fragestellungen keineswegs erst mit der zunehmenden Forderung, die Kindertageseinrichtung als Bildungsort zu gestalten, in der Frühpädagogik beantwortet wurden. Allerdings wurden sie zumeist nicht als solche expliziert. Für die Frühpädagogik bleibt noch zu klären, inwiefern pädagogische Konzepte eine Didaktik der Frühpädagogik bestimmen. Ergänzen sich didaktische Konzepte und pädagogische Konzepte oder dominieren die einen die anderen? Was letztlich für das didaktische Handeln der Fachkräfte in Kindertageseinrichtungen leitend ist, ist noch nicht erforscht. Vergleichbar kann die Diskussion über die Beziehung zwischen Methodik und Didaktik nachgezeichnet werden, bei der der Didaktik von Klafki (1986; 2007) das Primat zugesprochen wurde: Didaktik dominiert die Auswahl der Methoden und nicht die Methodik die didaktischen Entscheidungen. Die Klärung des Wechselspiels zwischen Didaktik und Konzept scheint eine der wichtigen Aufgaben der Theorie und Forschung der Pädagogik der frühen Kindheit in den nächsten Jahren zu sein. Denn neben den »Klassikern« der frühpädagogischen Konzepte finden sich zunehmend Überlegungen, die als didaktische Konzepte in der Frühpädagogik bezeichnet werden können. Diese sind unterschiedlichen theoretischen Zugängen zuzuordnen und geben Orientierung für die Lehr-/Lerntätigkeit, auch durch die Formulierung didaktischer Prinzipien.

3.3 Didaktische Konzepte der Frühpädagogik

Neben den »Klassikern« der Frühpädagogik zeigen sich auch Konzepte, die für die Frühpädagogik didaktische Prinzipien, Vorgehensweisen und Entscheidungsebenen definieren. Diese Ansätze sind von einer breiten Vielfalt gekennzeichnet und blicken unterschiedlich auf das frühkindliche Lernen und das entsprechend notwendige Lehren. Sie beziehen sich nicht ausschließlich auf ein pädagogisches Konzept, sondern sind eher als übergeordnete Konzepte oder als Weiterentwicklung eines pädagogischen Ansatzes zu verstehen, wie das Schäfer und von der Beek (2013) für die Reggiopädagogik tun. Darüber hinaus greifen die Ansätze keinen bestimmten Bildungsbereich heraus, sind also nicht fachdidaktisch ausgerichtet. Im Folgenden werden einige dieser Ansätze näher vorgestellt, um deutlich zu machen, an welchen konzeptionellen Vorüberlegungen weitere Diskussionen über eine Didaktik der Frühpädagogik ansetzen können. Die Auflistung erfolgt chronologisch, also nach dem Jahr der Erscheinung der entsprechenden Publikation. Die Auswahl der folgenden Konzepte erhebt dabei keinerlei Anspruch auf Vollständigkeit (vgl. auch Schelle 2021).

Charlotte Niederle: Didaktische Prinzipien der Kindergartenarbeit

Mitte der 1980er Jahre fasst Charlotte Niederle (1986; 1987), Psychologin, Professorin und langjährige Leiterin des Charlotte-Bühler-Instituts in Wien, didaktische Prinzipien der Kindergartenarbeit zusammen. Im Jahr 1997 werden diese Gedanken nochmals in einem Sonderdruck der österreichischen Fachzeitschrift »Unsere Kinder« veröffentlicht. Ungewöhnlich ist, dass Niederle sich bereits zu diesem Zeitpunkt auf den Begriff der Didaktik und nicht etwa der Methodik bezieht und den Kindergarten als Bildungsinstitution bezeichnet. Dabei ist Didaktik für Niederle

> »die Wissenschaft vom Lehren und Lernen auf allen Stufen der geistigen Entfaltung und in allen Situationen des Lebens. In dieser Fassung ist der Begriff auch für den Kindergarten brauchbar. Auch im Kindergarten geht es um Vorgänge des ›Lehrens und Lernens‹ im weitesten Sinne« (Niederle 1997, S. 7).

Eine Didaktik für den Kindergarten zu entwickeln heißt zum einen, eine Struktur zu finden, mit der man das Bildungsgeschehen abbilden, es bewusst machen und ordnen kann. Darüber hinaus geht es darum, didaktische Prinzipien herauszufiltern, die für die Bildungsprozesse im Kindergarten kennzeichnend sind. »Die Kenntnis einer didaktischen Struktur und wichtiger didaktischer Prinzipien befähigt den Erzieher zu einer besseren Planung und Reflexion seiner Erziehungs- und Bildungsarbeit« (Niederle 1997, S. 7).

Entsprechend skizziert Niederle zunächst, wie die Struktur des pädagogischen Feldes des Kindergartens analysiert werden kann. Sie orientiert sich an der Strukturanalyse, die Paul Heimann im Rahmen eines lerntheoretischen Didaktikmodells entwickelte (vgl. ▶ Kap. 3.1). Die Kategorien dieser Analyse sind aus Sicht von Niederle so verallgemeinerbar und nachvollziehbar, dass sie auch für die Fachkraft im Kindergarten gut genutzt werden können, um die situationsbedingte Tätigkeit theoretisch zu begründen.

Demnach gibt es vier Entscheidungsfelder für die Kindergartenarbeit: die Bildungsziele, die Bildungsinhalte, die Methoden und die Medien. Die Entscheidungen, die die Fachkraft auf diesen Ebenen trifft, müssen die Bedingungen berücksichtigen, unter denen sie getroffen werden. Dabei sind zwei Bedingungsfelder wichtig: die »anthropologisch-psychologischen Determinanten«, also die individuelle (Lern-)Situation eines jeden Kindes, die Interaktionsprozesse zwischen Fachkraft und Kind, aber auch unter den Peers, sowie entwicklungsbedingte Schwerpunkte, die für das Kindergartenalter grundsätzlich gesetzt werden (z. B. Bewegung, Sprachbildung, Autonomie etc.). Zweites Bedingungsfeld sind die »Sozio-kulturellen Determinanten« wie das häusliche Milieu des Kindes, die Situation im Kindergarten selbst als auch gesellschaftliche und kulturelle Faktoren (z. B. Einbindung der Einrichtung in den Sozialraum) (Niederle 1997). Nur wenn die Entscheidungen über Ziele, Inhalte und Methoden sowie Medien, die zum Einsatz kommen sollen, zu den Bedingungen des einzelnen Kindes, seinem familiären Umfeld und den organisationalen Rahmenbedingungen der Einrichtung passen, können sie überhaupt Bildungsprozesse anregen und unterstützen, so die Annahme Niederles.

In einem zweiten Schritt stellt Niederle (1997) dar, welche *29 didaktische Prinzipien* aus ihrer Sicht das Erziehungs- und Bildungsgeschehen im Kindergarten kennzeichnen. Dabei sortiert Niederle die Prinzipien unter vier übergeordnete Gesichtspunkte:

1. Prinzipien für die Gestaltung der Erziehungs- und Bildungsarbeit in der Institution Kindergarten
Hier werden Prinzipien zusammengefasst, die unverzichtbar für die Bildungsarbeit in Kindertageseinrichtungen sind und die sie gegenüber anderen Institutionen, wie etwa der Schule, unterscheiden. Dazu gehören u. a. die Orientierung am Kind und seiner Lebenssituation, die Einbeziehung der Eltern in das Bildungsgeschehen, das Lernen in der Kindergruppe, die Förderung der kindlichen Autonomie durch einen partnerschaftlichen Erziehungsstil oder das Spiel als dominante Lernform.
2. Prinzipien für Art und Verlauf von frühkindlichen Bildungsprozessen
Hier steht im Mittelpunkt, dass sich Bildungsprozesse in der frühen Kindheit durch die Lebensnähe auszeichnen, wenn sie effektiv sein wollen. Erlebnisse der Kinder und Gegebenheiten in der Umwelt sind also für Bildungsprozesse zu nutzen. Didaktische Prinzipien in diesem Bereich sind beispielsweise das lebensnahe Lernen, das exemplarische Lernen, längerfristige Bildungsprozesse anzure-

gen, statt oberflächliche Inhalte zu vermitteln, oder auch die umweltoffene Gestaltung der Bildungsarbeit.
3. Prinzipien für die Aktivierung des Kindes
»Das selbständige Explorieren der Umwelt gehört zu den am längsten praktizierten Prinzipien der Kindergartenarbeit.« (Niederle 1997, S. 22) Durch einen anregenden Raum und Material sollen die Kinder zur Selbsttätigkeit motiviert werden. Dabei wird dem kindlichen Tun Vorrang vor der Belehrung durch die Fachkraft gegeben. Prinzipien sind dabei u. a. die freie Wahl von Lernprojekten durch die Kinder, das Lernen im entspannten Feld ohne Zeit- und Leistungsdruck, die Stützung kinddominierter Spielprojekte oder die Berücksichtigung individueller Interessen und Bedürfnisse.
4. Prinzipien für die Ausbildung und Anwendung erfolgreicher Lern- und Problemlösungsstrategien
Methoden des erfolgreichen Lernens und Problemlösens sind wichtiger als das reine Einprägen von Wissensinhalten. »Grundlegende Erfahrungen, wie man lernt, forscht und arbeitet und das Erlernte erfolgreich anwendet, können bereits im Kindergarten gemacht werden.« (Niederle 1997, S. 25) Dazu sind die didaktischen Prinzipien wie Möglichkeiten zur Selbstkontrolle und Selbstkorrektur, die Übertragung positiver Lernerfahrungen und erfolgreicher Lernstrategien oder auch beispielsweise das Prinzip der Passung, also die Forderung nach individueller Aufgabenstellung, bedeutend.

Walter Ellermann: Bildungsarbeit erfolgreich planen

Walter Ellermann, Diplompädagoge und Oberstudienrat a. D. und langjähriger Dozent an der Fachschule für Sozialpädagogik in Lübeck, beschreibt Didaktik als strukturierte Planung und Organisation von Bildungsprozessen. Fachkräfte sieht Ellermann (2013) als die Expert*innen »für die Organisation von Lernprozessen, d. h., sie [geben] absichtsvoll, bewusst und zielorientiert Lernhilfen und strukturiert ausgewählte Lernsituationen« (Ellermann 2013, S. 31). Die Fachkraft macht für das Kind Dinge, Zusammenhänge oder Vorgänge in verständlicher Form zugänglich.

Entscheidend ist es nach Ellermann, sich dafür in einen »ständigen Kreislauf didaktischer Reflexion« (Ellermann 2013, S. 32) zu begeben:

1. Analyse der Ausgangssituation (Basis für das didaktische und pädagogische Handeln)
2. Planung der Arbeit (aufbauend auf der Analyse)
3. Handeln (mit der Möglichkeit neuer Beobachtungen und Erfahrungen)
4. Auswertung des Geschehens (Reflexion des Prozesses)

Nach der Reflexion des Geschehens beginnt der Kreislauf mit der Analyse der Ausgangssituation von Neuem. Für diese einzelnen Schritte beschreibt Ellermann verschiedene didaktische Prinzipien:

- Anschauung: Kinder sind auf sinnliche Erfahrungen angewiesen, wenn sie lernen. Die Aufmerksamkeit der Kinder sollte die Fachkraft also auf Gegenständiges und Lebendiges in der Natur lenken und, falls das nicht möglich ist, Bilder, Zeichnungen oder Modelle nutzen.
- Aktivität: Kinder lernen durch Tun. Das Handeln der Kinder aus eigenem Antrieb heraus sollte also im Mittelpunkt der didaktischen Überlegungen stehen.
- Übung: Kinder wiederholen Handlungen, die sie einmal begonnen haben, meist intensiv, bis sie genügend Sicherheit haben, diese Handlung selbstständig auszuführen. Daher gilt es, auf der didaktischen Ebene zu bedenken, dass Kindern Zeit und Möglichkeit eingeräumt wird, Dinge und Handlungen zu wiederholen (z. B. Fingerspiele, Lieder öfter zu singen). Die Fachkraft steigert den Schwierigkeitsgrad nur langsam.
- Teilschritte: Komplexe Vorgänge werden in der Arbeit mit Kindern in einzelne Schritte aufgegliedert und für die Kinder transparent gemacht.
- Variabilität: Die Fachkraft gibt dem Kind notwendige Impulse, um sich an Neues heranzuwagen und um das kindliche Interesse an Varianten zu wecken.
- Lebensnähe: »Um Kinder auf der emotionalen Ebene und auf der Handlungsebene zu erreichen, muss Gelerntes direkt in realen oder arrangierten Situationen angewendet oder auf das eigene Leben übertragen werden können« (Ellermann 2013, S. 36). Dabei wird an die Erfahrungen und Erlebnisse des Kindes angeknüpft.

Die didaktische Analyse der Fachkraft wird von unterschiedlichen Faktoren beeinflusst: Auf der einen Seite stehen die Ziele, Inhalte, Methoden sowie Medien und Materialien, die die Fachkraft wählt. Auf der anderen Seite werden diese Entscheidungen maßgeblich von den institutionellen Bedingungen, der gesamten Gruppe, dem einzelnen Kind und auch den Voraussetzungen, die die Fachkraft selbst mitbringt, beeinflusst (Ellermann 2013).

Für geplante Aktivitäten wie die Einzelaktivität oder die Lerneinheit gibt Ellermann Orientierung, wie die Fachkraft vorgehen sollte:

- Bei einer Einzelaktivität, z. B. einer Bilderbuchbetrachtung, sollten eine Sachanalyse (warum ist das Thema für Kinder wichtig?), Angaben zur Gruppe, zu den organisatorischen Rahmenbedingungen, den Zielen der Aktivität, dem methodischen Verlauf, den Medien und Materialien sowie Erläuterungen der didaktisch-methodischen Entscheidungen durch die Fachkraft vorab festgehalten werden. Dabei unterteilt Ellermann gezielte Angebote in drei Phasen: die Hinführungs-, der Durchführungs- sowie die Abschlussphase. Bei der Hinführungsphase geht es darum, die Neugier der Kinder für die geplante Aktivität zu wecken, die Durchführungsphase dient der tatsächlichen Zielerreichung. Die Abschlussphase soll der Sicherung des Gelernten dienen, z. B. wird ein besonderes Erfolgserlebnis hervorgehoben, eine Frage vom Anfang wieder aufgegriffen oder die Gruppe wird zu einem gemeinsamen Tun aufgefordert – die Abschlussphase rundet also die geplante Aktivität ab.

- Lerneinheiten (oder didaktische Einheiten) sind nach Ellermann die Gesamtheit aller Einzelaktivitäten zu einem bestimmten Thema. Das Thema, das von den Fachkräften gewählt wird, kann für eine kleinere Gruppe oder für die gesamte Kindertageseinrichtung gewählt werden. Richtlinie kann der Bildungsplan sein, aber auch das, was die Kinder in der Gruppe gerade beschäftigt. Didaktische Entscheidungen müssen aber nicht nur bezüglich der Frage, was gelernt werden soll, beantwortet werden, sondern auch bezüglich der Methoden. Diese sollten sich innerhalb einer Lerneinheit abwechseln und einer inneren Logik folgen, d. h. in sich schlüssig sein. Ellermann hebt hervor, dass auch auf der organisationalen Ebene, die die Zeitplanung, die Gestaltung der Räume, die Struktur der Gruppen, die Zusammenarbeit im Team und mit den Eltern umfasst, das didaktische Handeln der Fachkräfte maßgeblich beeinflusst und daher einbezogen werden muss.

Ludwig Liegle: Didaktik einer indirekten Erziehung

Ludwig Liegle, langjähriger Professor an der Universität Tübingen, legt mit seiner »Didaktik einer indirekten Erziehung« einen Entwurf vor, der sich auf ein konstruktivistisches Bildungsverständnis gründet (Liegle 2009).

Erziehung beschreibt Liegle als »Aufforderung zur Bildung« (2009, S. 6) und unterscheidet grundlegend zwischen einer direkten und indirekten Erziehung. Beide Wege der Erziehung seien als Antworten auf die Lebensäußerungen der Kinder zu verstehen, auf ihre Signale, Bedürfnisse und Aktivitäten, und basieren auf Verantwortung und Dialog.

Bei der *direkten Erziehung* geschieht die Aufforderung zur Bildung ausdrücklich und offen und geht von einer gezielten Initiative der Fachkraft aus. Die Anregung bestimmter Wissensinhalte oder Fertigkeiten oder Kompetenzen stehen im Vordergrund. Die Kinder bemerken die Absicht der Fachkraft und sind sich darüber bewusst, was sie lernen sollen. Bei der *indirekten Erziehung* werden Kinder auch zur Bildung aufgefordert, jedoch bemerken die Kinder diese Absicht nicht und sind sich auch nicht darüber bewusst, was und wie sie gerade lernen. Durch die »bewusste und absichtsvolle Gestaltung der interpersonalen, situativen, räumlichen und sächlichen Umwelt der Tageseinrichtung« (Liegle 2009, S. 8) will die Fachkraft implizite, aus der Selbsttätigkeit sich entwickelnde Lernprozesse bei den Kindern anregen.

Direkte und indirekte Erziehung sind eng miteinander verwoben und können im Alltag kaum klar voneinander getrennt betrachtet werden. Für eine bestmögliche Unterstützung und Begleitung der kindlichen Bildungsprozesse ist sowohl die direkte als auch die indirekte Erziehung wichtig. Hier gilt es für die Fachkraft, eine gute Balance herzustellen.

Für das didaktische Handeln der Fachkräfte ist nach Liegle (2009) vor allem die indirekte Erziehung leitend. Diese greift die vorherrschenden Lernformen in der frühen Kindheit auf und ist damit am besten geeignet, das Lernen der Kinder wirkungsvoll zu unterstützen und anzuregen. Denn Lernen in der frühen Kindheit findet zumeist unbewusst und beiläufig, zufällig, statt, hängt aber entscheidend von der kindlichen Umwelt ab und davon, ob eine Bezugsperson ihnen solche »Zufälle«

ermöglicht. Zentrale didaktische Aufgaben sind es demnach, »zufällige« Lernprozesse der Kinder zu planen, vorzubereiten und zu inszenieren, zu beobachten, zu dokumentieren und für weitere Planungen auszuwerten. Entscheidend ist, dass die Fachkraft sich bewusst als Bindungsperson versteht sowie Dialogpartner*in und Vorbild sein will. Auch die Kindergruppe selbst ist für das selbsttätige Lernen der Kinder eine wichtige Bedingung in der Umwelt. Sind vielfältige und selbstbestimmte Aktivitäten in der Gruppe für die Kinder möglich, können Kinder Prozesse gemeinsamen Handelns und Denkens sowie gemeinsame Sinngebung erfahren.

Vier Dimensionen begründen eine Didaktik der indirekten Erziehung (Liegle 2010):

- Die (inter-)personale Dimension: Die Beziehungen zwischen Pädagog*innen und Kindern bzw. Kind sowie den Kindern untereinander wirken erzieherisch.
- Die inhaltliche Dimension: Kulturelles Wissen und Werte sowie Naturphänomene bilden die Grundlage für Themen und Lerngegenstände. »Es geht um entwicklungsangemessene Formen, die Spiel und Lernen verbinden und auf Exploration, sinnliche Erfahrungen und Selbstwirksamkeit setzen« (Liegle 2010, S. 20). Beobachtung und Dokumentation bilden den Ausgangspunkt für die Ermöglichung von Bildungsprozessen.
- Die räumliche und sächliche Dimension: Damit Räume Bildungsprozesse ermöglichen und unterstützen können, besteht die professionelle Aufgabe der Pädagog*innen darin, vielfältige räumliche und materielle Voraussetzungen mit Aufforderungscharakter zur Auseinandersetzung mit der Umwelt drinnen und draußen (auch außerhalb der Kindertageseinrichtung) für selbstbestimmte Aktivitäten zu schaffen.
- Die zeitliche Dimension: Es bedarf einer Balance zwischen einer Strukturierung des Tagesablaufes und der zeitlichen Selbstbestimmung der Kinder. Der Tagesablauf mit Routinen und Ritualen muss dem einzelnen Kind die Möglichkeit lassen, einen eigenen Rhythmus für Spiele und Situationen zu finden.

Liegle schlussfolgert, dass eine nachhaltige Professionalisierung der Fachkräfte in Kindertageseinrichtungen zur Folge habe, »dass die Didaktik der indirekten Erziehung zu einem Schwerpunkt der Aus- und Weiterbildung ausgebaut wird« (Liegle 2009, S. 13). Die Verbindung von direkter und indirekter Erziehung in der Frühpädagogik verleihe der Didaktik der frühen Kindheit ihr besonderes Profil.

Norbert Neuß: Vier Ebenen des didaktischen Denkens und Handelns

Norbert Neuß, Professor für Pädagogik der frühen Kindheit und Elementarbildung an der Universität Gießen, definiert 2013, was Didaktik in diesem Arbeitsfeld aus seiner Sicht kennzeichnet (Neuß, 2013; 2019). Ausgehend von der Annahme, dass Lernen ein aktiver, konstruktiver, situativer und sozialer Prozess sei, benennt er elf grundlegende didaktische Prinzipien:

- Selbsttätigkeit: Kinder werden dazu ermutigt, selbsttätig die Welt zu erkunden und zu erfahren.
- Anschaulichkeit: Kinder lernen durch unmittelbares Wahrnehmen, durch Anschauen und Begreifen. »Ästhetisch-visuelle und mediale Erkundungs- und Vermittlungsnormen« (Neuß 2013, S. 24) sind also von zentraler didaktischer Bedeutung.
- Ganzheitlichkeit: »Lernen soll durch unmittelbare Erfahrung mit den Lerngegenständen und durch direkten Umgang mit ihnen vermittelt werden.« (Neuß 2013, S. 25)
- Entwicklungsbezug: Die Kompetenzen eines jeden Kindes werden bei der Planung oder Anregung von Lernerfahrungen berücksichtigt.
- Situationsorientierung bzw. Lebensweltbezug: Ausgangspunkt aller didaktischen Überlegungen sind die Gefühle, Gedanken, Wünsche, Interessen, Themen, Fragen und Erfahrungen sowie die Lebenssituation von Kindern.
- Spielerisches Lernen: Spiel ist eine »akzeptierte, eigenständige und vollwertige Lernform in der Kindheit. Dementsprechend wird das spielerische Lernen als ein didaktisches Prinzip genutzt.« (Neuß 2013, S. 25 f.)
- Bindungsbezug: Kinder sind auf vertrauensvolle und stabile Beziehungen angewiesen, wenn sie explorieren wollen. Entsprechend sind alle didaktischen Entscheidungen im Sinne einer stabilen und wertschätzenden Beziehung zwischen Fachkraft und Kind zu treffen.
- Inklusion: Heterogene Lernvoraussetzungen der Kinder werden berücksichtigt, indem differenzierte und individuelle Lernangebote geplant und umgesetzt werden.
- Ressourcenorientierung: Fachkräfte nehmen Kinder und deren Entwicklungs- und Bildungsprozesse wertschätzend wahr und bestärken sie in ihren Fähigkeiten.
- Beiläufige Lernarrangements: Lernen wird nicht in Form von Unterrichten oder Instruktion arrangiert, sondern es findet »beiläufig« statt.
- Wertorientierung: Die Fachkräfte vermitteln den Kindern Verhaltensregeln, Einstellungen sowie Wert- und Normvorstellungen.

Die Themen, Inhalte und Gegenstände des Lernens kommen dabei vorrangig von den Kindern selbst. So sind durch Beobachtungen die Tätigkeiten und Selbstbildungsprozesse einzelner Kinder zu erkennen, die Kindergruppe bestimmt durch ihre Erfahrungen und Umgangsweisen auch die Lernimpulse. Die Gruppe ist ein Raum, in dem soziale Lernerfahrungen gemacht werden und emotionale Kompetenzen weiterentwickelt werden. Auch die Rahmenbedingungen der Einrichtung selbst, ihr Sozialraum, beeinflusst, welche Themen zum Lerngegenstand werden (Neuß 2019). Neuß spricht in diesem Zusammenhang auch von einer »bottom-up« Didaktik (2013, S. 17): Das didaktische Handeln wird aus den Interessen und Themen der Kinder heraus entwickelt. Während bei einer »top-down« Didaktik die einzelnen Arbeits- und Lernschritte vorweg von der Fachkraft geplant und anhand von Zielen, die formulieren, was Kinder lernen sollen, strukturiert werden, stehen also bei einer »bottom-up« Didaktik die Alltagssituationen und die Fragen der Kinder im Mittelpunkt.

3.3 Didaktische Konzepte der Frühpädagogik

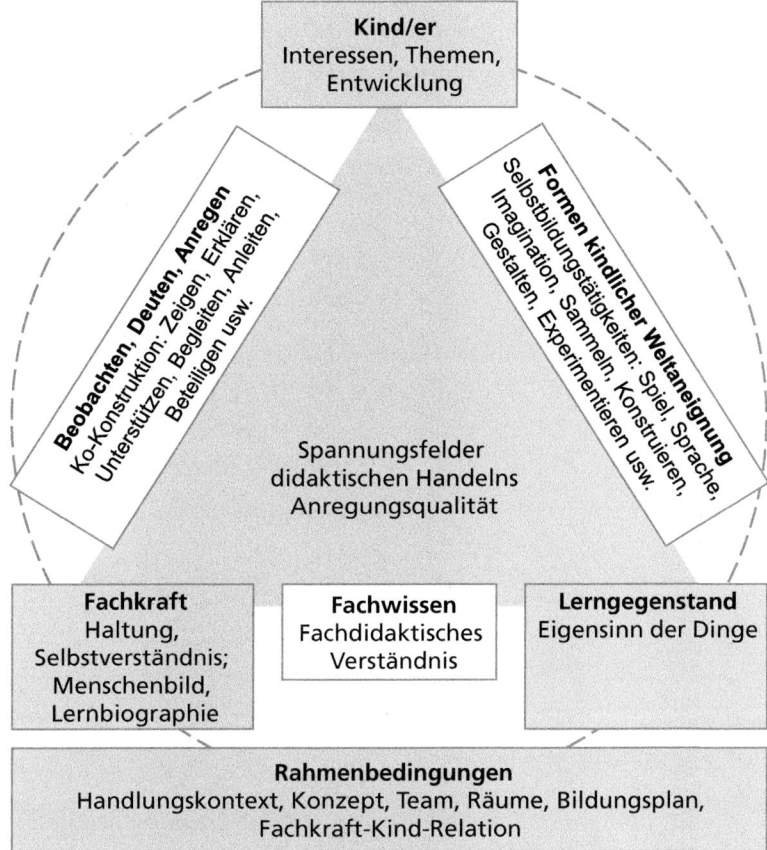

Abb. 4: Didaktisches Dreieck in der Kindertageseinrichtung (© 2021 Verlag an der Ruhr, »Didaktisches Dreieck in der Kindertageseinrichtung«. In: N. Neuß (2013): Grundwissen Didaktik für Krippe und Kindergarten, S. 18)

Neuß (2013) identifiziert vier unterschiedliche Ebenen, auf denen didaktisch gehandelt und geplant wird:

1. Handlungsebene: die konkrete Arbeit in der Lehr-Lern-Situation
   Auf dieser Ebene stehen die Gestaltung von geplanten Bildungsangeboten oder die Nutzung impliziter Lernmöglichkeiten im Fokus. Dabei ist es wichtig, nicht vorher genau planbare Situationen professionell zu gestalten. Die Komplexität in der pädagogischen Situation entsteht durch die Einzigartigkeit und Vielfalt der kindlichen Lernwege, der pädagogischen Fachkraft und durch den Lernkontext.
2. Reflexionsebene: Analyse und Planung von pädagogischen Aktivitäten
   Auf dieser Ebene stellt Didaktik stellt folgende Fragen:
   - Warum plane ich dieses Angebot? Welche Begründungen habe ich dafür?
   - Wozu plane ich das Angebot? Was ist das Ziel, was sollen die Kinder durch dieses Angebot lernen?

- Wie gestaltet sich die Beziehung zwischen dem Kind und der pädagogischen Fachkraft? Welche Wirkungen haben die Interaktionen auf das Kind?
3. Konzeptebene: grundlegende elementardidaktische Vorstellungen
   Zu den grundlegenden elementardidaktischen Vorstellungen zählen traditionelle Konzepte wie das Fröbel- oder Montessori-Konzept, der Situationsansatz oder auch offene Konzepte (Neuß & Westerholt 2010, S. 201 f.). Auf der Konzeptebene werden von Neuß auch die eben beschriebenen didaktischen Prinzipien verankert.
4. Theorieebene: grundlegende theoretische Ansätze
   Auf der Theorieebene geht es um die grundlegenden Auffassungen, wie und was Kinder lernen. Basiskonzepte dafür sind
   - die Theorie des Lernens in der frühen Kindheit
   - Kindheitsphänomene
   - Bildungsbereiche
   - Rolle der Eltern im Erziehungs- und Bildungsprozess
   - Raumgestaltung
   - Bindungs- und Interaktionsformen der pädagogischen Fachkräfte

Neuß (2013) entwickelt für die Elementardidaktik das oben beschriebene didaktische Dreieck für die frühe Bildung weiter bzw. differenziert die einzelnen Kontextbedingungen aus (▶ Abb. 4).

Gerd E. Schäfer, Angelika von der Beek: Didaktik in der frühen Kindheit – von der Reggiopädagogik lernen

Gerd E. Schäfer, Professor i. R. für die Pädagogik der frühen Kindheit und Familie an der Universität zu Köln, und Angelika von der Beek, freiberufliche Fortbildnerin, legen einen Entwurf einer Didaktik vor, der sich grundlegend von den bereits vorgestellten Entwürfen unterscheidet. Denn Schäfer und von der Beek orientieren sich an einem pädagogischen Ansatz, der Reggiopädagogik, und entwickeln diesen weiter. Für die Autor*innen steht die Reggiopädagogik für eine Didaktik, die Selbsttätigkeit, Neugier und Kreativität junger Kinder unterstützt und herausfordert, ein Ausgangspunkt, der theoretisch begründet und praktisch am differenziertesten ausgearbeitet ist. Dabei werden Grundgedanken und Konzeptualisierungen der Reggiopädagogik aufgegriffen, um sie in ein Theoriekonzept einzubinden sowie theoretische und handlungspraktische Folgerungen zu ziehen (Schäfer & von der Beek 2013, S. 95). Daraus werden Grundlagen für eine Didaktik der frühen Kindheit abgeleitet und entwickelt, die auf einem konstruktivistischen Verständnis von Bildung und Lernen fußen. Sechs didaktische Prinzipien können dabei abgeleitet werden:

1. Kommunikative Prozesse der Kooperation
   Kinder benötigen kommunikative Prozesse der Kooperation mit Erwachsenen, um zu lernen. »Der Begriff der Kooperation meint ein soziales Miteinander, das die beteiligten Subjekte als aus sich heraus eigenständig Handelnde anerkennt.«

(Schäfer & von der Beek 2013, S. 104) Dafür ist es notwendig, dass Kinder und Erwachsene in einer Beziehung zueinanderstehen, die Aushandlungsprozesse überhaupt ermöglicht. Die Erwachsenen machen Angebote, von denen sie ausgehen, dass sie die Kinder interessieren könnten. Sie sind aber dazu bereit, das Angebot sofort zu verändern, wenn es nicht auf das Interesse der Kinder stößt.

2. Kooperation mit Gleichaltrigen
Anregungen greifen die Kinder vor allem von anderen Kindern auf. Gemeinsam geteilte sinnliche Erfahrungen, wie z. B. in Projekten, und die Theorien der anderen beteiligten Kinder binden die Aufmerksamkeit der Kinder, »wie es die im Vergleich damit armselig wirkenden didaktischen Ideen der Erwachsenen niemals könnten.« (Schäfer & von der Beek 2012, S. 105)

3. Wahrnehmendes Beobachten
Grundlage einer Didaktik der frühen Kindheit ist es, zum einen das Handeln der Kinder, aber auch deren Beziehungen zu Menschen und Dingen aufmerksam zu beobachten. Dieses wahrnehmende Beobachten beschreiben Schäfer und von der Beek als Teil der professionellen Haltung der Fachkräfte, die Voraussetzung für jegliche Kooperation mit einem Kind ist. Diese Art der Beobachtung bringt »ein Moment der Verlangsamung, des Innehaltens in die pädagogischen Beziehungen [...]: innehalten, bevor man handelt, innehalten, damit sich ein Horizont des Verständnisses für das bilden kann, was Kinder tun.« (Schäfer & von der Beek 2013, S. 109) Das schafft die Grundlage für den Umgang mit Differenz, diese anzuerkennen und zu versuchen, sie zu verstehen.

4. Denken durch Handeln, Gestalten und Erzählen
Kinder entdecken ihre Umwelt, Räume, Gegenstände oder auch ein Gelände durch konkrete Handlungserfahrungen, an denen alle Sinnesbereiche und die Gefühle beteiligt sind. Sie entwickeln so Handlungskonzepte und -strategien, die ihnen dann auch als Denkstrategien zur Verfügung stehen. Durch erzählendes Denken, also durch die Sprache, können Zusammenhänge von Handeln und Denken so organisiert werden, dass sie auch für andere nachvollziehbar werden, überprüfbar sind und leichter verändert werden können. Solche Leistungen der Kinder sollten von Fachkräften transparent gemacht werden und sind in ihrer Bedeutung für den kindlichen Lernprozess zu verstehen.

5. Der Raum als erster Erzieher
Die Umwelt der Kinder ermöglicht und eröffnet ein Lernen durch Handlungserfahrungen, in dem diese aktivierend und herausfordernd gestaltet wird. Die Umgebung sollte reich an verschiedensten Materialien und differenziert, angepasst an die Bedürfnisse und Interessen der Kinder, ausgestaltet sein. In einer solchen Umgebung benötigen Kinder keine Instruktionen, sondern suchen sich das aus, was sie wirklich interessiert, vertiefen ihre Kenntnisse und Fähigkeiten. Erhalten die Kinder eine entsprechende Resonanz von den Fachkräften auf ihre Aktivitäten, entwickeln sie ihr Handeln weiter und integrieren die Resonanz der Fachkraft dabei. Damit Kinder ihre Spielformen freier wählen können, ist die Verwandlung von Gruppenräumen in Funktionsräume sinnvoll. So können Kinder Angebote in ihrer Umgebung besser variieren, annehmen oder außer Acht lassen und die eigenen zeitlichen Rhythmen finden.

6. Beziehungsformen einer partizipatorischen Didaktik
Jedes didaktische Handeln ist eingebunden in eine pädagogische Beziehung, sodass sich didaktisches Handeln auch daran messen lassen muss, welche Form und Qualität der zwischenmenschlichen Beziehung dadurch verwirklicht wird. Entscheidend ist dabei, dass die Kinder teilhaben und beteiligt sind, da nur dann Kooperation mit den Fachkräften entstehen kann. Die didaktischen Beziehungen zwischen Fachkraft und Kindern sind dadurch gekennzeichnet, dass Fachkräfte
- die Situation der Kinder aushalten und halten,
- das Tun und Denken der Kinder widerspiegeln,
- Zeuge der Entwicklung der Kinder sind,
- spielerisch interagieren und Imagination zulassen,
- Kinder sprachlich spiegeln und Resonanz geben,
- Kinder zu neuen Aufgaben anregen und herausfordern,
- sich darüber bewusst sind, dass ihre Handlungsmuster Modell für kindliches Lernen sind sowie
- die Aufmerksamkeit der Kinder durch Hervorhebung und die eigene emotionale Beteiligung auf Dinge und Ereignisse richten, von denen sie glauben, dass sie die Kinder ansprechen könnten.

Kersten Reich: Inklusive Didaktik

Kersten Reich war lange Jahre als Professor für Allgemeine Pädagogik an der Universität zu Köln tätig. Er ist Begründer des Ansatzes des Interaktionistischen Konstruktivismus und durch seine Theorieentwicklung in der Didaktik bekannt. Sein Ansatz wird in der Praxis der Inklusiven Universitätsschule Köln, der ersten Praxisausbildungsschule in der neueren deutschen Lehramtsausbildung, umgesetzt.

Aufgabe der Erziehung und Bildung ist es für Reich, die Werte der Demokratie umzusetzen und zu vermitteln, Chancengerechtigkeit zu erhöhen und eine breite Inklusion für alle Kinder zu ermöglichen. Ziel von Inklusion ist für Reich (2019) die Wertschätzung des Unterschiedlichen – und das nicht nur auf die Heterogenitätsdimension Behinderung bezogen. Diesen Grundsatz der Inklusion versucht er, mit seiner inklusiven Didaktik konkret in pädagogisches Handeln zu übersetzen. Das didaktische Konzept ist für den Schulbereich entwickelt worden, aber aufgrund der großen Schnittmengen liegen erste Arbeiten für den Elementarbereich bereits vor (Reich 2019).

Für Reich (2014) gibt es vier unterschiedliche Prinzipien einer inklusiven Didaktik, die sich an konstruktivistischen Ideen des Lernens orientieren.

1. Eine inklusive Didaktik ist eine Beziehungsdidaktik.
Das didaktische Handeln beruht bei einer inklusiven Didaktik in besonderem Maße auf der Herstellung einer positiven Beziehung zwischen Lernenden und Lehrenden. Diese Beziehung ist von Wertschätzung und von vertrauensvoller Partnerschaft geprägt. Die Gestaltung der Beziehung orientiert sich dabei an den Lernenden. Die Beziehung zeichnet sich dadurch aus, dass die Pädagog*innen gegenüber den Kindern fürsorglich sind, sich mit allen solidarisch erklären und

Gerechtigkeit anstreben, Orientierung durch Regeln und Struktur geben sowie präsent sind (also nah an den Lernenden, z. B. beim Mittagessen). Auch die Beziehung zwischen den Kindern wird als wertvolle Ressource für das Lernen wahrgenommen (Reich 2014).
2. Eine inklusive Didaktik ist eine Förderungsdidaktik (Reich 2014).
Didaktisches Handeln dient dazu, *alle* Kinder zu fördern und ihnen erfolgreiches Lernen zu ermöglichen. Für die Umsetzung sind drei Aspekte entscheidend:
- Multiperspektivisch: Lernende sind unterschiedlich, die Lernvoraussetzungen sind heterogen. Die Kinder lernen so in einer Lerngruppe unterschiedliche Perspektiven kennen.
- Multimodal: Unterschiedliche Lernende verlangen nach unterschiedlichen Wegen und Methoden. So zeichnet sich eine inklusive Didaktik durch eine Vielfalt an Methoden aus, nicht durch eine ewige Wiederkehr bekannter Abläufe.
- Multiproduktiv: Eine inklusive Didaktik legt auf eine kreative und selbstbestimmte Ergebnissicherung großen Wert. Entscheidend ist nicht ein einheitliches Produkt, sondern ein individuelles Dokumentieren des Lernens.
3. Eine inklusive Didaktik schafft Möglichkeiten für konstruktives Lernen.
Reich (2014; 2019) legt einer inklusiven Didaktik seine re-/de-/konstruktive Lerntheorie zugrunde. Konstruktion beschreibt den Prozess, dass wir dann am besten lernen, wenn wir aus eigenen Beobachtungen und eigenem Erleben Hypothesen ableiten. Wir können die eigenen Erfahrungen selbstbestimmt in eigene Konstruktionen überführen. Ziel einer inklusiven Didaktik ist es, so viel Konstruktion wie möglich zuzulassen und den Lernenden größtmögliche Selbsttätigkeit und Selbstbestimmung einzuräumen, damit sie ihr eigenes Lernen umfassend verwirklichen können (Reich 2019).
4. Eine inklusive Didaktik verlangt drei Rollen der Pädagog*innen.
Die Pädagog*innen nehmen bei der Umsetzung einer inklusiven Didaktik drei Rollen ein:
- Sie sind Selbst- und Fremdbeobachter*innen der pädagogischen Prozesse und des Lernens.
- Sie sind Teilnehmer*innen der pädagogischen Prozesse, verstehen sich also auch als Teil der Prozesse und beeinflussen diese.
- Sie sind Akteur*innen, die aktiv in den pädagogischen Prozessen agieren und selbst auch blinde Flecken haben (Reich 2014).

Reich (2014) formuliert für eine inklusive Didaktik zehn entscheidende Bausteine, die das pädagogische Handeln in inklusiven Institutionen prägen sollen. Ziel ist es – wie bei jeder Didaktik –, das Lernen aller Kinder bestmöglich zu unterstützen und zu ermöglichen. Die oben genannten Prinzipien einer inklusiven Didaktik ziehen sich dabei wie ein roter Faden durch alle diese Bausteine. Allein beim Betrachten der Bausteine fällt auf, dass Reich (2014) von einem sehr breiten Didaktikverständnis ausgeht. Er will mit seiner inklusiven Didaktik nicht allein die Frage nach dem »wie« und dem »was«, sondern umfassende didaktische Fragen auf unterschiedlichen Ebenen beantworten. Der folgende kurze Überblick über die zehn Bausteine verdeutlicht dies (Reich 2014):

- Baustein 1: Beziehungen und Teams
  Positive wechselseitige Beziehungen gestalten, Vernetzung im Team
- Baustein 2: Demokratische und chancengerechte Kindertageseinrichtung
  Keine Selektion, Mitbestimmung und Mitwirkung aller (auch der Eltern), Bekämpfung von Mobbing
- Baustein 3: Qualifizierende Kindertageseinrichtung
  Umfassende Qualifizierung für alle Lernenden, Stärkung des Selbstwerts und der Selbstregulation durch Feedback zu den Lernfortschritten, Anerkennung vielfältiger Lernwege. Differenzierte Curricula
- Baustein 4: Lernende mit Förderbedarf
  Alle Kinder haben besondere Bedürfnisse, keine Stigmatisierung durch Förderung, Feedback und Selbsteinschätzung zum Lernprozess
- Baustein 5: Differenzierte Bewertung
  Individuelle Zielvereinbarungen, zeitnahes und individuelles Feedback
- Baustein 6: Rhythmisierter Ganztag
  Tagesablauf mit unterschiedlichen Phasen
- Baustein 7: Förderliche Lernumgebung
  Lernlandschaften eröffnen Wahlmöglichkeiten, individuelle Förderung, unterschiedliche Lernwege, peer-to-peer-Lernen
- Baustein 8: Neue Architektur
  Konzeption von Lebens- und Arbeitsbereichen, Aktions-, Sozial- und Rückzugsflächen
- Baustein 9: Öffnung in die Lebenswelt
  Inklusion als gemeinsame Aufgabe der Kommune, Vernetzung und Kooperation, kommunale Bildungslandschaft
- Baustein 10: Beratung, Supervision, Evaluation
  Unterstützung durch kollegiale Beratung, Supervision, gemeinsame Reflexion und Teamentwicklung

Holger Brandes und Petra Schneider-Andrich: Didaktik des Zwischenraums

Holger Brandes, Professor für Psychologie an der EH Dresden, und Petra Schneider-Andrich, Bildungssoziologin für die frühe Kindheit, stellen fest, dass das kindliche Lernen in Gruppen in didaktischen Überlegungen vernachlässigt wird. Häufig kommen die Gruppen nur unter Störungsaspekten in den Blick. Diese verengte Perspektive auf die Dyade Fachkraft-Kind, deren individuelle Beziehung und Interaktion, richtet didaktisches Handeln zu selten darauf aus, was *zwischen* den Kindern abläuft. Notwendig ist eine gruppendynamische Didaktik, die als Zielrichtung pädagogischen Handelns den Beziehungszusammenhang, die eigenständige Dynamik zwischen den Peers, setzt. Im Fokus steht also das Netzwerk der Gruppe (Brandes & Schneider-Andrich 2019).

Grundlage des didaktischen Konzepts ist die Annahme, dass das Gefühl der Zugehörigkeit, also der Ausdruck von Gemeinsamkeiten, Kooperationen und die Bezugnahme auf Gleichheit für das kindliche Selbst notwendig und entscheidend ist (Brandes & Schneider-Andrich 2019). Schon im jungen Alter stellt die Peergruppe also eine bedeutende Entwicklungsressource dar. Fiktive Spiel-Szenarien ermöglichen den Kindern, an der Alltagswirklichkeit anderer teilzuhaben und Erfahrungen auszutauschen. Vor allem Konflikte bilden eine »einzigartige kognitive Entwicklungsressource« (Ahnert 2005). Somit können auch schon Kindergruppen entwicklungspsychologisch »als sozialer Übergangsraum« (Brandes & Schneider-Andrich 2019, S. 65) gedacht werden. Der bisher dominante familiäre Bezugsrahmen wird durch die neuen Geschichten und vielfältigen Perspektiven durch die Peergruppe »gesprengt« (Brandes & Schneider-Andrich 2019, S. 65).

> »Peers konfrontieren sich gegenseitig mit entwicklungsrelevanten Bedeutungen, die für sie interessant und nachvollziehbar sind. Je mehr Möglichkeiten zum gemeinsamen Austausch vorhanden sind, desto vielfältiger können sich sowohl individuelle als auch gemeinsame Bedeutungsmuster und damit Wissensbestände entwickeln« (Brandes & Schneider-Andrich 2019, S. 66).

Somit eröffnet sich ein wichtiger sozialer, kognitiver und auch emotionaler Entwicklungsraum für die Kinder. Im gemeinsamen Spiel müssen unterschiedliche Interessen und Ideen abgestimmt und zusammengeführt werden, sodass gemeinsam anerkannte Bedeutungen entstehen können. Dabei erweitern die Kinder ihre Fähigkeiten, wenn sie die Perspektiven der anderen erschließen und in die eigene Bedeutungswelt integrieren. Sie müssen dafür auch die psychischen Befindlichkeiten des Gegenübers erkennen, deren Absichten lesen. Konflikte zwischen Peers müssen gelöst, Konsens gesucht werden. Empathie und Perspektivübernahme sind dafür entscheidend. Soziale Kompetenzen werden also in besonderem Maße gefördert, wenn schon junge Kinder häufig und regelmäßig mit Gleichaltrigen Kontakt haben und so bestimmte Fähigkeiten immer wieder aktivieren und differenziert weiterentwickeln können (Brandes & Schneider-Andrich 2019). Dabei sind Kinder auch in jungen Jahren in der Lage, sozial schwierige Situationen und komplexe Gruppengefüge zu regulieren und voranzubringen. Die Beziehungen zu den Gleichaltrigen handeln die Kinder dabei untereinander aus, durch die selbstständige Ausgestaltung entsteht so etwas Eigenes, das sich nur den Mitgliedern selbst eröffnet. »Damit erscheint das Erleben in Peergruppen als ein autonomer Bereich im Leben der Kinder, der nur bedingt von Erwachsenen beeinflusst werden kann.« (Brandes & Schneider-Andrich 2019, S. 70) So entsteht eine eigenständige Peerkultur.

Die Interaktionen sind in Peergruppen symmetrisch, im Unterschied zu asymmetrischen Interaktionen mit den Fachkräften. Diese Symmetrie macht den Austausch zwischen Kindern besonders bedeutsam für das einzelne Kind. Auch wenn Kinder dazu neigen, sich beispielsweise in Spielsituationen den Interpretationen des Erwachsenen anzupassen, geht es bei der Interaktion zwischen Kindern eher um gleichberechtigte Aushandlungsprozesse (Brandes 2009).

Auch wenn Kinder viele Konflikte selbst lösen können und Peerinteraktion bevorzugen und lieber mit Kindern spielen, benötigen sie dennoch je nach Alter und Gruppengröße die Möglichkeit, auf die Begleitung durch Erwachsene zurückgreifen zu können. Dabei beschreiben Brandes und Schneider-Andrich (2019) die Aufgaben der Fachkräfte wie folgt:

- *Sichere Bindungsbeziehung zu den Kindern aufbauen:* Kinder benötigen einen sicheren Bezugspunkt, wenn Peerinteraktionen scheitern. Die Qualität der Erzieher-Kind-Beziehung beeinflusst das Spiel als auch die Gruppendynamik (Howes, Hamilton & Philipsen in Brande & Schneider Andrich 2019). Voraussetzung für autonome Peeraktivitäten ist also eine sichere, wertschätzende und vertrauensvolle Beziehung zwischen Fachkraft und Kind.
- *Ermöglichung angemessener Rahmenbedingungen und Spielräume für Peeraktivitäten:* Kindern wird der Raum gegeben, um eigenaktiv in Kontakt treten zu können, in dem sich das Potential der symmetrischen Beziehungen zwischen den Gleichaltrigen auch entfalten kann. Dazu ist es zum einen Aufgabe der Fachkraft, die Zeittaktung im Tagesverlauf auch den Gruppenprozessen anzupassen und so für Peerinteraktionen ausreichend Zeit zu schaffen. Zum anderen ist auch die räumliche Ausstattung, etwa die Möglichkeit des räumlichen Rückzugs, entsprechend zu gestalten. Das Materialangebot sollte gemeinsame Aktivitäten anregen und fördern. Wichtig ist, dabei auch verbindliche Verhaltensregeln mit der Kindergruppe auszuhandeln, die angstfreies Spiel ermöglichen (Brandes & Schneider-Andrich 2019).
- *Lernbegleitung:* Im Sinne einer konstruktivistischen Perspektive auf das kindliche Lernen sollte die Fachkraft die Selbsttätigkeit innerhalb der Peergruppe nicht willkürlich oder unreflektiert unterbrechen. Häufig liegt der Fokus im didaktischen Handeln auf der dyadischen Beziehung zwischen Kind und Fachkraft. Die Bedeutung der Peergruppe wird oft unterschätzt. Wichtig ist aber, dass die Fachkraft die Peerbeziehungen beobachtet und sensibel entscheidet, wann und welche Interventionen notwendig sind. »Fundamental ist, dass die Fachkraft dabei nicht versucht, die Dynamik des Peerkontextes strukturierend und richtungsweisend zu bestimmen. Die lernbegleitende Haltung sollte vielmehr dadurch charakterisiert sein, dass die Fachkraft versucht, mit ihrem Verhalten bewusst der Eigendynamik des Peerprozesses zu folgen« (Brandes & Schneider-Andrich 2019, S. 75). Interventionen sind natürlich dann notwendig, wenn es etwa zu Gewalthandlungen oder Ausgrenzungen kommt.

Für die unterschiedlichen Altersgruppen haben Fachkräfte unterschiedliche Aufgaben zu übernehmen. So ist bei den Kindern unter drei Jahren vorrangig, dass die Fachkraft sicherer Bezugspunkt für die Kinder ist und geschützte Spielräume ermöglicht sowie absichert. Bei Kindern über vier Jahren nehmen Fachkräfte zunehmend eine Beobachterrolle des Gruppengeschehens ein und intervenieren seltener, z. B. bei zugespitzten Konfliktsituationen bei den Kindern (Brandes & Schneider-Andrich 2019).

Ausgangspunkt für didaktisches Handeln sind Gruppenthemen, also nicht Themen, die einzelne Kinder interessieren, sondern Themen, die sich innerhalb des Gruppennetzwerkes als relevant und faszinierend zeigen. Diese müssen nicht explizit formuliert sein und werden es vermutlich auch in vielen Fällen (besonders unter jüngeren Kindern) nicht, sondern sollten von der Fachkraft interpretativ aus der Beziehungsdynamik, dem Geschehen im Raum zwischen den Kindern, erschlossen werden. Denkbare Themen können etwa Konkurrenzsituationen sein, Geschlechter- oder Kulturkonflikte, Familientraditionen oder auch divergierende

Fantasien. Auch Annäherungsversuche, damit verbundene Ängste oder Missverständnisse, ein gemeinsames Spiel, können als ein Gruppenthema identifiziert werden (Brandes & Schneider-Andrich 2019).

Wenn Interventionen der Fachkraft notwendig werden, dann zielen sie auf die Beziehungsebene und ihre Dynamik innerhalb der Gruppe ab, also auf die Gruppe als Ganzes. Das Beziehungsnetzwerk der Kinder soll gefördert und damit die Peerbeziehungen der Kinder unterstützt werden. Angelehnt an Wygotskys Konzept (in Brandes & Schneider-Andrich 2019) sind die leitenden Fragen:

- Welcher Entwicklungsschritt deutet sich in der Gruppe an?
- Was können die Kinder noch nicht selbstständig, aber vielleicht schon in Kooperation mit der Fachkraft?
- Wie gelingt der Kindergruppe nach einer Hilfestellung wieder der Übergang in das autonome gemeinsame Handeln?

Brandes und Schneider-Andrich (2019) betonen dabei, dass sie dieses didaktische Handeln nicht im Widerspruch zu einer Orientierung an individuellen Ausgangslagen und Bedürfnissen der einzelnen Kinder sehen. Ziel ist nicht Konformität, sondern die Entwicklung des Peerkontextes und die Kommunikationskultur so zu fördern, dass die einzelnen Kinder darin ihre Individualität entfalten können.

> »Erzieherinnen und Erzieher, die diesem Prinzip folgen, eröffnen vermutlich größere Spielräume für wechselseitig unterstützte Selbstbildungsprozesse der Kinder als diejenigen, die aus der aktuellen Bildungsdebatte für sich den Anspruch ableiten, sie müssten für jedes Kind ein individuelles maßgeschneidertes Programm vorhalten« (Brandes & Schneider-Andrich 2019, S. 78 f.).

Peter Erath und Markus Rossa: Dialogisch-instruktive Didaktik

Aufbauend auf einem Forschungsprojekt entwickelten Peter Erath, Professor an der KH Eichstätt für Soziale Arbeit und Markus Rossa, Dipl. Sozialpädagoge an der Hochschule Ravensburg-Weingarten, Grundlagen einer dialogisch-instruktiven Didaktik. Ziel des Forschungsprojekts war es, neue Lehr-/Lernformate für Kinder im Vorschulalter zu erproben. So entstanden verschiedene Formate, die das didaktische Handeln der Fachkräfte leiten sollen. Entwickelt wurde a) ein didaktisches Strukturgitter, das erlaubt, einen Bildungsbereich systematisch zu untergliedern und vor diesem Hintergrund geeignete Themen zu identifizieren. Darüber hinaus wurden b) Dokumentvorlagen entwickelt, die bei der Vorbereitung und Durchführung des Lernmoduls Orientierung geben sollen und die Möglichkeit schaffen, gelungene Lernmodule weiterzugeben. Fachkräfte sollten gut bewährte Lernmodule nicht immer neu entwickeln müssen, sondern übernehmen können, um sie dann – leicht adaptiert – umsetzen zu können.

Grundsätzlich gehen die beiden Autoren davon aus, dass Kinder in diesem Alter lernen wollen, können und auch sollen. Dazu benötigen sie Anregung und Unterstützung, um weiter intensiv zu denken und zu forschen, soweit es ihren Möglichkeiten und ihrem Wunsch entspricht. Die Hauptintention einer Didaktik des

Kindergartens ist demnach, die Lerninhalte vom Kind aus zu begründen und die Lernprozesse mit den Kindern gleichberechtigt zu gestalten (Erath & Rossa 2017). Zu diesem Zweck werden bestimmte Lernmodule entwickelt, die von einem didaktisch-methodischen Modell gerahmt werden, das es den Kindern ermöglichen soll, sachorientiert zu lernen, den gemeinsamen Lernvorgang zu reflektieren und sich aktiv in dessen Gestaltung einzubringen. Drei Ebenen können dabei unterschieden werden: die Handlungsebene, die Sachebene sowie die Metaebene.

Auf der *Handlungsebene* ist wichtig, dass sich pädagogische Fachkräfte und Kinder als gleichberechtigte Lernende wahrnehmen. Das erlaubt ein dialogisch-instruktives Lernen. Auf der *Sachebene* zeigen sich im Idealfall beide, Erzieher*in und Kind, von der Problematik, dem Phänomen, der Fragestellung fasziniert und bereit, sich damit konstruktiv auseinanderzusetzen: Dies sichert die gemeinsame Motivation beim Lernen. Auf der *Metaebene* folgen die Erzieher*innen und die Kinder den vom jeweilig gewählten Lernmodul ausgehenden Anforderungen und Impulsen. So wird in der Forscherwerkstatt vor allem an Dingen geforscht, im Denkerclub kommuniziert etc. Auf dieser Ebene wird dem Kind die Weiterentwicklung der eigenen metakognitiven Kompetenzen ermöglicht, da der Lernprozess und seine einzelnen Schritte bewusst gemacht und reflektiert werden (Erath & Rossa 2017).

Für die didaktische Gestaltung unterbreiten Erath und Rossa (2017) *sechs unterschiedliche Lernmodule*, die bestimmte Zwecke erfüllen sollen und mit entsprechenden Methoden verbunden werden. Die Lernmodule sollen von den Fachkräften passend zu bestimmten Themen und der Motivation der Kinder initiiert werden.

1. Denkerclub
   - Ermöglicht das systematische und theoretische Durchdenken von Inhalten.
   - Methoden: Besprechen, Erklären, Diskutieren, Vergleichen, Überlegen etc.
2. Expertengruppe
   - Ermöglicht die umfassende Aneignung disziplinären Wissens in einer Thematik. Die Kinder werden so zu Expert*innen und können als solche anderen Kindern zur Verfügung stehen.
   - Methoden: Recherchieren, Erarbeiten, Ausprobieren, Vergleichen, Darstellen, Anwenden, Erklären
3. Kreativwerkstatt
   - Raum, in dem die Kinder mittels vielfältiger Materialien und Techniken eigene Ausdrucksmöglichkeiten entwickeln können. Dies erlaubt es ihnen, sich eigene Denk-, Vorstellungs- und Entwicklungsprozesse zu vergegenwärtigen.
   - Methoden: Recherchieren, Erarbeiten, Ausprobieren, Vergleichen, Darstellen, Anwenden, Erklären, Begründen etc.
4. Forschungswerkstatt
   - Ermöglicht Kindern ein entdeckendes Lernen ausgehend von einer Forscherfrage, die sie mithilfe von Hypothesen, Experimenten, Versuchen, und Theorien gemeinsam bearbeiten und lösen.
   - Methoden: Hypothesen bilden, Forschen, Experimentieren, Analysieren, Konkretisieren, Dekonstruieren, Falsifizieren
5. Erkundungsgruppe

- Ermöglicht den Kindern auf der Basis eigenen Vorwissens, sich mit einer gezielten Fragestellung vor Ort und authentisch auseinander zu setzen.
- Methoden: Gespräch, Anschauung, Diskussion, Erleben, Mitwirken, Teilnehmen, Erklären, Dokumentieren

6. Kinderkurs
   - Ermöglicht Kindern ein systematisches Lernen von anspruchsvollen und komplexen Fertigkeiten, die Ausdauer, Übung und Wiederholungen erfordern. Ausgehend von der Klärung der jeweiligen Teilnahmevoraussetzungen erlangen die Kinder am Ende eines Kinderkurses vertiefte und erprobte Kompetenzen, die in einer besonderen Form (z. B. Diplom) anerkannt werden können.
   - Methoden: Erklären, Ausprobieren, Üben, Wiederholen, Anwenden, Präsentieren

Welche Themen ausgewählt werden, wird anhand einer Modulmatrix durch die Fachkraft ausgewählt. So wird jeder Bildungsbereich in sachlogisch strukturierte Lernbereiche untergliedert. Die Kinder können anhand der Matrix sehen, welche inhaltlichen Themen sich in welcher Form methodisch am sinnvollsten umsetzen lassen.

So lässt sich beispielsweise der Bildungsbereich »Emotionalität, soziale Beziehung und Konflikte« in vier Lernbereiche herunterbrechen: Gefühle und Beziehungen, Rücksichtnahme und Empathie, Ich-Identität und Selbstkonzept, Konfliktfähigkeit und Impulskontrolle. Je nachdem, welcher Lernbereich ausgewählt wird, kann ein (oder mehrere) passende(s) Lernmodul(e) dafür vorbereitet und durchgeführt werden. Erath und Rossa (2017) haben diese Matrix für die wichtigsten Bildungsbereiche ausgearbeitet und geben so den Fachkräften Orientierung und Anleitung für ihr didaktisches Handeln. Sie bezeichnen die Modulmatrix als offenes Curriculum, da es der Fachkraft überlassen bleibt, diese neben den Bildungsvorgaben des Bildungsplans auch mit eigenen Lerninhalten zu füllen.

Welches Thema und Lernmodul die Fachkraft letztlich wählt, soll anhand von zwei Schritten identifiziert werden:

1. Vorüberlegungen
   - Welche bildungstheoretische Relevanz hat das Thema? Welcher Zusammenhang zu den Bildungsplänen zeigt sich, welche Bedeutung hat das Thema für die weitere Entwicklung der Kinder?
   - Welche Bedeutung hat das Thema für die Kinder? Worauf begründet sich die Annahme, dass das Thema für Kinder interessant ist? Welche Basiskompetenzen werden damit vermittelt? Inwiefern ist das Thema Teil der Lebenswelt der Kinder?
   - Welche Fachbegriffe, welche Zusammenhänge müssen vorab von dem bzw. der Erzieher*in erklärt werden (Sachanalyse)?
   - Welches Lernmodul scheint am geeignetsten für das Thema?
2. Didaktisch-methodische Entscheidungen
   - Das Thema wird dem Bildungs- und Lernbereich zugeordnet.

- Die Modulart wird festgelegt.
- Das Thema wird kindgerecht und interessant formuliert.
- Festlegung der Ziele und Inhalte des Lernmoduls.
- Anpassung an die Kompetenzziele und Bildungsinhalte im Bildungsplan.
- Aufteilung in sinnvolle Einheiten, die für Kinder erfassbar sind, sowie in sinnvolle Teilschritte im Lernprozess.

Die pädagogischen Fachkräfte sollen für die Umsetzung des didaktischen Modells unterschiedliche Aufgaben übernehmen, die im Folgenden kurz erläutert werden (Erath & Rossa 2017):

- Die Fachkräfte führen regelmäßige sorgfältige Sachanalysen des Lerninhalts im Sinne einer vorbereitenden, fachwissenschaftlichen Auseinandersetzung mit der Sache und ihrer Struktur durch, um die Kinder lernmethodisch zu unterstützen und zu begleiten.
- Die Fachkräfte müssen den Kindern Zeit und Raum geben, um ins Denken und »Tun« zu kommen, für Reflexion darüber und den Kindern im Anschluss ein Feedback geben. Dabei sollen sie sparsam mit Lob sein, eine allzu große Abhängigkeit davon sollte vermieden werden. Die Kinder sollen ermutigt werden, das Gelernte nochmals zu wiederholen oder zu erklären, da so ein besseres Lernverständnis erreicht werden kann.
- Abschließend kann dann die Leistung durch die Fachkräfte wert- und eingeschätzt werden. Auch weitere Vertiefungsoptionen des Gelernten sollten eröffnet werden, wie die erneute Auseinandersetzung mit dem Thema, das Finden von Bewertungskriterien. Wichtig dabei ist, keine Wettbewerbssituation unter den Kindern zu schaffen und alle Lernwege wertzuschätzen.
- Die gewählten Lernmodule müssen dabei regelmäßig durchgeführt werden, damit das Interesse der Kinder geweckt wird. Aufgabe ist es daher, den Alltag so zu strukturieren, dass die Lernmodule umsetzbar werden. Ziel ist es, Routinen aufzubrechen und sich auf neue Formen des Lernens einzulassen. Dazu ist ein Umdenken der Fachkräfte notwendig.

Zwischenfazit

Die ausgewählten didaktischen Konzepte zeigen auf, dass die Frühpädagogik auf einen didaktischen Diskurs aufbauen kann. Dabei sind die Konzepte vielfältig, legen unterschiedliche Schwerpunkte und setzen auch unterschiedliche Bilder vom Kind sowie vom Lernen und von Bildung voraus. Boll (2020) unternimmt einen Versuch, didaktische Konzepte innerhalb von vier Polen zu systematisieren:

- zum einen zwischen dem mittelbaren Lehren, bei dem von einer symmetrischen Ko-Konstruktion und dem selbstbestimmten Spiel gesprochen werden kann (also der Förderung einer intuitiven Mathetik), und dem unmittelbaren Lehren, bei dem gezielte kognitive Aktivierungen und asymmetrische Ko-Konstruktionen zu einer Förderung bewusster Mathetik führt (▶ Abb. 3), und

- zum anderen zwischen inhaltsbestimmenden und inhaltsoffenen- bzw. generierenden didaktischen Konzepten und Handlungen.

Diese vier Seiten fasst sie in ein »Kreuz der Elementardidaktik« zusammen, das Konzepte in vier unterschiedlichen Quadranten verortet.

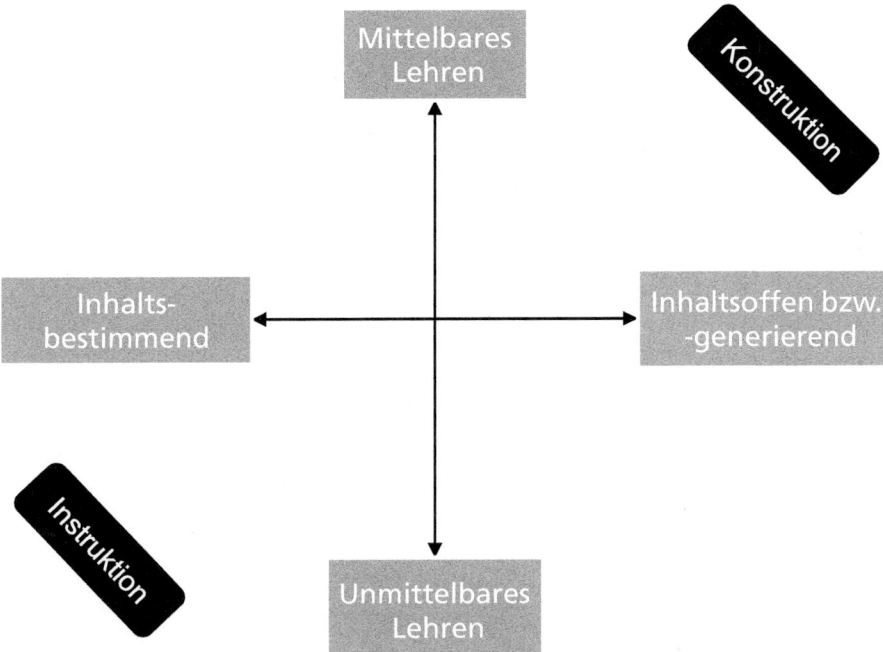

Abb. 5: Elementardidaktisches Kreuz (eigene, vereinfachte Darstellung nach Boll 2020)

Die vorgestellten didaktischen Konzepte lassen sich in dieser Systematik verorten. So wäre etwa das Konzept von Ellermann oder auch von Erath und Rossa eher im linken unteren Quadranten zu platzieren, das Konzept von Neuß oder auch Schäfer und von der Beek in den rechten oberen. Deutlich wird so, welche unterschiedlichen Schwerpunkte die Konzepte wählen und in welchem Spannungsfeld sie sich bewegen. Auch der didaktische Anteil der pädagogischen Konzepte wird durch das Kreuz erkennbar. So platziert Boll (2020) etwa die Fröbelpädagogik schwerpunktmäßig in den linken unteren Quadranten, also zur Seite der Instruktion; die Reggiopädagogik hingegen vorrangig in den rechten oberen Quadranten, also zur Seite der Konstruktion. Trotz dieser teils erheblichen Unterschiede zeigen sich in den vorgestellten didaktischen Konzepten aber auch Gemeinsamkeiten, die – wie ein kleinster gemeinsamer Nenner – als didaktische Prinzipien herausgearbeitet werden können.

3.4 Prinzipien einer Didaktik der Frühpädagogik

Ziel der (Weiter-)Entwicklung didaktischer Konzepte der Frühpädagogik ist es nicht, die *eine*, für alle passende Didaktik zu entwickeln. Es geht vielmehr darum, sich in kleinen Schritten einem Orientierungsrahmen anzunähern, der für die Bildungsarbeit in Kindertageseinrichtungen hilfreich sein kann. Die folgenden sechs didaktischen Prinzipien einer Didaktik der Frühpädagogik sind als »Quintessenz« der bisherigen Überlegungen zu verstehen. Sie sollten für jegliche didaktische Überlegungen grundlegend sein (Schelle 2021).

Kindorientierung

Ausgangspunkt ist das Kind mit seinen subjektiven Deutungen und Entwicklungs- wie Lernprozessen. Didaktisches Handeln und Planen in der Frühpädagogik muss sich auf die heterogenen Lernwege der Kinder beziehen sowie darauf, welche Bedingungen dafür wichtig sind (vgl. ▶ Kap. 2). Unter dem Stichwort »Subjektorientierung« werden solche Gedanken auch für andere Zielgruppen in Lehr-/Lernsituationen, wie in der Erwachsenenbildung, als didaktisches Prinzip formuliert (Kovacevic & Schelle 2017). Mit diesem Prinzip wird der*die Lernende in den Mittelpunkt aller didaktischen Überlegungen gestellt und der Eigensinn wertgeschätzt, mit dem jede Person das eigene Leben aus dem eigenen Erfahrungsraum heraus selbst bestimmt (Wrana 2015).

Um das Lernen bestmöglich zu unterstützen, ist es entscheidend, den Kindern für ihr Lernen Anschlussmöglichkeiten an die eigenen Vorerfahrungen zu ermöglichen. Das kann nur gelingen, wenn Fachkräfte feinfühlig wahrnehmen, welche Bedürfnisse die Kinder haben, welche Interessen und welche Fragen und Themen für sie gerade spannend sind. Dabei gilt es, auch die Lebenswelt des Kindes wertschätzend wahrzunehmen: Welche Herausforderungen müssen Kinder gerade meistern? Wie gestaltet sich die familiäre Situation, wie beeinflusst diese die Entwicklung des Kindes? Beobachtung und die Dokumentation der Beobachtung sind in diesem Sinne Grundlage für die Berücksichtigung der Lebenslage und der konkreten Herausforderungen der Kinder, die dann in didaktisches Handeln münden (Viernickel & Stenger 2010).

Die Pädagog*innen erkennen das Bildungspotential, das in alltäglichen Situationen steckt, greifen dieses regelmäßig adäquat auf und können so auf Fragen oder Spielhandlungen der Kinder eingehen (Anders et al. 2017). Fachkräfte benötigen dafür die Kompetenz, alltägliche Dinge und Handlungen als Bildungsmomente für Kinder zu erkennen. Sie benötigen Spontaneität und Flexibilität, um auf die Situation zu reagieren, Fragen aufzugreifen, mit dem Kind gemeinsam dran zu bleiben und das Kind dabei zu unterstützen, seine Gedanken zu erweitern.

Setzt man die Kindorientierung um, so heißt das auch, dass alle didaktischen Überlegungen davon geprägt sind, dem Kind Partizipation sowie weitestgehend Autonomie zu ermöglichen. Dabei meint Partizipation nicht nur die Beteiligung an Entscheidungsprozessen wie über die Raumgestaltung oder das nächste Projektthema, sondern auch die aktive Teilhabe und das Engagement am eigenen Bildungsgeschehen (Prengel 2016). Autonomie meint, dass den Kindern Entscheidungsspielräume über das eigene Tun zur Verfügung gestellt werden, sie in ihren Wünschen ernst zu nehmen und Selbstwirksamkeit erleben zu lassen.

Gruppenorientierung

Kinder lernen in Institutionen innerhalb einer Gruppe, deren Teil sie sind, deren Gruppenprozesse sie maßgeblich mitgestalten und von denen ihr Erleben beeinflusst wird. Diese Tatsache sollte sich im didaktischen Handeln widerspiegeln. Das Prinzip will also verdeutlichen, dass gruppenpädagogisches Handeln entscheidender Bestandteil des didaktischen Handelns ist. Interaktionen zwischen pädagogischer Fachkraft und Kindern laufen nur selten dyadisch ab, sondern sind eingebunden in vielerlei parallelen Interaktionen und Ereignissen. Diese müssen in den Blick geraten, will Didaktik in der Frühpädagogik umgesetzt werden. Zentral ist dabei nicht nur, die individuellen Bedürfnisse der Kinder mit der Gruppendynamik in Einklang zu bringen, sondern auch, dass Lernen in der Gruppe didaktisch gut zu begleiten und die Gruppe als Ressource für Lernprozesse zu nutzen. Unterschiedliche Erfahrungen unter den Kindern werden in der Gruppe ausgetauscht und Kinder erleben in der Gruppe Vielfalt und Variation. Eine Auseinandersetzung damit, wie unterschiedlich andere Kinder mit einem Thema umgehen, stellt größere Herausforderungen für das kindliche Denken dar als die reine individuelle Auseinandersetzung damit. »Selbst wenn die Kinder individuelle Zeichnungen von einem Märchen anfertigen, das sie gerade gehört haben, sollten sie beim gegenseitigen Vergleichen und Problematisieren die Gelegenheit bekommen, darüber zu reflektieren, wie unterschiedlich sie diese Aufgabe gelöst haben. Ist es wirklich das gleiche Märchen, das sie gehört haben?« (Pramling Samuelsson & Asplund Carlsson 2007, S. 70) Aufgabe der Fachkraft ist es, Kindern die Denkweise anderer Kinder nahe zu bringen und es den Kindern somit zu ermöglichen, das eigene, selbstverständliche Denken zu relativieren. Variationen in Lernprozessen lassen Kinder Unterschiede im Denken kennenlernen sowie neue und andere Sichtweisen akzeptieren lernen.

Beziehungsorientierung

Grundlage für jeglichen Bildungsprozess eines Kindes ist eine verlässliche und vertrauensvolle Beziehung zu einer Bezugsperson.

> »Fehlen diese grundlegenden Bindungs- bzw. Beziehungserfahrungen, haben Kinder Schwierigkeiten, sich selbstbewusst neues Terrain zu erobern und sich intensiv auf die Exploration der Umwelt einzulassen. Somit können sie nicht in vollem Maße von den Anregungen profitieren, die ein vielfältiges und komplexes Umfeld bietet.« (Viernickel 2009, S. 5)

Ohne vermittelnde Beziehungen werden Wissensstrukturen von den Kindern nur unpräzise entwickelt (Ahnert 2006). Nur auf der Basis einer sicheren Bindung oder Beziehung entwickeln Kinder Neugier, erleben sich als selbstwirksam und emotional kompetent, lassen sich auf neue Spielgegenstände ein und können so ihr geistiges Potential ausschöpfen (Drieschner 2011). Die Pädagog*innen haben die Aufgabe, aktiv eine vertrauensvolle und stabile Beziehung zu jedem Kind aufzubauen. Dafür bedarf es eines feinfühligen und empathischen Interaktionsverhaltens sowie ein responsives Erziehungsverhalten, d. h., die Fachkraft reagiert prompt und angemessen auf die Signale des Kindes. Teil davon ist es, das richtige Maß an Geborgenheit und Sicherheit sowie an Zumutung und Gewährung von Selbständigkeit zu finden (Ahnert 2010). Diese »feinfühlige Explorationsunterstützung« (Drieschner 2011, S. 17) zeichnet neben den Aspekten der Sicherheit, Zuwendung und Stressreduktion in besonderem Maße die Beziehungsqualität in einer Kindertageseinrichtung aus. Aufgrund dessen, dass Bindung und Beziehung Voraussetzung für kindliches Lernen und Bildung ist, wird deutlich, dass Didaktik in der Frühpädagogik immer eine Beziehungsdidaktik ist (Drieschner 2011). Für die Unterstützung von Lern- und Bildungsprozessen scheinen dabei kooperative Explorations- und Dialogformen geeignet, die durch gemeinsame Tätigkeiten und Interaktionen einen gemeinsamen Problemlöseprozess anregen (Denker 2012).

Interaktionsorientierung

Soziale Austauschprozesse sind zentral für die Bildungserfahrungen junger Kinder.

> »Die Art und Weise, wie pädagogische Fachkräfte Interaktionen mit einzelnen Kindern und der Kindergruppe gestalten, gilt als wesentlicher Einflussfaktor für den Aufbau emotional tragfähiger, Sicherheit vermittelnder Beziehungen und für gelingende Entwicklungs- und Bildungsverläufe der Kinder. Bereitschaft und Fähigkeit, im Kontakt mit Kindern empathisch und responsiv zu agieren, in einen dialogischen Austausch einzutreten, fokussiert und entwicklungsangemessen sprachliche Impulse zu geben und gemeinsam geteilte Denkprozesse zu initiieren, werden als zentrale professionelle Handlungskompetenzen betrachtet. So gestaltete Interaktionsprozesse zielen darauf, gemeinsam Erfahrungen zu erweitern und damit Selbst- und Weltsichten zu verändern.« (König & Viernickel 2016, S. 1)

Interaktionen sind also *das* Mittel, *das* entscheidende Werkzeug, wenn es um die Förderung und Unterstützung kindlicher Bildungsprozesse in Kindertageseinrichtungen geht. Bezieht man sich auf ein sozialkonstruktivistisches Verständnis von Lernen, wird diese Bedeutung, wie weiter oben zu lesen ist, nochmals hervorgehoben. Somit ist die Interaktion entscheidendes didaktisches Prinzip, das weitreichende Konsequenzen für die praktische Arbeit in Kindertageseinrichtungen haben sollte.

Alltäglichkeit

Kinder lernen in allen Momenten, nicht nur in solchen, die von Erwachsenen als Lehr-/Lernsituation geplant sind. Kinder nutzen also vor allem alltägliche Situationen für neue Erfahrungen und Konstruktionen neuen Wissens (vgl. ▶ Kap. 2). Somit bezieht sich Didaktik in der Frühpädagogik auf die Lebensräume, Erfahrungen sowie realen Situationen, die Kinder in ihrem Alltag erleben. Angelehnt an das Prinzip der Kindorientierung werden bei der Alltäglichkeit als didaktisches

Prinzip die Wünsche, Erfahrungen, Gefühle und Gedanken der Lebenswelten der Kinder in den Mittelpunkt gerückt (Martin 2005; Neuß 2019).

Im Prinzip der Alltäglichkeit wird dabei im Sinne von Thiersch (2012) die Einzigartigkeit des kindlichen Alltags hervorgehoben. Alltäglichkeit meint die individuellen Verstehens- und Handlungsmuster eines Kindes, mit denen der Alltag gelebt wird und die nicht vergleichbar oder verallgemeinerbar sind. Individualisierte didaktische Überlegungen sind also entscheidend.

Didaktische Aufgabe ist es insbesondere, zum einen die alltäglichen Situationen der Kinder zu kennen und als Lerngelegenheit zu thematisieren. So kann ein Anschluss an die Lebenswelt der Kinder hergestellt werden. Zum anderen ist es aber auch entscheidend, Kinder wahrnehmend zu beobachten, um Alltagsphänomene als Lernsituationen zu erkennen und aufzugreifen. Dabei ist es wichtig, dass den Kindern bewusst wird, dass sie gerade eine Lernerfahrung sammeln. Denn wie Thiersch es schon 1979 für die Kinder- und Jugendhilfe beschreibt:

> »Es kommt darauf an, die im Alltag sich zeigenden Aufgaben zu verstehen als Chancen zu einem emanzipierteren Lernen, in ihnen also Erfahrungs- und Lernprozesse, die zu nützlichen und emanzipativen Verhaltens- und Lebensstrategien führen, zu entdecken und so zu einer wirklichen Aneignung von Wirklichkeit zu kommen.« (Thiersch 1979, S. 37)

Die Erfahrungen müssen also für die Kinder »sichtbar« und damit auch als solche erkennbar werden.

Das Prinzip der Alltäglichkeit verbindet dabei in besonderem Maße didaktische Überlegungen in der Kinder- und Jugendhilfe mit denen in der Frühpädagogik (Martin 2005). Gerade in dieser auch oft als beliebig kritisierten Alltäglichkeit grenzt sich das didaktische Handeln in den sozialpädagogischen Arbeitsfeldern vom didaktischen Handeln in der Schulpädagogik ab, das durch Curriculum und Unterrichten gekennzeichnet ist.

Gestaltung einer lernförderlichen Umgebung

Die Gestaltung der Lernumgebung beeinflusst weitreichend, wie Kinder neue Situationen und Handlungsformen erfahren, welche Wahrnehmungsmöglichkeiten sich ihnen bieten, wie sie Anregung für alle Sinne erhalten und Erkundungen durchführen (Viernickel & Stenger 2010). Zur Lernumgebung in einer Kindertageseinrichtung können sowohl die Zeit (Tagesablauf und Rituale), der Raum (Raumgestaltung und Material) als auch die Auswahl von Aktionen (Angebote und Projekte; vgl. auch ▶ Kap. 3.5) gezählt werden (Bloch & Schilk 2013). Diese drei Aspekte schaffen eine Lernumgebung, die dem Kind Orientierung und Sicherheit vermittelt und dabei auch zur Entdeckung von Neuem anregt. Kindgerechte Räume sowie vielfältige Materialien unterstützen die selbstbildenden Aktivitäten von Kindern, wenn sie auch zugänglich sind. Häufig kann in Kindertageseinrichtungen beobachtet werden, dass Materialien in Regalen gelagert werden, die für Kinder weder einsehbar noch zugänglich sind und die Kinder nur dann Zugriff auf die Materialien haben, wenn die Fachkräfte diese entsprechend bereitstellen, z. B. für eine bestimmte Bastelaktion. Solch ein Vorgehen sollte kritisch hinterfragt werden, denn gerade die Eigeninitiative der Kinder ist es, die die meisten Aktionen in Kindertageseinrichtungen anstößt. Fehlt dieser Eigeninitiative aber Anregung und Ideenreichtum, kann sie sich nicht entsprechend entfalten und zur Geltung kommen. Damit wird ein wichtiger Antrieb für die kindlichen Bildungsprozesse vernachlässigt (Egert et al. 2018).

Kinder eignen sich Räume an, sie wollen sie begreifen, erschließen und auch verändern und umfunktionieren. Sie setzen sich aktiv mit ihrer räumlichen Umwelt auseinander und wirken gestaltend auf sie ein (Deinet 2011; 2018). Eine solche Aneignung zeigt sich in der kreativen Gestaltung von Räumen und der eigenen Inszenierung in diesen sowie der Erweiterung kindlicher Kompetenzen. Ausgangspunkt der »Bildung des Subjekts im Raum« (Deinet 2011, S. 296) ist dabei in besonderem Maße auch der öffentliche Raum. Gerade die Qualität dieses öffentlichen Raums, des Sozialraums, entscheidet, inwiefern Kinder selbsttätige Aneignungsprozesse gestalten können. Die Voraussetzungen im Nahraum wie Spielplätze, Überwindbarkeit von Straßen etc. beeinflussen die Freiräume von Kindern und wie sie sich mit ihrer Umwelt auseinandersetzen können. Das »Be-Greifen von Welt« (Deinet 2011, S. 298) durch Aneignung ist nur in einem entsprechend unterstützenden Umfeld denkbar, in dem Kinder Anerkennung und Selbstwirksamkeit erfahren. So kann auch die Wahrnehmung des Einflusses des Sozialraums auf das kindliche Lernen, sein Erkunden und Nutzen seines Bildungspotentials als Teil dieses didaktischen Prinzips beschrieben werden.

Diese grundlegenden Prinzipien können aus unserer Sicht als leitend für didaktisches Handeln in der Frühpädagogik und dabei auch für Gestaltung bestimmter Lernsettings in der frühen Bildung angesehen werden. In Kindertageseinrichtungen haben sich für die Gestaltung dieser Lernsettings didaktische Praktiken etabliert, die mittlerweile im professionellen Handeln der Fachkräfte fest verankert sind.

3.5 Didaktische Praktiken in der Frühpädagogik

Didaktische Praktiken sind nach Neuß (2019) bewusst gestaltete Lernsituationen oder auch Lernarrangements. Zumeist sind dies Praktiken, die sich im pädagogischen Alltag in Kindertageseinrichtungen etabliert haben, um den Tagesablauf zu strukturieren. In Situationen wie dem Morgenkreis, dem gemeinsamen Spiel oder einem Bastelangebot ist wichtig, dass deren Bildungspotential, das in solchen Praktiken steckt, auch tatsächlich von den Pädagog*innen erkannt und bestmöglich genutzt wird (Neuß 2019). Dafür sollten sich die Pädagog*innen

> »der typischen Spannungsfelder bewusst sein und versuchen, den jeweils sinnvollen Mittelweg zwischen Planung, Vorstrukturierung und Leistungszielen einerseits und aktuellen Interessen und Bedürfnissen der Kinder andererseits zu finden« (Neuß 2019, S. 224).

Darüber hinaus sollte mit Blick auf Teilhabe und Partizipation kritisch reflektiert werden, mit welchen didaktischen Praktiken bestimmte Kinder angesprochen werden, andere aber vielleicht auch nur begrenzt teilnehmen können oder ausgeschlossen werden, z. B. aufgrund sprachlicher Fähigkeiten. So scheint es eine Aufgabe der Fachkraft zu sein, eine möglichst flexible Gestaltung didaktischer Praktiken zu etablieren, die inklusiv wirken kann. Dafür ist Kreativität gefragt und eine Methodenvielfalt, die entsprechend nicht allein an Leistungszielen, sondern vor allem an den Ideen und Fähigkeiten der Kinder ansetzt (vgl. z. B. auch Reich 2014). Die folgenden Praktiken sind daher lediglich als »Klassiker« zu verstehen. Damit ist also keineswegs der Anspruch der Vollständigkeit verbunden, sondern es soll ein kleiner Einblick in didaktische Praktiken gegeben werden, um diese zu veranschaulichen. Um der Vielfalt in der didaktischen Arbeit in Kindertageseinrichtungen gerecht zu werden, ist dieser Überblick natürlich zu kurz gefasst.

(Frei-)Spiel

Bildung in den ersten Lebensjahren vollzieht sich vorrangig über das (Frei-)Spiel. Das kindliche Spiel hat seinen Zweck in sich selbst. Die Kinder erschaffen darin ihre eigene Welt. Das Spielen fördert Entwicklung und Lernen, indem die Kinder sensomotorische Fähigkeiten, kognitive Fähigkeiten und soziale Kompetenzen erwerben können. Spielen trägt ferner zum Aufbau von Selbstbewusstsein und Selbstvertrauen bei und fördert selbstregulative Prozesse. Im Spiel können die Kinder gemeinsam und voneinander lernen. Daher ist es wichtig, dass die pädagogische Fachkraft vielfältige Spielumgebungen für das freie Spielen bereitstellt. Ihre Aufgabe ist es, mit den Kindern zu spielen, Impulse zu geben, das kindliche Spiel zu beobachten und es entwicklungsfördernd zu begleiten, gleichzeitig aber die Eigeninitiative der Kinder zu achten und dem selbstbildenden Lernen ausreichend Raum zu geben (Schelle 2011; Neuß 2019).

Gruppenkreise

Gruppenkreise wie der Morgen- oder Abschlusskreis geben dem Tagesablauf in Kindertageseinrichtungen Struktur und Rhythmus. Inhaltlich ist ein Gruppenkreis von den Fachkräften gestaltbar, im besten Falle schließt das Thema an den Interessen der Gruppe an. Im gemeinsamen Aushandeln, Spielen und Zuhören im Gruppenkreis werden sprachliche, soziale und interkulturelle Kompetenzen der Kinder gefördert. Jedes Kind sollte sich dabei willkommen fühlen und mitwirken können. Die Fachkräfte benötigen dabei die Fähigkeit, die Bedürfnisse der Kinder zu erkennen, auf diese eingehen zu können und Partizipationsformen umzusetzen (Neuß 2019).

Angeleitete Gruppenaktivitäten

Angeleitete Gruppenaktivitäten, oder auch »pädagogische Angebote«, unterscheiden sich in Form, Grad der Anleitung und Vorstrukturierung, Themen, Lernzielen und Gruppenzusammensetzung stark. Zumeist werden die Aktivitäten wie Bastel- oder Malarbeiten, Vorlesen, Brettspiele, Turnen und Bewegung für interessierte

Kinder angeboten, manchmal aber auch gezielt z. B. für eine bestimmte Altersgruppe. Die Kinder können je nach Angebot unterschiedlichste Kompetenzen entwickeln, etwa sprachliche, interkulturelle oder auch motorische. »Der Bezug zu den Bedürfnissen und Interessen der Kinder und die Integration aller Kinder tragen zu dem Gelingen dieser angeleiteten Aktivität bei.« (Neuß 2019, S. 226)

Experimente

Bei der Gestaltung von Experimenten stellt die pädagogische Fachkraft den Kindern eine strukturierte und anregende Lernumgebung zur Verfügung. Die Kinder können dabei nach Antworten auf selbst gestellte Fragen und Vermutungen suchen. Das ist nur möglich, wenn das Experiment einen Bezug zur kindlichen Lebenswelt aufweist. So können Experimente beispielsweise im nahegelegenen Wald der Kindertageseinrichtung oder auf dem bekannten Spielplatz durchgeführt werden und auf diese Weise zu einer sinnlichen Erfahrung beitragen. Experimente können so auch Bestandteil von Projekten oder von Lernwerkstätten sein. Beim Experimentieren können in Ko-Konstruktionen gemeinsam Vermutungen aufgestellt, diskutiert und untersucht werden. Für die Darstellung der Ergebnisse und deren Reflexion können abschließend Gruppenkreise zum Einsatz gelangen (Schelle 2011; Neuß 2019).

Es ist nicht intendiert, dass Kinder lediglich Ablaufpläne von Experimenten nach Vorgabe der pädagogischen Fachkraft abarbeiten sollen. Das Experimentieren soll eigene Forschungsaktivitäten der Kinder anbahnen und unterstützen.

Projekte

Projekte können unter vorher festgelegten Zielen oder zieloffen initiiert werden. Zumeist entspringt die Projektidee dem Tun der Kindergruppe oder den Lebenswelten der Kinder. Das Projekt kann in kleineren Tagesprojekten oder auch in Projektwochen realisiert werden. Es kann nur eine Gruppe oder einige Gruppen ein Projekt durchführen oder die gesamte Kindertageseinrichtung arbeitet mit allen Gruppen übergreifend an einem Projektthema. In Projekten sollen sich die Kinder in unterschiedlichen Zugängen dem Thema zuwenden können. Darüber erwerben die Kinder Wissen und sie können Sach-, Sozial- und Selbstkompetenzen weiter aufbauen. Idealerweise werden sie in die Planungen und die Vorbereitungen des Projekts miteinbezogen. Projekte können ebenfalls als Ausflüge, Besichtigungen, als themenbezogene Mal- und Bastelarbeiten oder als Theateraufführungen gestaltet werden. Die individuelle oder kooperative Arbeit am Projekt wird durch eine Präsentation mit der Reflexion des Projekts beendet. Dazu können auch die Eltern und weitere Familienangehörige eingeladen werden (Schelle 2011; Neuß 2019).

Catherine Walter-Laager (2019) ordnet diese »klassischen« didaktischen Praktiken vier Bausteinen zu, um zu verdeutlichen, wie unterschiedlich die Rollen der pädagogischen Fachkräfte und der Kinder in den jeweiligen Settings sind und didaktische Praktiken verschiedene Zwecke erfüllen. Abbildung 6 zeigt diese Kategorien in der Übersicht und ordnet sie in das Kreuz der Elementardidaktik von Boll (2020) ein.

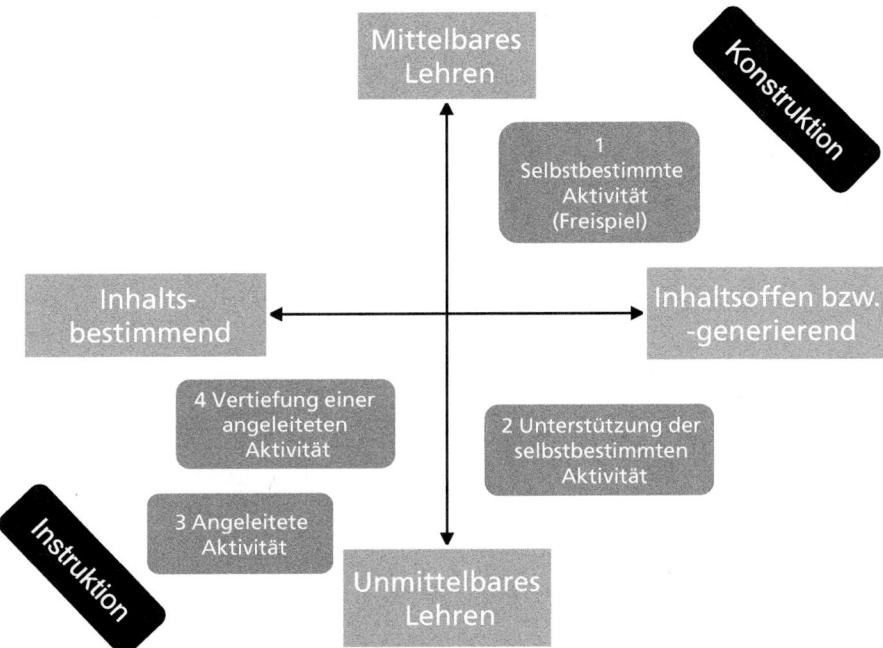

Abb. 6: Didaktische Praktiken im elementardidaktischen Kreuz (eigene, vereinfachte und ergänzte Darstellung nach Boll 2020)

Baustein 1 »Selbstbestimmte Aktivität (Freispiel)« kennzeichnet sich demnach dadurch, dass die Kinder selbst eigene Ziele setzen und verfolgen. Die Pädagog*innen stellen dafür das Material bereit, gestalten den Raum und schaffen so Voraussetzungen für herausfordernde Lernsituationen. Baustein 2 »Unterstützung der selbstbestimmten Aktivität« umfasst, wenn sich die Pädagog*innen in die selbstbestimmte Aktivität einbringen und mitspielen, um die kindlichen Handlungswelten kennenzulernen und auch zu erweitern. So variiert die Fachkraft Spielabläufe, verändert oder tauscht Rollen oder ergänzt das kindliche Spiel inhaltlich. Die Ziele für eine Aktivität legt im Baustein 3 »Angeleitete Aktivität« die Fachkraft fest. Sie plant ein Angebot zu einem oder mehreren Bildungsbereichen und passt dieses bei der Umsetzung den kindlichen Bedürfnissen an. Bei Aktivitäten mit vielen Kindern (z. B. Projekte) bilden die Angebote eine Basis für die gesamte Gruppe, auf die alle zurückgreifen können. Solche Aktivitäten werden im Baustein 4 »Vertiefung der angeleiteten Aktivität« weiter ausgebaut. Diese Aktivitäten geschehen im Anschluss an ein Angebot oder auch während selbstbestimmter Aktivitäten. Aspekte aus Angeboten werden aufgegriffen und eröffnen den Kindern Vertiefungsmöglichkeiten. Die Ziele werden für einzelne Kinder oder für die Gruppe variiert, sodass alle Kinder etwas Neues lernen können.

Diese vier Bausteine zeigen, dass Kinder nicht immer selbstbestimmt aktiv lernen können oder sollen (Baustein 1), sondern auch Aktivitäten sinnvoll sein können, in denen die Fachkräfte ein stärkeres Maß an Lenkung übernehmen (Baustein 3). In Baustein 2 und 4 findet sich die Fachkraft eher in einer begleitenden denn lenkenden Funktion, da sie die Initiative der Kinder moderiert. Entscheidend ist, eine Balance zwischen selbstbestimmtem Lernen und angeleitete Aktivität über den Tagesverlauf hinweg herzustellen. Catherine Walter-Laager (2019, S. 244) spricht hier von einer »Choreografie des pädagogischen Alltags«, die sich durch eine Rhythmisierung des pädagogischen Alltags auszeichnet und sich aus den genannten unterschiedlichen Bausteinen zusammensetzt. Diese Choreografie berücksichtigt das Alter der Kinder und deren Interessen sowie Bedürfnisse.

Zwischenfazit

Kapitel 3 verdeutlicht, dass es als Kernkompetenz pädagogischer Fachkräfte in Kindertageseinrichtungen verstanden werden kann, sich mit didaktischen Fragestellungen auseinanderzusetzen. Didaktik als Wissenschaft des Lehrens und Lernens ist keineswegs an ein bestimmtes Alter der Kinder gebunden und somit nicht nur für das Handeln z. B. in Grundschulen wichtig. Eine Didaktik der Frühpädagogik findet entsprechend Antworten auf die besonderen Lernwege der Kinder in diesem Alter, auf die Bedingungen in Kindertageseinrichtungen und auch auf die Frage, mit welchen didaktischen Prinzipien unterschiedliche didaktische Praktiken umgesetzt werden sollten. Dabei wird deutlich, dass die Pädagogik der frühen Kindheit keineswegs am Anfang steht, solche Fragen zu beantworten, und auch Konzepte vorliegen, die die Diskussion über didaktisches Handeln in Kindertageseinrichtungen befeuern können.

Betrachtet man nun die besonderen Bedingungen des Lernens in der frühen Kindheit sowie die didaktischen Prinzipien, die leitend sein können, so sticht besonders hervor, dass Lernen und damit Bildung auf Beziehung und Interaktion beruhen. Insofern ist es hilfreich, das didaktische Prinzip der Interaktionsorientierung nochmals zu prüfen, inwiefern es als besondere Grundlage für das didaktische Handeln in der Frühpädagogik in eine zentrale Position gebracht werden kann.

4 Interaktion als didaktisches Kernprinzip

Im vorangegangenen Kapitel wurde deutlich, dass in den didaktischen Konzepten angenommen wird, dass die Interaktion zwischen Fachkräften und Kindern eine zentrale Rolle für das Lernen der Kinder spielt, allerdings meist, ohne den Begriff näher zu erläutern oder zu verwenden. Ludwig Liegle (2010) etwa betont, dass sich die pädagogische Fachkraft als Dialogpartner*in zur Verfügung stellen soll, und auch Schäfer und von der Beek weisen auf die Bedeutung kommunikativer Prozesse für das Lernen in Kooperation mit den Erwachsenen hin. Dabei verstehen sie Kooperation als »soziales Miteinander, das die beteiligten Subjekte als aus sich heraus eigenständig Handelnde anerkennt« (Schäfer & von der Beek 2013, S. 104). Dieses Verständnis von Kooperation könnte auch als gleichwertige Interaktion interpretiert werden, so wie es Reich (2014) in seiner inklusiven Didaktik vertritt, indem er die Pädagog*innen als Personen beschreibt, die die Kinder wertschätzen, in ihren individuellen Bedürfnissen ernst nehmen sowie in ihrer Entwicklung unterstützen.

Aber auch die Beziehung und Bindung zwischen Fachkraft und Kind wird in den vorgestellten didaktischen Konzepte als eine Voraussetzung für kindliches Lernen beschrieben. Tatsächlich hängen Interaktionen, die damit einhergehende Kommunikation und der Beziehungsaufbau sowie -erhalt eng zusammen. In einem ersten Schritt ist es zielführend, die Begriffe der Interaktion und Kommunikation zu klären und Zusammenhänge zwischen den Begriffen herauszuarbeiten, um deutlich zu machen, welchen Stellenwert diese für die Anregung des kindlichen Lernens einnehmen können.

4.1 Interaktion und Kommunikation – Definition und Relevanz für kindliche Entwicklung

Grundsätzlich bezeichnet der Begriff »Interaktion« eine Wechselbeziehung, wie sich aus der Wortbedeutung ableiten lässt. Interaktion setzt sich aus »inter«, lateinisch für »zwischen«, und »actio«, also Handlung, zusammen. Somit geht es um Handlungen zwischen Menschen, die einen »Austausch und Einwirkungsprozesse zwischen Personen hinsichtlich ihrer Haltungen, Einstellungen und allemal auch körpergebundenen Aktionen« umfassen (Brumlik 2014, S. 215).

Soziale Interaktionen bezeichnen alle Interaktionen zwischen Menschen und umfassen somit auch die Interaktionen zwischen den Kindern oder zwischen Erwachsenen. Es handelt sich um ein »bewusstes, wechselseitiges sich Aufeinanderbeziehen und Einflussnehmen von zwei oder mehreren Menschen in ihrem Handeln« (Tenorth & Tippelt, S. 344). Dabei steht die Abstimmung des Verhaltens im Vordergrund, das durch Aushandlung erreicht wird (ebd., siehe auch König 2012). Pädagogische Interaktionen sind als Teil des pädagogischen Handelns spezifische soziale Interaktionen und spielen sich in erzieherischen Kontexten ab. Sie haben das Ziel, die zu Erziehenden zu beeinflussen, auch wenn sich die Erzieher*innen dessen nicht immer bewusst ist (Brumlik 2014). Die Analyse der Bedeutung von Interaktion und Kommunikation für Erziehungs- und Bildungsprozesse ist in der Pädagogik noch relativ neu. Bislang war die Interaktionsforschung vorrangig in der Psychologie und Soziologie verortet und die Kommunikationsforschung in der Sprachwissenschaft und Therapie eingebettet (Weltzien 2014, S. 27 f., siehe auch Weltzien, Fröhlich-Gildhoff, Wadepohl & Mackowiak, 2017), weniger in der Pädagogik. Allerdings wurde in der »Kommunikativen Pädagogik« mit Vertreter*innen wie Klaus Mollenhauer (vgl. auch ▶ Kap. 5.1), Dieter Baacke und Karl Hermann Schäfer bereits auf die große Bedeutung von Kommunikation und Interaktion für Erziehung und Bildung hingewiesen. Diese theoretischen Annahmen haben zusammen mit der Erziehungsstilforschung die Interaktionsforschung in der Pädagogik vorangetrieben (König 2009). So können mittlerweile einige Erkenntnisse zu pädagogischen Interaktionen festgehalten werden.

So halten Tenorth & Tippelt (2012) fest, dass durch pädagogische Interaktionen das Kompetenzgefälle zwischen den Erziehenden und den zu Erziehenden abgebaut werden soll. Dabei verfügen die Erziehenden über verschiedene Mittel der pädagogischen Interaktion, die abhängig von ihren Einstellungen und Haltungen variieren. König (2009) stellt fest, dass die pädagogische Interaktion »external über das Verhalten der Individuen und internal ihrer kognitiven Konzepte wie Erziehungsziele, Erziehungsvorstellung und pädagogisches Programm« (ebd., S. 68) bestimmt werden. So hängt es von den persönlichen Einstellungen der Erziehenden ab, ob diese eher mit positiver Verstärkung wie Motivation und Lob arbeiten oder mit Bestrafung und Strenge. Dabei betont König (2009), dass die Situation selbst eine zentrale Rolle für die Angemessenheit von Interaktionen spielt und die Interaktionen sowohl von den Erziehenden als auch den zu Erziehenden beeinflusst werden (actio und re-actio) (ebd.). Somit ist der Erziehungsprozess zwischen beiden Akteur*innen einerseits von einer instrumentellen Beziehung geprägt (der*die zu Erziehende kann sich die oder den Erziehenden nicht aussuchen, der oder die Erziehenden verfolgen Ziele), andererseits ist die Erziehung aber auch abhängig von genau dieser Beziehung, da die Beziehung zwischen den Akteur*innen maßgeblich bestimmt, wie sich der Interaktionsverlauf entwickelt. Die Wechselseitigkeit der Interaktionen (Reziprozität) ist das zentrale Merkmal einer interaktionalen Perspektive auf den Erziehungsprozess.

Während Interaktion zunächst einmal nur das aufeinander bezogen Sein meint, beschreibt die Kommunikation im Rahmen von Interaktionen den Inhalt dieser. Interaktionen kommen nicht ohne Kommunikation aus und werden über Kommunikation vollzogen. Es gibt zahllose Definitionen des Begriffs Kommunikation, der Kern bezieht sich aber auf die Weitergabe von Informationen über signifikante Zeichen (z. B. Gestik, Mimik, Sprache) (Pietraß & Wagner 2012). Kommunikation ist definiert als eine Beziehung zwischen einem »Sender« und einem »Empfänger«, zwischen denen eine Information ausgetauscht wird, und bezieht sich nicht allein auf den Informationsaustausch zwischen Menschen. Kommunikation kann auch unabhängig von sozialen Interaktionen erfolgen, z. B. zwischen zwei Geräten (z. B. Textnachrichten zwischen Handys) oder auch zwischen zwei Menschen, die zwar kommunizieren, indem sie etwas ausstrahlen (z. B. Person sitzt in der U-Bahn und schaut auf ihr Handy und signalisiert damit, dass sie beschäftigt ist), aber nicht interagieren. Es fehlt der Aspekt der Reziprozität, also das aufeinander Beziehen. Somit kann festgehalten werden, dass eine Interaktion immer auch Kommunikation beinhaltet (Brumlik 2014), eine Kommunikation aber ohne Interaktion auskommen kann.

Eingegrenzt auf Kommunikation zwischen Menschen (und nicht Geräten) lässt sich dieser als einen Prozess beschreiben, der mindestens zwei Seiten, Personen oder Gruppen benötigt (Beck 2020). Wie ein solcher Prozess abläuft, wird in Kommunikationsmodellen unterschiedlich dargestellt. Weit verbreitet sind die Modelle von Watzlawick, Beavin & Jackson (1967) sowie Schulz von Thun (1981), die die Reaktion der empfangenden Person auf die Information der sendenden Person in ihr Modell einbezogen. Die Feedback-Theorie von Watzlawick et al. (1967) verweist darauf, dass auch die Sprechenden ihre eigenen Mitteilungen auf deren Wirkung analysieren und damit zukünftige Mitteilungen anpassen können. Der Prozess der Kommunikation ist damit nicht mehr einseitig, sondern – wie auch Interaktionen – reziprok. Weiterhin weisen die Autor*innen auf die nonverbalen Anteile von Kommunikation hin, die diese oft stärker prägen als das gesprochene Wort. So enthält jede Nachricht zum einen den Inhalt, also das, was gesagt wurde. Zum anderen wird aber mit jeder Nachricht auch ein Beziehungsaspekt kommuniziert und deutlich, wie die beiden, die an der Kommunikation beteiligt sind, eigentlich in Verbindung stehen. »Halt an, die Ampel ist rot!« ist inhaltlich erst einmal eindeutig. Aber ist dieser Satz ein Vorwurf? Eine Ermahnung? Ein Ausdruck von Vertrauensverlust? Oder Kontrollverlust? Dazu ist entscheidend, die Motive der Beteiligten zu analysieren und wie diese in Verbindung miteinander stehen (Schützeichel 2015). Während Watzlawick et al. (1967) zwischen diesem Inhalts- und Beziehungsaspekt in der Kommunikation unterscheiden, erweitert und differenziert das Modell von Schulz von Thun (1981) diese Perspektive und benennt »vier Seiten einer Nachricht«. Er macht darauf aufmerksam, dass zwischen den Sendenden und Empfangenden Informationen ausgetauscht werden, die verbaler (Sprache, Tonfall etc.), aber auch nonverbaler Natur (Mimik, Gestik etc.) sein können. Dabei werden nicht nur konkrete Fakten (Sachinhalt) ausgetauscht, sondern auch weitere Informationen auf der Beziehungsebene (z. B. über den Tonfall oder die Mimik), der Appellebene (eine Absicht, die hinter der Mitteilung steckt) und der Selbstoffenbarungsebene (was sagt meine Kommunikation über mich aus?) gegeben (Schulz von Thun 1981). Somit ist menschliche Kommunikation nie nur die Weitergabe von Informationen, sondern sie zeichnet sich auch durch eine Intention aus, also eine Absicht, mit der kommuniziert wird, und durch die Beziehung, die zwischen den beteiligten Personen besteht. Kommunikation ist dabei nicht einseitig, sondern meist reziprok und findet dann innerhalb einer Interaktion statt. Entsprechend dieser Komplexität verlaufen Kommunikationsprozesse aufgrund ihrer Vielschichtigkeit nicht immer störungsfrei. Angelehnt an Schultz von Thun (1981) können Störungen auf den verschiedenen Ebenen verortet werden, also in der Sache, der Beziehung, dem Appell oder der Selbstoffenbarung vermutet werden. Botschaften können nicht verstanden oder missverstanden werden (Beck 2020) und damit nicht absehbare Prozesse zwischen den Beteiligten auslösen. So können auch Erziehungsprozesse schwierig sein oder scheitern, wenn innerhalb der Kommunikation ungelöste Probleme entstehen.

Ein vertieftes Verständnis von der Bedeutung der Interaktion für den Erziehungs- und Lernprozesse von Kindern und damit auch für das didaktische Handeln wird möglich, wenn anthropologische Annahmen hinzugezogen werden.

4.1.1 Anthropologische Grundannahmen zu Interaktionen

Menschen sind soziale Wesen, die auf Kooperation mit anderen ausgerichtet sind. Dabei kann davon ausgegangen werden, dass sich diese Kooperation in Interaktionen vollzieht. Dies wird auch in den drei grundlegenden menschlichen Kommunikationsmotiven deutlich, die letztlich allen Kooperationen zugrunde liegen: Auffordern, Helfen und Teilen/Mitteilen (Tomasello 2009, S. 97). Diese Kooperationsmotive finden sich bereits vor dem Spracherwerb. Tomasello (2009) geht davon aus, dass Sprache selbst nur einen Teil der Kommunikation ausmacht. Um sich mit jemandem zu verständigen, benötigt man Vorannahmen, Erfahrungen und Wissen, um bestimmte sprachliche Konzepte und Zusammenhänge zu verstehen (z. B. die Bedeutung von hier, er, gestern war toll).

Bestimmte Gesten stellen den Ursprung von menschlicher Kommunikation dar, und zwar solche, die noch ohne Sprache auskommen und durch die sich bereits die Kooperationsmotive zum Ausdruck bringen lassen. Babys und Kleinkinder verfügen nicht über ein reiches Vorwissen oder sprachliche Fähigkeiten, sondern kommunizieren über solche Gesten. Sie dienen dazu, auf etwas aufmerksam zu machen und damit bestimmte Absichten erkennbar werden zu lassen. Diese Gesten können eine Hinwendung zu etwas oder jemandem sein, eine Blickrichtung oder ein Zeigefinger, der auf etwas deutet. Derjenige, an den sich die Geste richtet, muss gewillt sein, zu verstehen, was das Kleinkind mitteilen möchte (ebd.).

Tomasello (2009) nennt einige Experimente, die seine These untermauern: So kann ein Kleinkind einen Gegenstand, z. B. einen Ball, der Mutter überreichen und dies als Spielaufforderung verstanden werden. Ein Beispiel für das Helfen kann durch das sog. Löffelexperiment gegeben werden, indem Kleinkinder ihren Bezugspersonen einen Löffel reichen, weil sie annehmen, dass dieser für diese hilfreich ist (Bischof-Köhler 2011, Weltzien 2014, S. 30). Und auch für das Teilen/Mitteilen gibt es zahlreiche Beispiele, wie das gemeinsame Freuen über ein Geschenk oder eine Vorführung (Tomasello 2009, S. 98).

Die Beispiele zeigen, dass Menschen kooperieren wollen und dies von Geburt an auch tun. Bereits Kleinkinder können ihre Absichten mitteilen, ohne Sprache zu nutzen, und somit in Kontakt mit ihren Bezugspersonen treten. Dies schaffen sie über Blicke, Gesten, Geräusche, Gesichtsausdrücke und vieles mehr, um die Aufmerksamkeit auf sich oder einen Gegenstand zu lenken. Eine ihnen zugewandte Person wird sich bemühen, diese Intentionen zu verstehen und ihnen nachzukommen. Damit entsteht eine Interaktion zwischen der Bezugsperson und dem Baby/Kleinkind, welche eine Kommunikationsabsicht enthält. Diese kann aber auch Störungen enthalten, z.B. wenn die Bezugsperson nicht über das Wissen oder die Fähigkeiten verfügt, die Intentionen des Babys/Kleinkinds zu deuten. In diesem Fall liegt keine Reziprozität (Gegenseitigkeit) vor, die zentral ist für die gelingende Interaktion. Dies hat Konsequenzen für die Entwicklung der Kinder, z.B. wenn eine Bezugsperson nicht auf das Weinen des Kindes reagiert und dadurch keine sichere Bindung entstehen kann. Diese Zusammenhänge sind in der Bindungsforschung und Eltern-Kind-Forschung vertieft untersucht worden, sodass ein Blick in diese Forschungsrichtungen weiterführend erscheint.

4.1.2 Interaktionsforschung zu Eltern und Kindern

Zahlreiche Befunde, die die Interaktionsbereitschaft von Säuglingen und Kindern sowie die Relevanz gelungener Interaktionen auf die Entwicklung der Kinder belegen, stammen aus der Eltern-Kind-Forschung. Das grundlegende Bedürfnis des Kindes, mit seiner Umwelt in Kontakt zu treten, sorgt dabei für Interaktionsanlässe mit den Bezugspersonen. Dabei strebt das Kind in dyadischen Interaktionen (also in einer Eins-zu-Eins-Situation) nach der Erfüllung seiner Grundbedürfnisse der Bindung, des Kompetenzerlebens und der Autonomie (Deci & Ryan 1992). Werden Interaktionsanlässe genutzt, um die Bedürfnisse des Kindes angemessen zu erfüllen (z.B. Hunger – Nahrungsangebot, Bedürfnis nach Nähe – Körperkontakt), dann versteht das Kind, dass seine Interaktionsinitiativen ihr Ziel erreichen und es entsteht ein Vertrauen darauf, dass diese Bedürfnisse auch zukünftig gestillt werden. Diese Wechselseitigkeit (Reziprozität) ist ein Merkmal von gelingenden Interaktionen und sie ist gleichzeitig die Basis für den Aufbau einer Bindungsbeziehung. Jede Interaktion enthält damit neben der Bedürfniserfüllung gleichzeitig ein Beziehungspotential, allerdings spielt die Häufigkeit sowie die Art der Interaktion und Kommunikation mit dem Kind eine zentrale Rolle, ob die Bedürfnisbefriedigung und der Beziehungs- und Bindungsaufbau auch glücken.

Aus der Bindungsforschung ist das Konzept der Sensitivität als entscheidender Aspekt für eine gelingende Interaktion zwischen Eltern und Kindern bekannt, d.h., die angemessene und schnelle Reaktion der Eltern auf die Bedürfnisse des Säuglings und deren Erfüllung (Ainsworth 1974/2003). Dabei treten Kinder und Eltern in einen Dialog, indem sie Interaktionen initiieren, z.B. die Kinder über ein Schreien oder Lächeln, die Eltern über die Zuwendung zum Kind, Anschauen oder eine Berührung. Die Eltern verfügen dabei in der Regel über intuitive Kompetenzen, wie sie auf das Interaktionsangebot des Kindes reagieren sollen (Borke, Lamm & Schröder 2019).

Das Konzept der Sensitivität wird anhand von vier Merkmalen festgemacht:

- die Wahrnehmung der kindlichen Bedürfnisse durch die Bezugsperson,
- die richtige Interpretation der Bedürfnisse aus der Perspektive des Kindes sowie
- eine prompte und angemessene Reaktion darauf, die der Persönlichkeit des Kindes entspricht (im Überblick Linberg, Freund & Mann 2017).

Linberg, Freund & Mann (2017) konstatieren, dass sensitives Verhalten der Bezugspersonen mittlerweile nicht mehr nur in Bezug auf den Bindungsaufbau als erforderlich gilt, sondern auch für die Unterstützung der Exploration und somit als Basis für Lerngelegenheiten gilt (siehe auch Remsperger 2013). Damit sind sensitive Interaktionen nicht nur für die sozial-emotionale Entwicklung relevant, sondern auch für alle weiteren Entwicklungsbereiche. Dies bestätigen verschiedene Studien, die zeigen, dass Kinder, die eine sensitive Interaktionsgestaltung mit ihrer Bezugsperson erfahren haben, im Vorschulalter ein besseres Selbstwertgefühl und Selbstvertrauen hatten, ihre Gefühlszustände besser regulieren konnten sowie in kognitiven Leistungssituationen motivational und emotional stabiler waren (vgl. im Überblick Simó, Rauh & Ziegenhain 2000).

Dabei sind sensitive Interaktionen zwischen Eltern und Kind keine Selbstverständlichkeit. Denn es kann vorkommen, dass Eltern nicht angemessen sensitiv auf die Bedürfnisse ihres Kindes reagieren, weil sie selbst unter Stress stehen oder negative Erfahrungen aus der Vergangenheit ihr Interaktionsverhalten mit dem Kind beeinflussen. Entscheidend dafür scheinen neben den persönlichen Erfahrungen und Bedingungen der Eltern auch finanzielle Gründe zu sein, die auf Seiten der Bezugspersonen die Interaktionsqualität beeinflussen. In Studien belegt ist darüber hinaus der Zusammenhang des psychischen Befindens der Mutter mit einer verringerten Responsivität gegenüber den Bedürfnissen des Kindes. Auch Alltagsstressoren können dazu beitragen, die Sensitivität gegenüber dem Kind zu beeinträchtigen (vgl. im Überblick Linberg, Freund & Mann 2017).

Aber nicht nur Eltern haben Einfluss auf die Interaktionen mit ihrem Kind. Auch die Kinder selbst prägen die Interaktionen mit ihren Eltern. Gerade in den eins-zu-eins Interaktionen mit den Eltern konnte in Studien gezeigt werden, dass bereits 13 Monate alte Kinder durchschnittlich alle 20 Sekunden eine Interaktion initiierten (Lloyd & Masur 2014). Zusätzlich hing die Art der Reaktion von der Art der Interaktionsinitiative ab, z.B., ob es sich um eine soziale Initiative handelte, auf die eine mütterlicher Responsivität, folgte oder eine objektbezogene, die eine eher lenkende Reaktion hervorrief (siehe im Überblick Linberg, Freund & Mann 2017). Auch die Temperamentsforschung bietet Hinweise auf die Abhängigkeit der Reaktion von der Art der Interaktion: So konnten einige Studien eine geringere mütterliche Sensitivität bei Kindern mit vielen Wutausbrüchen oder einer durch die Mutter wahrgenommene Aktivität des Kindes nachweisen (ebd.). Allerdings trat der Effekt nur in solchen Fällen deutlich zutage, wenn Eltern geringe soziale oder finanzielle Ressourcen aufwiesen (Paulussen-Hoogeboom et al. 2007 in Linberg, Freund & Mann 2017).

Auch die Familienkonstellation hat Auswirkungen auf die Interaktionen mit den Kindern. So zeigen Studien, dass bei zunehmender Geschwisterzahl die Sensitivität in den Interaktionen nachlässt – selbst wenn in der konkreten Spielsituation gar keine Geschwister anwesend sind (van Ijzendoorn et al. 2000 in Linberg, Freund & Mann 2017).

Die Befunde aus der Eltern-Kind-Forschung in Bezug auf die Sensitivität der Interaktionen zeigen, dass sensitive Interaktionen hoch bedeutsam für die Entwicklung des Kindes sind. Wenn Kinder einen großen Teil ihres Tages in Kindertageseinrichtungen verbringen, dann beeinflussen auch die dort erlebten Interaktionen mit den Fachkräften die kindliche Entwicklung. Vor diesem Hintergrund wird deutlich, dass es wichtig ist, dass die Fachkräfte eine hohe Sensitivität gegenüber den Bedürfnissen der Kinder zeigen und dass die Rahmenbedingungen eine solche Sensitivität ermöglichen müssen.

4.1.3 Interaktionsforschung in Kindertageseinrichtungen

Seit einigen Jahren werden den Interaktionen zwischen Kindern und Fachkräften eine hohe Relevanz für eine gute Qualität in Kindertageseinrichtungen zugeschrieben. Daher sind eine Reihe von Forschungsvorhaben entstanden, die aus unterschiedlichen Perspektiven die Fachkraft-Kind-Interaktionen in den Blick nehmen. In diesem Kontext wurden eine Reihe von Instrumenten adaptiert und/oder entwickelt, die die Interaktionsqualität operationalisieren wollen und damit auch als messbar erscheinen lassen. Als Beispiel ist hier etwas das US-amerikanische »Classroom Assessment Scoring System (CLASS)« zu nennen (Pianta et al. 2008), das als Instrument in vielen nationalen wie internationalen Forschungsprojekten zum Einsatz kommt, um die Interaktionsqualität in Kindertageseinrichtungen zu bewerten.

Dennoch gibt es immer noch zu wenig Erkenntnisse zu konkreten Aspekten und der Gestaltung von Interaktionen zwischen Fachkräften und Kindern. Weltzien et al. (2017) stellen vor diesem Hintergrund fest:

> »zerlegt man die Interaktionsqualität jedoch in ihre einzelnen Bestandteile, so ist wesentlich undeutlicher, welche Facetten der Interaktionsgestaltung bedeutsam sind, was eine niedrige bzw. eine hohe Qualität der Facetten ausmacht, wie diese operationalisiert und damit beobachtbar gemacht werden können und schlussendlich, welche Facetten sich wie auf die kindliche Entwicklung auswirken und welche weiteren Einflussfaktoren berücksichtigt werden müssen« (ebd., S. 8).

Im deutschsprachigen Raum haben Remsperger (2011) und Gutknecht (2012) Befunde vorgelegt, die genau diesem Mangel an Wissen, was »gute« Interaktionen in Kindertageseinrichtungen ausmachen, entgegenwirken wollen. Remsperger (2011) hat den Begriff der Feinfühligkeit für Fachkraft-Kind-Interaktionen adaptiert und erweitert sowie auf Interaktionen bezogen, die beidseitig angelegt sind (dies war in der Forschung von Ainsworth noch nicht der Fall, hier ging es nur um das Verhalten der Mutter). Sie definiert dadurch den Begriff neu und konkretisiert ihn gleichzeitig, indem herausgearbeitet wird, was genau unter sensitiven Interaktionen in Kindertageseinrichtungen zu verstehen ist. Hierzu führte Remsperger in acht Kindertageseinrichtungen ethnografische Beobachtungen durch, um besonders gelungene, also feinfühlige Interaktionen beschreiben zu können. In Abgrenzung zu Ainsworth wurde der Begriff »Sensitive Responsivität« gewählt, um sowohl die Reaktion auf eine Interaktion zu erfassen als auch die Qualität des Antwortverhaltens zu beschreiben. Entscheidende Merkmale des Handelns der Fachkraft in Interaktionen mit hoher Sensitiver Responsivität sind (Remsperger-Kehm 2020):

- Hohes Interesse an kindlichen Äußerungen und Handlungen
- Konstantes Eingehen auf die Kinder
- Gut verständliches Sprechen und Handeln
- Engagiertes Interaktionshandeln
- Kinder können Tempo, Verlauf und Inhalte der Interaktion bestimmen
- Kinder erhalten Raum, um sich mitzuteilen
- Kindern zuhören und sie ausreden lassen
- Spiegeln der Signale der Kinder durch zugewandte Körperhaltung, fortwährender Blickkontakt, unterstreichende Gesten
- Aufgreifen der Emotionen der Kinder und interessierte, gezielte und anregende Nachfragen

Remsperger kommt in ihrer Studie zu dem Schluss, dass die Fachkräfte eine sehr differenzierte Sensitive Responsivität zeigen, die sich im positiven Fall durch das Zeigen von Interesse, Engagement, Verständnis, Blickkontakt, Ruhe und intensives Eingehen auf die Kinder zeigt. Wenig sensitives Verhalten ist dagegen von Diskontinuität und Inkongruenz geprägt, was häufig durch Ablenkungen und Unruhe verursacht wird. Auf der Basis der qualitativen Untersuchung können die Ergebnisse als erste Annäherungen an ein differenziertes Konzept der Gestaltung von Interaktionen unter dem Fokus einer Sensitiven Responsivität gewertet werden, das jedoch weiterer empirischer Überprüfung bedarf.

Weitere Forschungsbefunde zur Gestaltung von Interaktionen aus einer lernunterstützenden Perspektive liegen im deutschsprachigen Raum vor allem zum Thema Sprachliche Bildung vor (z. B. Beckerle 2017, Wirts et al. 2017) und international zur allgemeinen lernförderlichen Interaktionsgestaltung (z. B. Siraj-Blatchford et al. 2002, Tomasello 2009 – vgl. auch ▶ Kap. 4.3).

In Kindertageseinrichtungen gibt es aber nicht nur dyadische Interaktionen zwischen Fachkraft und Kind, sondern auch die mit zunehmendem Alter der Kinder bedeutsamer werdenden Interaktionen zwischen Kindern. Bereits seit längerem setzt sich die Forschung mit den Herausforderungen und dem Potential von Peerinteraktionen auseinander. Bereits im Alter von acht Monaten verbringen Kinder die Hälfte ihrer interaktiven Zeit mit Peerinteraktionen, mit zunehmendem Alter nochmals deutlich mehr (Simoni et al. 2015). Das kindliche Können, mehrere Aspekte gleichzeitig wahrzunehmen und sich mit anderen einem gemeinsamen Anliegen zu widmen, wird mit zunehmenden sprachlichen, kognitiven, sozialen und motorischen Fähigkeiten fortwährend erweitert (Brandes 2010). Durch Peerinteraktionen entsteht in einer Kindergruppe eine Peerkultur, d. h., eigene Werte, Normen und Erwartungen werden in der Kindergruppe verhandelt und entwickeln sich. Diese Peerkultur entzieht sich häufig dem Einfluss der Erwachsenen und erschließt sich diesen auch nicht sofort. Sie bietet den Raum, in dem Kinder ihre

4.1 Interaktion und Kommunikation – Definition und Relevanz für kindliche Entwicklung

Selbstwirksamkeit, ihre Autonomie und Entscheidungsfreiheit erleben können (Corsaro 2000).

Peerinteraktionen sind im Gegensatz zu den Fachkraft-Kind-Interaktionen nicht asymmetrisch (aufgrund des Kompetenz-, Alters- und Größenunterschieds), sondern symmetrisch, da die Kinder eine ähnliche soziale Rolle als Krippen- oder Kindergartenkind innehaben und sich auf einem stärker vergleichbaren kognitiven und sozio-moralischen Entwicklungsstand befinden. Gleichzeitig sind die Kinder aber auch verschieden, weil sie Individuen sind und somit unterschiedliche Erfahrungen, Interessen und Wissen mitbringen. Aus dieser Vielfalt und dem Spannungsfeld erwächst ein Anregungspotential, worauf bereits einige wenige Studien hinweisen. Schattenhofer (2015) argumentiert unter Bezug auf die Feldtheorie Lewins, dass sich Gruppen im Spannungsfeld zwischen Integration und Differenzierung bewegen. Die Integration zeichnet sich durch ein Erleben von Gemeinsamkeit und Zugehörigkeit aus, was vermutlich dem Wohlbefinden der Kinder zuträglich ist. Die Differenzierung führt dagegen zu Spannungen und Konflikten, wodurch die Kinder irritiert und herausgefordert werden, was Entwicklungsprozesse anregen könnte. Peers haben weiterhin eine wichtige Funktion für die Entwicklung, da sich im Spiel den Kindern die Gelegenheit bietet, den sozialen Austausch auszuprobieren (Ahnert 2005). Dabei gleichen in der Regel keine Erwachsenen die Störungen aus, zu denen es kommen kann, und das Kind erhält eine ungefilterte Rückmeldung auf seine Kommunikationsversuche (z. B. Schlagen ist kein angemessener Kommunikationsversuch, Berührung schon) (Brandes & Schneider-Andrich 2017). Viernickel konnte in ihrer Studie zeigen, dass sich bereits sehr junge Kinder in ihren Reaktionen aufeinander abstimmen können und diese Kompetenz durch ein Wechselspiel von Imitation und Komplementarität entwickelt wird (Viernickel 2000). Perren und Diebold (2017) weisen darauf hin, dass es eines gut strukturierten Settings bedarf, um die Bildungspotentiale der Peerinteraktion positiv zu nutzen. In schwach strukturierten Settings erhalten die Kinder zu wenig Rückmeldung auf ihr Verhalten von den anderen Kindern, sodass auch z. B. aggressives Verhalten sein Ziel erreichen kann und dem Erlernen angemessener Konfliktlösungsstrategien im Wege steht. Gerade für die sozial-emotionale Entwicklung haben Peerinteraktionen somit eine hohe Bedeutung.

Bislang gibt es nur wenig Befunde zur Unterstützung von Gruppen in ihrem Lernprozess durch die Fachkraft, allerdings können viele der Ergebnisse aus der Fachkraft-Kind-Forschung auf Gruppenkontexte übertragen werden. Grundsätzlich scheint das Potential der Gruppe darin zu bestehen, dass es dort viele verschiedene Individuen gibt, deren Erfahrungen, Wünsche und Bedürfnisse die Gruppendynamik beeinflussen.

Die Interaktionsforschung in Kindertageseinrichtungen weist darauf hin, dass Interaktionen zwischen Fachkräften und Kindern und innerhalb der Peergruppe das Potential haben, die kindliche Entwicklung voranzutreiben. Dabei bleibt die Frage offen, wie diese Ressource auch für das kindliche Lernen und die kindlichen Bildungsprozesse im didaktischen Handeln genutzt werden kann. Kapitel 4.2. wird aufzeigen, inwiefern es entsprechend wichtig ist, die Interaktion als den Schlüssel zur Didaktik der Frühpädagogik zu betrachten.

4.2 Interaktion als Schlüssel der Didaktik

Interaktionen zwischen Kindern und Fachkräften, aber auch zwischen den Kindern sind vor allem aus der Perspektive eines sozialkonstruktivistischen Bildungsverständnisses wesentlich für frühkindliche Bildungsprozesse (vgl. ▶ Kap. 2). Doch wie hängen Interaktion und Kommunikation mit Lernen und Bildung zusammen?

Hierzu ist wiederum ein Blick in die Anthropologie hilfreich. Diese beschäftigt sich auch mit der Erziehungs- und Bildungsfähigkeit des Menschen und darüber hinaus mit den Methodiken und Systematiken, die dazu beitragen, Erziehung und Bildung anzuregen (Wulf & Zirfas 2014). Dabei vertritt die pädagogische Anthropologie ein optimistisches Menschenbild, bei dem davon ausgegangen wird, dass der Mensch sich entwickeln und durch Lernen an Erfahrung und Wissen dazugewinnen kann – aber auch, dass das Lehren möglich ist (Zirfas 2021). Das Prinzip der Bildsamkeit des Menschen ist eine pädagogische Grundannahme, ohne die kein*e Pädagog*in tätig sein kann. Benner weist zudem darauf hin, dass diese Bildsamkeit durch Interaktionen vorangetrieben wird:

> »Bildsamkeit ist vielmehr ein Prinzip der Interaktion, ein Relationsprinzip, welches sich auf die pädagogische Praxis als eine intergenerationale Praxis bezieht und jede Reduktion pädagogischen Handelns zum Erfüllungsgehilfen der Vorsehung im Sinne anlagenbestimmter oder umweltbedingter Determinanten negiert« (Benner 1991, S. 57).

Damit weist Benner der Interaktion zwischen Lernenden und Lehrenden die zentrale Rolle für die Bildsamkeit des Individuums zu. Er betont aber auch, dass diese Bildsamkeit nicht durch die oder den Lehrenden bestimmt werden darf, sondern dass diese*r die Aufgabe hat, den Zögling zur Selbsttätigkeit aufzufordern, also zur Entwicklung und zum Lernen zu motivieren (Benner 1991, S. 63 ff.). Dabei hängt vom Individuum ab, in welche Richtung diese Entwicklung verlaufen wird, aber der*die Lehrende hat aus Sicht der pädagogischen Anthropologie die Aufgabe, die*den Lernende*n zur Bildung aufzufordern, ohne ihn oder sie auf ein Ziel festzulegen.

Damit wird deutlich, dass Erziehung und Bildung auf Interaktion und Kommunikation als Methode angewiesen sind (König 2019), um mit den Lernenden in eine »Relation« einzutreten und sie zur Entwicklung aufzufordern. Diese beiden Aktivitäten lassen sich kaum voneinander trennen und beziehen sich gegenseitig aufeinander.

Interaktionen zwischen Fachkräften und Kindern haben demnach entscheidenden Einfluss darauf, wie sich Kinder bilden können, sowohl im sozial-emotionalen wie auch im kognitiven Bereich. Die Qualität der Interaktion kann Prädiktor sein für spätere Beziehungserfahrungen, für Interaktionen in der Peergruppe und für den Schulerfolg des Kindes (im Überblick: McNally et al., 2018). Interaktion, das zeigt Kapitel 4.1, ist zentral für die kindliche Entwicklung. Man kann sogar so weit gehen: Ohne Interaktion kein Lernen – und keine Entwicklung. Somit ist der Interaktion zwischen Fachkraft und Kindern in der didaktischen Arbeit in Kindertageseinrichtungen besondere Beachtung zu schenken.

Eine grundlegende Voraussetzung dafür, dass Interaktionen für das kindliche Lernen förderlich sind, ist die herausragende menschliche Fähigkeit, die eigene Aufmerksamkeit für eine Beobachtung, einen Gegenstand oder auch einen Prozess mit einem Gegenüber zu teilen (Mundy & Newell 2007). Michael Tomasello (2006) bezeichnet solche Situationen als Szenen der *geteilten Aufmerksamkeit,* die aus seiner Sicht über alle Altersstufen hinweg entscheidender Motor für die kognitive Entwicklung des Menschen sind. Aber auch für die soziale Entwicklung weisen Studienergebnisse auf deren große Bedeutung hin (Mundy & Newell 2007). Bei Szenen der geteilten Aufmerksamkeit richten Kind und Erwachsene*r eine bestimmte Zeit ihre Aufmerksamkeit auf einen dritten Gegenstand und achten dabei auch gegenseitig auf die Aufmerksamkeit des Gegenübers (Tomasello 2006). Durch die Resonanz der Bezugsperson, mit der Kinder ihre Erfahrungen, Beobachtungen und Erlebnisse teilen, erhalten sie entscheidende Impulse für ihre Entwicklung und ihr Lernen (Drieschner 2011).

Dabei können schon Säuglinge der Richtung der Blicke und Gesten anderer folgen und einen gemeinsamen Bezugspunkt erkennen (Mundy & Newell 2007) und etwa ab dem neunten Lebensmonat sind Kinder zunehmend in der Lage, an Szenen geteilter Aufmerksamkeit aktiv teilzuhaben. Denn Kinder nehmen etwa ab diesem Alter die Bezugsperson verstärkt als intentionale*n Akteur*in, also als Akteur*in mit Motivation, Aufmerksamkeit und Plan wahr und können diese Wahrnehmung bei der eigenen Handlungsplanung berücksichtigen. Darüber hinaus werden die bis zu diesem Zeitpunkt vorrangig dyadischen Interaktionen zwischen Bezugsperson und Kind stetig um etwas Drittes erweitert: durch die gemeinsame Perspektive auf einen Gegenstand oder ein Ereignis (Drieschner 2011). Schon im ersten Lebensjahr entwickeln sich dadurch erste »Spieldialoge« zwischen Erwachsenen und Kind (Kasten 2014). Dabei zeigen Forschungsergebnisse, dass Kinder bereits mit etwa einem Jahr anhand des Blickkontakts zur Bezugsperson erkennen können, ob es sich um eine Lehr-/Lernsituation handelt. Wenn ein*e Erwachsene*r ein Kind zunächst direkt anblickt, um sich anschließend einem Gegenstand zuzuwenden, schließt das Kind daraus, dass diese*r verallgemeinerbare Wissen über diesen Gegenstand vermitteln will. Wendet sich der*die Erwachsene direkt dem Gegenstand zu, ohne vorher Blickkontakt aufgenommen zu haben, dann analysiert das Kind zwar, welche Beziehung der oder die Erwachsene zu dem fraglichen Gegenstand hat, aber es interpretiert die Situation nicht als Szene, in der es generalisierbares Wissen über den Gegenstand erwerben kann (Pauen 2012). Im Alter von etwa 13 bis 15 Monaten kann das Kind dann die Aufmerksamkeit auch selbst gezielt auf einen Gegenstand lenken.

Durch eine sich so entwickelnde geteilte Aufmerksamkeit, z. B. des Vaters und des Kindes auf ein Spielzeug, wird die kindliche Erfahrung mit dem Gegenstand durch die Reaktion des Vaters in einen sozialen Kontext gestellt. Eine positive Reaktion des Vaters unterstützt die Exploration des Kindes und damit auch den Lernerfolg nachhaltig (Tomasello 2006). Dabei spielt aber nicht nur die emotionale Resonanz auf die Erfahrung des Kindes, sondern auch die kognitive Resonanz eine besondere Bedeutung. Erklärende Kommentare des Vaters zum Spielzeug etwa dienen dem Kind,

»sich seiner Erfahrung bewusst zu werden, sie zu benennen, zu deuten und einzuordnen. Szenen geteilter Aufmerksamkeit können insofern als Schlüssel für das sukzessive Eindringen des Kindes in die Sinn- und Bedeutungszusammenhänge sowie in die Symbolsysteme (s)einer Kultur gelten.« (Drieschner 2011, S. 19)

Entsprechend beschreibt Tomasello (2006) die hohe Bedeutung der geteilten Aufmerksamkeit vor allem beim Erwerb kultureller Symbolsysteme wie der Sprache. In der Szene einer geteilten Aufmerksamkeit entsteht der Kontext, in dem das Kind sprachliche Symbole erlernt. Das Kind erkennt das Gegenüber als intentionale*n Akteur*in und versteht auch dessen bzw. deren kommunikative Absichten, durch die etwa der Vater versucht, das Interesse des Kindes auf das Spielzeug zu lenken. Schließlich nutzt das Kind dasselbe sprachliche Zeichen, was ihm gegenüber gebraucht wurde, »wodurch das intersubjektiv verstandene kommunikative Symbol oder die Konvention erzeugt wird« (Tomasello 2006, S. 140). Die sprachliche Begleitung des kindlichen Aufmerksamkeitsfokus durch die Bezugsperson ist für den Spracherwerb entscheidend (Tomasello 2006).

Mit einem etwas anderen Schwerpunkt, aber doch auch mit der Hervorhebung der Bedeutung der Interaktion zwischen Erwachsenen und Kindern für das Lernen, beschreibt Rogoff (1990) Voraussetzungen für kindliches Lernen in kulturellen Kontexten. Auch sie geht davon aus, dass für das Lernen der Kinder, für deren kognitives Lernen sowie Sozialisation die Teilnahme an bedeutsamen Aktivitäten und die Kommunikation mit einer erwachsenen Bezugsperson grundlegend ist. Kinder sind demnach bestrebt, durch Beobachtung und Teilnahme an Aktivitäten Kompetenzen zu erwerben, die Herausforderungen und Aufgaben, die die Kultur, in der sie aufwachsen, stellt, zu bewältigen und neue Lösungen zu finden. Erwachsenen kommt dabei die Aufgabe der *»guided participation«* zu, also der geleiteten Teilnahme. So sind Erwachsene dafür verantwortlich, dass Kinder überhaupt an bedeutsamen Aktivitäten teilhaben können sowie dafür, dass sie als Erwachsene diese auch kommunikativ anleiten (Rogoff, 1990). Erwachsene schulen also die Kinder darin, bestimmte Probleme zu entdecken, zu verstehen und zu lösen. Sie sind dafür verantwortlich, dass Kinder die kognitiven Fähigkeiten dafür ausbilden. »Guided participation« impliziert dabei folglich die Hilfestellung für andere Personen beim Lernprozess bei der Strukturierung von Problemen, aber auch bei der Erarbeitung von Lösungen dafür (Rogoff 1991). Kommunikation und gemeinsames Problemlösen unter Anleitung kompetenterer Personen ist Grundlage für jeden Lernprozess. Die Interaktionspartner*innen arbeiten aktiv zusammen, das Kind ist keineswegs nur Empfänger*in von Instruktionen. Dabei ist es entscheidend, dass die Beteiligten ihr Handeln aufeinander abstimmen und sich kommunikativ verständigen (Rogoff 1990). Gerade im Alltag von Kindertageseinrichtungen eröffnet sich dabei eine Vielfalt von Situationen, um Kinder in kulturell bedeutsame Aktivitäten einzubeziehen, wie beim Zubereiten von Mahlzeiten, handwerklichen Tätigkeiten oder Tätigkeiten in der Natur. Die Fachkraft hat dabei die Aufgabe, geeignete Situationen zu erkennen, herzustellen und Kinder daran teilhaben zu lassen sowie auch das kindliche Erleben sprachlich zu begleiten.

Notwendig sind für solche Szenen der geteilten Aufmerksamkeit oder auch der »guided participation« kontinuierliche Interaktionen zwischen Bezugsperson und

Kind, die sich im gemeinsamen Alltag und Spiel entwickeln. Triadische Austauschprozesse in Interaktionen zwischen Kind, Bezugsperson und kulturellen Objekten kennzeichnen also die Lernprozesse von Kindern (Duncker 2012). Entscheidend ist, dass Kindern von ihren Bezugspersonen, mit denen sie eine bindungsähnliche Beziehung aufgebaut haben, in Situationen emotionale und kognitive Resonanz auf ihre Erfahrungen erhalten. Entsprechend kann dieses Dreiecksverhältnis, das im didaktischen Dreieck seinen Ausdruck findet (vgl. ▶ Kap. 3.1), als ein wichtiger Ansatzpunkt für die Entwicklung einer Didaktik in der Frühpädagogik betrachtet werden. Frühkindliche Lernprozess sind »uneingeschränkt in Situationen geteilter Aufmerksamkeit mit vertrauten Erwachsenen eingelagert.« (Drieschner 2011, S. 20) So kann festgehalten werden: Die »Didaktisierung von geteilter Aufmerksamkeit« (Drieschner 2011) ist eine zentrale Aufgabe der Frühpädagogik. Deutlich zeigen diese Überlegungen, dass kooperative Dialoge die Lernprozesse von Kindern unterstützen und fördern (Duncker 2012). Entsprechend finden sich Diskurse darüber, wie solche Dialoge in der frühen Bildung, Betreuung und Erziehung gestaltet werden können. Sie können als lernförderliche Interaktionsformen bezeichnet werden.

4.3 Lernförderliche Interaktionsformen

Kinder lernen in Beziehungen und in Interaktionen, das zeigen die bisherigen Ausführungen. Grundlage ist eine vertrauensvolle, wertschätzende und unterstützende Beziehung zwischen Erwachsenen bzw. Fachkräften und Kind, damit Kinder explorieren und lernen. Um eine solche Beziehung aufzubauen, ist ein sensitives und responsives Handeln der Fachkräfte unabdingbar (vgl. ▶ Kap. 4.1.3). Ein solches Interaktionshandeln unterstützt Kinder dabei, ihre Emotionen auszudrücken und ihre Gedanken und Handlungen weiterzuentwickeln. Darüber hinaus zeigen Studienergebnisse, dass sich ein solches Handeln positiv auf die Kompetenzen von Vier- bis Fünfjährigen auswirkt sowie ein positiver Zusammenhang zu deren Selbstregulationsfähigkeiten besteht (Finch et al. 2015). Forschungsergebnisse von Remsperger (2011) verweisen darauf, dass Kinder dann eher interessiert »bei der Sache« bleiben und ihre Handlungen und Gedankengänge weiterentwickeln. Sie haben Raum für selbstbestimmte Inhalte des Dialogs und werden durch das Interesse sowie durch das Nachfragen der Fachkräfte gezielt stimuliert. Bei fehlender Sensitiver Responsivität der Fachkraft zeigt sich, dass Kinder weniger eigene Ideen und Lösungsvorschläge entwickeln oder äußern und so kaum selbst Auswege aus einer schwierigen Situation finden können. Ein responsives und sensitives Interaktionsverhalten der Fachkräfte kann daher als zentraler Schlüssel für positive und damit beziehungs- und bildungsförderliche Interaktionen (Ahnert 2006; Remsperger 2011; Weltzien, 2014) und als »Basis« jeglicher lernförderlichen Interaktionsformen betrachtet werden.

Forschungsergebnisse weisen darauf hin, dass Fachkräfte meist ein wertschätzendes Interaktionsverhalten gegenüber den Kindern zeigen, sie emotional unterstützen und den Alltag in Kindertageseinrichtungen angemessen organisieren, doch Interaktionen, die gezielt kindliche Lernprozesse unterstützen, eher selten zu beobachten sind (z. B. Wadepohl & Mackowiak 2016; Wertfein, Wirts & Wildgruber 2015; Fried 2013). Das mag sicher auch daran liegen, dass solche Interaktionen anspruchs- und voraussetzungsvoll sind und häufig an den Strukturen und Rahmenbedingungen in Kindertageseinrichtungen scheitern.

Hildebrandt (2020) unterscheidet verschiedene Interaktionsformen, die die kindliche kognitive Entwicklung bewusst unterstützen sollten: So finden sich Interaktionsformate, die durch offene Fragen und Aufforderungen zum Weiterdenken anregen sollen, die geteilte Aufmerksamkeit herstellen wollen oder auch Kinder führen lassen sowie das Sprechen über Erinnerungen und die Zukunft fördern. Dabei können kognitiv anregende Dialoge als solche gekennzeichnet werden, die darauf abzielen, kindliche »Hypothesen explizit zu machen und Diskurse über kausale, Zusammenhänge, Gründe, Zwecke, Motive zu initiieren.« (Hildebrandt 2020, S. 198) Diese Art der Gespräche beeinflusst viele kindliche Fähigkeiten positiv, wie etwa die mentale Organisation, die Fähigkeit, Erfahrungen und Emotionen auszudrücken, das Anregen des sozialen Verständnisses der Kinder oder auch die Entwicklung der »Theory of Mind« der Kinder. Das bedeutet, dass Kinder mentale Zustände als mögliche Ursache eines Verhaltens verstehen können, um eigene oder fremde Handlungen zu erklären und vorherzusagen. Dafür müssen Gedanken, Gefühle, Motive oder Erwartungen des Verhaltens erkannt und verstanden werden können (Hildebrandt 2020). Über diese Dialoge unterbreiten die Fachkräfte den Kindern also ein Lernangebot, das Denk- und Verstehensprozesse anregen und Problemlöse- und Selbststeuerungsfähigkeiten unterstützen soll (Mackowiak et al. 2021). Forschungsergebnisse weisen ebenso darauf hin, dass Interaktionsformate, die das gemeinsame Forschen betonen, die Kinder darin unterstützen, eigene Hypothesen zu bilden, zu begründen und zu überprüfen. Dabei bemerken Kinder, ob die Bezugsperson auf das kindliche Erkenntnisinteresse eingeht und ob die Erklärung des bzw. der Erwachsenen überhaupt zur eigenen Frage passt (Hildebrandt 2020). Lernförderliche Dialoge greifen nicht ausschließlich »die großen Fragen des Lebens« auf, wie die Frage nach Gerechtigkeit, Sterblichkeit oder andere philosophische Fragen. Schon im Alltag können Hypothesen gebildet werden, in der Bauecke, am Klettergerüst oder auch beim Essen. Es können eher banale Fragen sein, die Kinder dazu anregen, Hypothesen über Zusammenhänge zu bilden. Besonders kurze, alltägliche, vielleicht auch wiederkehrende Dialoge sind für eine interaktive Lernunterstützung ein guter Ausgangspunkt. Wichtig zu erkennen ist, dass solche gezielten Interaktionsformen von der Fachkraft Übung und Erfahrung verlangen und vermutlich nicht gleich auf Anhieb gelingen. Entscheidend ist, sich auf diese Entwicklungschance sowohl für die kindlichen Bildungsprozesse als auch für die eigene fachlichen Kompetenz einzulassen, und die Bereitschaft erfordert, neue Strategien zu erproben (Mackowiak et al. 2021). Wie in der Beschreibung des Prinzips der Gruppenorientierung angedeutet (▶ Kap. 5.3), bleibt dabei zu berücksichtigen, dass diese lernförderlichen Dialoge zumeist in Gruppenkontexten stattfinden, also in Situationen, in denen gruppendynamische Prozesse innerhalb der Kindergruppe zu berücksichtigen sind oder auch die Organisation der Gruppe im Vordergrund steht. Eine pädagogische Fachkraft muss in der Regel mehr als nur ein Kind oder eine kleinere Gruppe von Kindern im Blick haben. In diesen komplexen, situativ höchst anspruchsvollen Momenten sind lernförderliche Dialoge eine besondere Herausforderung, ist doch eine Voraussetzung, dass diese nicht nur über wenige Augenblicke andauern.

Drei dieser Strategien dieser lernförderlichen Interaktionsformen sollen im Folgenden näher vorgestellt werden: Scaffolding, Sustained Shared Thinking sowie metakognitive Dialoge.

Scaffolding

Die Idee des Scaffolding (im übertragenen Sinne: ein Gerüst bauen) fußt auf der Lerntheorie von Wygotsky (vgl. ▶ Kap. 2) und kann als methodische Übersetzung dieser Annahmen betrachtet werden. Die Lernenden werden dabei durch Anleitungen, Denkanstöße und weitere Hilfestellungen gezielt darin unterstützt, bestimmte Aufgaben zu bewältigen, die sie allein nicht lösen können. Scaffolding ist also eine vorübergehende gezielte Unterstützung und Lenkung kindlicher Lernprozesse, die dem Alter, Entwicklungsstand und Erfahrungshorizont der Lernenden entsprechen. Ziel ist die bewusste Förderung der Selbstregulation der Kinder, sodass sich die Erwachsenen immer mehr zurückziehen und dem eigenständig handelnden Kind die Verantwortung überlassen können (Kunze & Gisbert 2007).

Die Fachkraft verfolgt dabei eine klare Zielvorstellung für die Interaktion. Sie versucht, sich in das Denken des Kindes hineinzuversetzen und die Anforderungen an das Kind immer wieder an die individuellen Fähigkeiten des Kindes anzupassen (Was braucht das Kind, um weiter zu kommen?). Grundlage dafür ist eine kontinuierliche Beobachtung des Kindes (Mackowiak et al. 2021).

Scaffolding ist eher instruktiv, d. h., dass die Fachkraft eine klare Vorstellung hat und das Kind mit entsprechenden Anweisungen und Anforderungen fördern will. Ziele sind (Mackowiak et al. 2021),

- das Interesse des Kindes zu gewinnen und aufrechtzuhalten,
- Alternativen zu reduzieren,
- Aufmerksamkeit zu lenken,
- relevante Aspekte hervorzuheben, um die Diskrepanz zwischen Ausgangs- und Ziel-Zustand zu verdeutlichen,
- zu demonstrieren, veranschaulichen und
- zu motivieren und Emotionen zu regulieren.

Die folgenden Beispiele veranschaulichen, wie die Fachkraft bewusst und gezielt auf einzelne wichtige Aspekte für die Lösung eines Problems hinweist bzw. die Kinder motivieren möchte, an der Lösung eines Problems dranzubleiben. Dazu stellt sie gezielte Fragen, gibt Hinweise, erklärt, weist an, macht etwas vor oder gibt konkrete Rückmeldungen. Zunächst folgt ein Beispiel angelehnt an Wadepohl (2021), das eine Situation beschreibt, in der zwei Kinder einen Turm aus Holzklötzen bauen.

Der Turm stürzt ein, wenn er eine bestimmte Höhe erreicht. Die Kinder reagieren zunehmend frustriert. Die Fachkraft kommt hinzu.

Beispiel 1

»Überlegt euch doch mal, woran es liegen könnte, dass der Turm immer umfällt.«
→ Interesse des Kindes gewinnen und aufrechterhalten
»Könntet Ihr den Turm auch noch anders bauen?«
→ Relevante Aspekte hervorheben, um die Diskrepanz zwischen Ausgangs- und Ziel-Zustand zu verdeutlichen
»Ich glaube, der Turm ist unten nicht stabil genug.«
→ Aufmerksamkeit lenken
»Ich glaube, dass wir den Turm stabiler bauen müssen, damit er nicht immer umfällt. Habt ihr denn Ideen, wie wir das machen könnten?«
→ Alternativen reduzieren; motivieren und Emotionen regulieren
»Vielleicht könnt ihr versuchen, den Turm etwas breiter zu bauen.«
→ Aufmerksamkeit lenken
»Ihr könntet die Steine unten etwas weiter auseinanderlegen – schaut, so.«
→ Demonstrieren, veranschaulichen

Ein weiteres Beispiel überträgt diese Zielsetzungen in eine weitere Situation aus dem pädagogischen Alltag: Ein Kind will zur Adventszeit einen Stern von einer Vorlage abzeichnen.

Beispiel 2

Die pädagogische Fachkraft fährt die Linien des Sterns auf der Vorlage nach, um die Aufgabe für das Kind zu vereinfachen.
→ Alternativen reduzieren, Aufmerksamkeit lenken
»Den Stern abzuzeichnen ist wirklich schwierig, aber ich bin mir sicher, dass du das schaffst.«
→ Motivieren und Emotionen regulieren
»Versuch doch mal, diesen Stift zu benutzen, das könnte einfacher sein.«
→ Demonstrieren, veranschaulichen
»Was passiert, wenn du erst diesen Strich zeichnest?«
→ Aufmerksamkeit lenken
»Musst du vielleicht das Papier drehen, damit es dir leichter fällt?«
→ Relevante Aspekte hervorheben, um die Diskrepanz zwischen Ausgangs- und Ziel-Zustand zu verdeutlichen

Im dritten Beispiel, das aus Notizen einer Selbstbeobachtung einer pädagogischen Fachkraft stammt, spielt diese mit einer Gruppe Kinder ein Spiel. Sie versucht, über verschiedene viele Fragen die Spielregeln herzuleiten und gleichzeitig herauszufinden, was die Kinder wissen.

Beispiel 3

PFK: Also, Ziel ist es, alle Tiere wieder in den Zoo zu bringen, ok? (sieht die Kinder nacheinander an)
Kind 1: Die sind alle ausgebüchst.
PFK (stellt Augenkontakt her): Ja, die sind alle ausgebüchst. (sieht reihum die Kinder an) Wieso, glaubt ihr, ist das passiert? Wieso sind alle Tiere…
Kind 1 (sucht Augenkontakt zur PFK): Die Tür ist aufgelassen worden.
PFK: Die Tür wurde vielleicht offengelassen – stimmt, und was ist mit den Tieren passiert? (sucht Augenkontakt zu den anderen Kindern)
Kind 2 (Augenkontakt zur PFK): Die sind einfach rausgerannt.
PFK: Die sind einfach rausgerannt. (sieht die Kinder nacheinander an, während sie redet) Kann man alle Tiere jetzt einfach so draußen auf der Straße lassen?
Kind 2: (Augenkontakt zur PFK) Nein.
PFK (sieht die Kinder nacheinander an, während sie redet): So, wir müssen die jetzt einsammeln, ok? Und was brauchen wir dafür? Kann man die alle auf unseren Rücken nehmen?
PFK und Kind 3: Nein.
PFK: Was braucht man?
Kind 1: Eine Zug.
PFK: Einen Transport. Ja genau, einen Zug vielleicht, das ist eine gute Idee. (zeigt auf die Karten und sucht Blickkontakt zu den Kindern) Und hier schaut mal, habe ich sehr viele was?
Kind 1: Züge!
PFK: Züge oder wie nennt man die? Viele?
Kind 2: Schnellzüge.
Kind 1: Waggons.
PFK: Richtig, sag es nochmal laut.
Kind 1: Waggons. (laut und deutlich)
PFK: Ja, genau! Natürlich. Das ist die? (zeigt mit dem Finger auf das Kärtchen mit der Lokomotive)
Kind 1: Lokomotive.
PFK: Die Lokomotive, richtig. Und das ist Teil Nummer? (zeigt mit dem Finger auf die Zahl)
Kind 1: Eins.
PFK: Eins, ganz genau. Und schaut mal. Wenn ihr jetzt ganz genau hinschaut, ist bei jedem Waggon so eine Zahl. Das heißt, so viele Tiere dürfen jedes Mal…
Kind 3 (zeigt mit dem Finger auf die Karten): Und das, das ist zwei.
PFK: Richtig. Kennt ihr… (hält kurz inne), wir schauen mal, ob wir die Zahlen überhaupt erkennen. Welche Zahl hab ich da? (zeigt auf die Karte mit der Nummer zwei)

Scaffolding ist davon geprägt, dass die Dialoge stärker erwachsenenzentriert sind, also von diesen vor allem gelenkt und gezielt geführt werden. Im Unterschied dazu nehmen in der nächsten Interaktionsform Fachkraft und Kind gleichberechtigter an der Interkation teil (Mackowiak et al. 2021).

Sustained Shared Thinking (SST)

Im Rahmen des britischen Forschungsprojekts »Effective Provision of Pre-School Education (EPPE)« wurden in den Jahren 1997 bis 2003 rund 3.000 Kinder im Alter von drei bis sieben Jahren intensiv in ihrer Entwicklung begleitet. Im Fokus standen die Wirkung der Vorschulerziehung auf die Kinder sowie der Einfluss der häuslichen Umgebung. Dazu wurden der kognitive und soziale Entwicklungsstand der Kinder mittels standardisierter Instrumente zu mehreren Zeitpunkten erhoben, die Qualität der Vorschuleinrichtung mittels der »Early Childhood Environmental Rating Scale (ECERS)« gemessen, Fachkräfte interviewt, Beobachtungen in den Einrichtungen als auch Videobeobachtungen durchgeführt und durch Interviews mit den Eltern die Anregungsqualität im häuslichen Umfeld erforscht. Zentrales Ergebnis der Studie war, dass Vorschulerziehung dann eine positive Auswirkung auf die kognitive und soziale Entwicklung der Kinder zeigt, wenn sie qualitativ hochwertig ist (Siraj-Blatchford et al. 2010). Um dem näher auf den Grund zu gehen, was Einrichtungen qualitativ hochwertig werden lässt, wurden zwölf Fallstudien durchgeführt, bei denen Einrichtungen näher analysiert wurden, deren Qualität exzellent war. Dabei wurde durch Videobeobachtung u. a. eine besondere Art der Interaktion »entdeckt« und beschrieben, die kognitive Lernprozesse bei Kindern offensichtlich besonders gut anregt: das, wie die Autor*innen der Studie es nannten, »Sustained Shared Thinking« (SST) (Siraj & Asani 2015).

SST wird in diesem Sinne als eine effektive pädagogische Interaktion definiert, bei der zwei oder mehr Personen zusammenarbeiten, um ein Problem zu lösen, ein Konzept zu klären, Aktivitäten zu bewerten oder eine Erzählung zu erweitern. Alle beteiligten Personen tragen zum gemeinsamen Denkprozess bei (Siraj & Ansani 2015). Der Idee dieser Interaktionsform liegt zugrunde, dass soziale Interaktion der Kern für die Förderung kindlichen Lernens und der kindlichen Entwicklung ist, und baut damit auf einer sozialkonstruktivistischen Vorstellung von Lernen auf. Gemeinsam mit den Kindern werden Gedanken, Geschichten oder Problemlösungen entwickelt und die Fachkräfte setzen sich mit dem Kind intensiv und auf Augenhöhe mit einem bestimmten Lerngegenstand (z. B. einem physikalischen Phänomen) auseinander. Dadurch sollen die Gedankengänge des Kindes erweitert werden. Dafür ist sowohl instruktives Handeln der Fachkraft nötig, da sie anregt, vorgibt, nachfragt, lenkt, als auch konstruktives Handeln, da sie die Themen des Kindes zulässt und die eigenaktiven Lernprozesse unterstützt (Hopf 2012). Neben der Annahme, dass das Lernen durch Interaktionen angeregt wird, orientiert sich diese Methode auch an den Ideen von Lev Wygotsky, die schon in Kapitel 2 kurz vorgestellt wurden (▶ Kap. 2.2.2).

Entscheidend bei SST ist, dass die Kinder ernstgenommen und gleichberechtigt behandelt werden. Es ist nicht zielführend, fertige Lösungen anzubieten und die Kinder zu belehren, sondern sich in die Gedanken und Deutungsmuster eines Kindes hineinzuversetzen, bevor man sie gemeinsam mit dem Kind erweitert. Dazu sind echtes Interesse sowie Sensitivität auf Seiten der Fachkraft entscheidend, um gemeinsam neues Wissen zu konstruieren (Siraj & Ansani 2015). Die Fachkraft gibt zwar sprachliche und kognitive Anregung, aber sie bringt diese in ein gemeinsames

4.3 Lernförderliche Interaktionsformen

Problemlösen ein. Das Kind kann dabei üben, eigene Standpunkte deutlich zu machen, Ideen zu formulieren und zu verteidigen, Strategien auszuprobieren, Ideen weiterzuentwickeln, und wird durch intensives und offenes Nachfragen zum Nachdenken angeregt (Hopf 2012).

Zusammengefasst sind folgende Aspekte für das Interaktionshandeln der Fachkraft wichtig (Siraj & Ansani 2015):

- sich Einlassen: aufmerksam zuhören und das Kind in seinem Handeln und in seiner Körpersprache genau beobachten
- Interesse zeigen: die gesamte Aufmerksamkeit auf das Kind richten, Blickkontakt herstellen, lächeln, nicken, Anteil nehmen
- Entscheidungen des Kindes respektieren
- das Kind zum Ausprobieren einladen
- Zusammenfassungen geben
- eigene Erfahrungen einbringen und dem Kind anbieten
- die Ideen des Kindes klären, wiederholen
- dem Kind andere Lösungswege vorschlagen
- das Kind an bereits bekannte Sachverhalte erinnern
- das Kind zum Weiterdenken ermutigen
- alternative Perspektiven anbieten
- mit dem Kind spekulieren
- mit dem Kind unterschiedliche Lösungen und deren Auswirkungen abwägen
- dem Kind offene Fragen stellen
- dem Kind als Modell für lautes Nachdenken dienen

Die folgenden Beispiele sollen verdeutlichen, wie solche Dialoge entstehen und wie offene Fragen, die zum Nachdenken anregen, formuliert sein können. König (2012) geht davon aus, dass ein solcher Dialog unterschiedliche Phasen durchläuft: den Einstieg, die Vertiefung, eine vertiefte Auseinandersetzung, eine Phase der Ko-Konstruktion und den Abschluss. Diese Phasen sind natürlich oft nicht eindeutig voneinander zu trennen, helfen aber zu verstehen, wie komplex und voraussetzungsvoll eine gemeinsame Ko-Konstruktion ist. Eigene Beobachtungen aus der Praxis sollen die einzelnen Phasen, die König (2012) benennt, verdeutlichen.

Beispiel 1: Unterschiedliche Phasen bei SST

Am Tisch sitzen vier Kinder mit der Fachkraft. Sie basteln einen Igel aus Tonpapier. Unterschiedliche Materialien, Stifte, Kleber, Scheren und auch Prickelnadeln stehen am Tisch. Die Fachkraft steigt mit Hannes in einen Dialog ein. Zunächst nimmt sie Blickkontakt mit Hannes auf – Voraussetzung für den Einstieg in einen Dialog. Folgende mögliche Verläufe sind denkbar.

1. Einstiegsphase:
»Brauchst du meine Hilfe?«
»Das ist also dein Igel.«

»Erzähl mal, wie willst du denn jetzt weitermachen?«
»Welche Farbe soll dein Igel bekommen?«
→ Die Fachkraft gibt Impulse, fordert zu einer Antwort auf oder stellt W-Fragen oder wiederholt die Aussagen des Kindes.

2. *Dialog wird vertieft:*
»Kannst du dich erinnern, als wir im Garten einen Igel beobachtet haben?«
→ Die Fachkraft stellt einen Bezug zu bekannten Sachverhalten her.
»Hast du gemerkt, wie schwer man das dicke Papier schneiden kann?«
→ Die Fachkraft stellt einen Bezug zu dem gegenwärtigen Sachverhalt her.
»Was passiert wohl, wenn wir eine andere Schere dafür benutzen?«
→ Die Fachkraft fragt nach Ursachen und Gründen.
»Dein Igel sieht toll aus.«
→ Die Fachkraft gibt Feedback.

3. *Einsteigen in die vertiefte Auseinandersetzung:*
»Dein Igel sieht toll aus, sollen wir zusammen versuchen, die Stacheln zu basteln?«
→ Die Fachkraft zeigt Interesse.
»Die Stacheln sind für den Igel besonders wichtig, damit er sich schützen kann.«
→ Die Fachkraft erklärt Zusammenhänge.
»Vielleicht kannst du die Stacheln so spitz machen, wie wir sie auch beim Igel beobachtet haben?«
→ Die Fachkraft spricht frühere Erfahrungen an, um auf vorhandenes Wissen zu verweisen.
»Willst du die Prickelnadel für das Anbringen der Augen benutzen?«
→ Die Fachkraft regt an, etwas Neues zu probieren.
»Wie sollen wir die Schnauze des Igels am Körper anbringen?«
→ Die Fachkraft stellt Fragen, die auf ein Problem verweisen.
»Nina will den Igel auf beiden Seiten bemalen.«
→ Die Fachkraft greift Ideen und Einwände der Kinder auf bzw. das, was Kinder getan haben.
»Wie hast du denn das Auge befestigen können?«
→ Die Fachkraft bestätigt das Tun der Kinder.
»Damit die Stacheln gut halten, solltest du die Klammer benutzen.«
→ Die Fachkraft gibt Tipps.
»Wie könnten wir das Material so aufteilen, dass jeder die Prickelnadel nutzen kann?«
→ Die Fachkraft fragt Kinder bei Problemen.

4. *Phase der Ko-Konstruktion:*
→ Die Fachkraft und das Kind tauschen sich aus, stellen gemeinsam Fragen, suchen gemeinsam nach Antworten und ergänzen sich gegenseitig.
A: Wie kann ich die Beine des Igels an das Papier anbringen?
B: Meinst du, ankleben funktioniert?
A: Dann kann man die Beine aber nicht bewegen.

B: Das stimmt.
A: Vielleicht sollte ich doch die Klammer benutzen?
B: Wäre das besser?
A: Der Igel muss doch seine Beine bewegen können, sonst kann er nicht gut laufen.
B: Das stimmt. Mit der Klammer kann man die Beine dann auch bewegen.
A: Ich glaube, mit der Prickelnadel kann man ein Loch ins Papier machen.
B: Und dann da die Klammern reinstecken.

5. Abschluss
→ Dialoge können enden, wenn das Kind das Interesse verliert, etwas anders machen möchte oder auch, weil das Problem gelöst wurde.
A: »Jetzt ist der Igel fertig und die Beine können sich super bewegen.«
B: »Stimmt.«

Die folgende beispielhafte Szene, die von Siraj und Asani (2015; eigene Übersetzung) herangezogen wird, um SST zu erläutern, zeigt nochmals eindrücklich, wie sich die Fachkraft auf die Themen der Kinder einlässt und keine vorgefertigten Lösungen anbietet.

Beispiel 2: Kinder spielen in einem Wasserbecken

Junge (der verschiedene auf dem Wasser schwimmende Gegenstände beobachtet hat): Schau dir den Tannenzapfen an. Es kommen Luftblasen heraus.
Fachkraft: Er dreht sich im Kreis.
Junge: Das liegt daran, dass er Luft in sich hat.
Fachkraft (nimmt den Tannenzapfen in die Hand und zeigt den Kindern, wie sich die Schuppen spiralförmig um den Tannenzapfen drehen): Wenn die Luftblasen kommen, dreht sich der Tannenzapfen um.
Mädchen (pustet mit einem Plastikröhrchen ins Wasser): Schau, Luftblasen.
Fachkraft: Was pustest du ins Wasser, um Blasen zu erzeugen? Was kommt aus dem Rohr?
Mädchen: Luft.
(Dialog wird fortgesetzt)

Metakognitive Dialoge

Metakognition beinhaltet das Wissen und die Kontrolle über das eigene kognitive System und die Auseinandersetzungen mit den eigenen kognitiven Prinzipien, Gedanken, Einstellungen und Meinungen. Vor etwa 30 Jahren wurde der Begriff von John H. Flavell in die entwicklungspsychologische Forschung eingebracht (Pramling Samuelsson & Asplund Carlsson 2007). »Zur Metakognition gehört zum Beispiel systemisches Wissen, also dass ich selber weiß, wo die Stärken und Schwächen meines eigenen kognitiven Systems sind, beispielsweise, dass ich besser visuell als auditiv verarbeite.« (Hasselhorn 2005, S. 81) Darunter fällt auch das Wissen, wie man persönlich am besten lernt, oder es sind selbst praktizierte Strategien zum Auswendiglernen. Reflexionen über das Tun und Lernen unterstützen das Lernen. Metakognition kann als Motor des Lernens beschrieben werden, da man so erkennen kann, dass das, was man lernt und wie es gelernt wird, zwei unterschiedliche Aspekte des Lernens sind. Der Lernprozess selbst und das Ergebnis des Lernens werden fokussiert. Metakognitive Kompetenzen, wie etwas im Lernprozess vorhersagen zu können, kontrollieren zu können oder auch unter bestimmten Fragestellungen betrachten zu können, unterstützen dabei, effektive Lernprozesse anzustoßen.

Dass Lernprozesse im frühen Kindesalter durch metakognitive Dialoge unterstützt werden können, wird durchaus kritisch diskutiert. Schäfer etwa schränkt die Nützlichkeit des metakognitiven Dialogs für den Elementarbereich aufgrund des Entwicklungsstandes der Kinder ein, weil Metakognition auf bewusstseinsfähigen Korrelaten beruht, die darüber hinaus noch verbalisierungsfähig sein müssen (vgl. Schäfer in Neuß & Westerholdt 2010). Doch neuere Forschungsergebnisse weisen darauf hin, dass schon Kinder im Alter von drei Jahren in der Lage sind, metakognitive Kompetenzen in Form von Planen, Orientieren und Reflektieren zu zeigen (Siraj & Ansani 2015).

Pramling Samuelsson und Asplund Carlsson (2007) entwerfen ein kindliches Konzept der Metakognition. Im Kindesalter meint Metakognition demnach nicht das Wissen des Kindes über seine Kognition oder das Verständnis des Kindes für Lernstrategien. Es geht vielmehr darum, wie die Kinder ihren Lerngegenstand erleben und erklären und wie sie darauf blicken. Auf welche eigenen Strukturen können sie dafür zurückgreifen, in welche Erfahrungen ordnen sie den Lerngegenstand ein? Diese Fragen beziehen sich auf die Kinderperspektive der Metakognition. Kinder sollen lernen, wie man Probleme löst und wie man dafür erworbenes Wissen organisiert. Dafür sollten Kinder in der Lage sein, das eigene Lernen zu verfolgen und zu kontrollieren (Pramling Samuelsson & Asplund Carlsson 2007).

Demnach soll die Fachkraft in metakognitiven Dialogen das Ziel verfolgen, Kinder dabei zu unterstützen, die eigene Perspektive auf verschiedene Phänomene zum Ausdruck zu bringen. Darüber hinaus sollen die Kinder darin gefördert werden, ihr eigenes Lernen zu betrachten und zu reflektieren. Somit wird nicht nur der Lerngegenstand zum Thema des Dialogs, sondern auch der Lernprozess selbst (Pramling Samuelsson & Asplund Carlsson 2007). In metakognitiven Dialogen mit Kindern werden Kinder entsprechend dazu aufgefordert, »über das, was sie tun und warum sie bestimmte Dinge tun, nachzudenken, etwas, das normalerweise für selbstverständlich gehalten wird, z. B.:

- ›Wie kommt es, dass wir gestern x gemacht haben?
- Habt ihr etwas erfahren, was ihr vorher nicht gewusst habt?
- Wie hast du/habt ihr das herausbekommen?
- Kannst du/könnt ihr bis morgen noch mehr darüber in Erfahrung bringen?
- Wie würdet ihr vorgehen, um das, was ihr darüber gelernt habt, anderen Kindern beizubringen?«‹ (Pramling Samuelsson & Asplund Carlsson 2007, S. 85)

Damit wird das Gelernte zum Objekt der Kommunikation und die Kinder werden zum Denken, Reflektieren und Kommunizieren ihrer eigenen Gedanken angeregt. Den pädagogischen Fachkräften wird die Vielfalt und Variation kindlichen Denkens deutlich und dem Kind selbst wird das eigene Lernen bewusster. Metakognitive Dialoge sind keine allgemeinen Dialoge, sondern eine von der Fachkraft bewusst gesteuerte und zielgerichtete Interaktionsform.

Zwischenfazit

Das Kapitel 4 zeigt, dass Interaktionen eine zentrale Rolle für die Entwicklung und Bildung junger Kinder spielen. Sie können als ein Kernprinzip der didaktischen Unterstützung von Lernprozessen in Kindertageseinrichtungen gelten. Zahlreiche Befunde aus der Anthropologie, der Eltern-Kind-Forschung, der Entwicklungspsychologie, der Bindungsforschung und auch der Qualitätsforschung in Kindertageseinrichtungen unterstreichen diesen Eindruck.

Offen geblieben ist bislang aber, wie Interaktionen als didaktisches Kernprinzip in Kindertageseinrichtungen genutzt werden können. Das folgende Kapitel wird eine interaktionsorientierte Didaktik skizzieren und erkennen lassen, welche Spannungsfelder sich für das pädagogische Personal stellen und wie mit diesen umgegangen werden kann.

5 Skizzierung eines interaktionsorientierten Konzepts frühpädagogischer Didaktik

Nachdem in Kapitel 4 herausgearbeitet wurde, wie zentral Interaktionen für die Anregung des Lernens der Kinder sind, wie diese Interaktionen beschaffen sein sollen und welche Interaktionen sich bereits als lernförderlich erwiesen haben, soll in diesem Kapitel ein interaktionsorientiertes Konzept frühpädagogischer Didaktik skizziert werden. Kapitel 5 kann demnach als Synthese der bisherigen Ausführungen verstanden werden und will erste Überlegungen zu einem interaktionsorientierten Konzept frühpädagogischer Didaktik anstellen. Wo zeigen sich dafür theoretische Anschlüsse, welche didaktischen Modelle können herangezogen werden? Welche Schritte und Prinzipien sind dafür entscheidend und wie kann der Gegenstand einer solchen Didaktik beschrieben werden? Schließlich werden didaktische Spannungsfelder benannt, bevor didaktisches Handeln als professionelles Handeln charakterisiert wird.

5.1 Theoretische Hintergründe – Anschluss an didaktische Modelle

Aufbauend auf den bisherigen Überlegungen und Erkenntnissen kann festgehalten werden: Eine Didaktik der Frühpädagogik bietet einen Orientierungsrahmen für die Gestaltung von Lehr-/Lernsituationen mit Kindern im Alter vor dem Schuleintritt. Im besonderen Maße ist dabei das Wechselspiel zwischen Fachkräften als Lehrenden und Kindern als Lernenden zu betrachten, das durch Beziehung und Interaktion entsteht und nachhaltig die kindlichen Lern- und Bildungsprozesse bedingt. Dabei entspannt sich dieses interaktive Wechselspiel anhand eines Objekts, einer Situation, das bzw. die in Szenen der geteilten Aufmerksamkeit zum Lerngegenstand wird. Wie diese geteilte Aufmerksamkeit gestaltet, angeregt und in Interaktionen genutzt werden kann, ist zentrale Aufgabe einer Didaktik der Frühpädagogik.

Ein entsprechend interaktionsorientiertes Konzept frühpädagogischer Didaktik fußt dabei auf zwei theoretischen Rahmenmodellen der allgemeinen Didaktik: zum einen auf Modellen, die als Leitbegriffe die Interaktion und Kommunikation setzen, zum anderen auf Modellen, die den Konstruktivismus jeglichen didaktischen Überlegungen zugrunde legen.

1) Konstruktivistische Modelle

Im Sinne konstruktivistischer Modelle der Didaktik steht im Vordergrund, dass Wissen nicht vermittelt werden kann, sondern die Lernenden selbst neues Wissen konstruieren. Didaktisches Handeln zielt also vor allem darauf ab, Strukturen zu schaffen, sodass die Selbstorganisation der Lernenden unterstützt wird (Kron et al. 2014). Reich (2014), dessen Konzept einer inklusiven Didaktik bereits dargestellt wurde (▶ Kap. 3.3), prägt in diesem Zusammenhang die Idee eines *interaktionistischen Konstruktivismus*. Er geht davon aus, dass Lernende zunächst einen emotionalen Zugang zum Lerngegenstand als auch innere Anschlüsse dazu benötigen, also an Vorkenntnisse und Erfahrungen anschließen müssen, damit ein Lernprozess in Gang kommt (Reich 2014; 2019). Trifft dies zu, werden eigene Hypothesen zum Lerngegenstand gebildet, Erklärungen gesucht, Möglichkeiten wahrgenommen und über Voraussetzungen nachgedacht. Wichtig für das Lernen ist es daher, weder vorgefertigten Lösungen für ein erfahrenes Problem angeboten zu bekommen noch einfach andere Problemlösungen zu übernehmen, damit schnell eine Lösung erzielt wird. Schließlich werden durch Untersuchungen, Experimente und eigene Erfahrungen Wege zur Lösung gefunden und in die eigene Lebenswelt transferiert. Wesentlicher Schlüssel für Lernprozesse ist es dabei, dass eine Verbindung zur eigenen Alltagswelt hergestellt werden kann (Reich 2019, S. 21). Lernprozesse sind nicht Reaktionen auf Reize, sondern sie sind breit in der Lernumgebung und im Kontext, in den Kontakten und Interaktionen zu verorten. Entsprechend haben Beziehungen immer Vorrang, Kinder lernen vor allem von Bezugspersonen und sind von den Beziehungen, die ihnen angeboten werden, abhängig.

Lernen wird dabei durch vier Rahmenbedingungen beeinflusst: durch den Kontakt, die Orientierung, den Freiraum sowie die Selbstwirksamkeit. Im *Kontakt* zu den Lehrenden, zum Raum, zu den Gegenständen und auch zur kulturellen Situation und durch die Interaktionen damit wird das eigene Selbst konstruiert. »Kontakt ist der wesentliche Schlüssel zur Welterschließung, die die Türen öffnet, um eigene und selbstbestimmte Wege gehen zu können.« (Reich 2019, S. 15) Lernen erfordert *Orientierung*, also eine Klarheit darüber, was erwartet wird und wo Grenzen liegen. Das vermeidet eine Überforderung der Kinder, birgt aber auch die Gefahr, dass die Erwachsenen den Lernprozess zu sehr dominieren. Aufgabe ist es, eine gute Balance zu finden zwischen Grenzen und Regeln und dem Raum für das Lernen in Eigenzeit. Lernen benötigt entsprechend *Freiraum* für Wünsche, Erfahrungen und Erlebnisse des Kindes, die seine Kompetenzen herausfordern. Dieser Freiraum wird automatisch durch die anderen begrenzt, die zur selben Zeit ihren eigenen Freiraum beanspruchen. Als Lernziel kann die Selbstregulation sowie damit verbunden die *Selbstwirksamkeit* der Kinder formuliert werden. Dafür benötigen Kinder Zuwendung, Anregung und Anleitung sowie ein geeignetes Lernumfeld, um das allein zu bewältigen, was aus eigenen Kräften auch reguliert werden kann.

Reich (2008; 2019) geht dabei von drei unterschiedlichen Arten des Lernens aus. *Konstruktion* beschreibt den Prozess, dass dann am besten gelernt wird, wenn wir aus eigenen Beobachtungen und eigenem Erleben Hypothesen ableiten. So können die eigenen Erfahrungen selbstbestimmt in eigene Konstruktionen überführt werden. Die *Rekonstruktion* beschreibt hingegen, dass Lernen auch die Übernahme von

Konstruktionen, die andere bereits geleistet haben, bedeuten kann. Damit schließt Lernen an das bereits Vorhandene an, ohne dabei eine reine Reproduktion zu ermöglichen. Dafür werden die Inhalte nah an der Alltagswelt der Kinder ausgewählt, ohne sie zu überfordern. So werden Rekonstruktionen ermöglicht. Bei der *Dekonstruktion* werden eigene und fremde Konstruktionen aufgebrochen, sie werden verändert, neu gedacht und schaffen damit neues Wissen. Eine andere Perspektive auf bereits bestehenden Erklärungen von Phänomenen steht im Vordergrund. Dafür ist eine forschende und kritische Haltung bei den Lernenden wichtig. Ziel muss es sein, so viel Konstruktion wie möglich zuzulassen und den Lernenden größtmögliche Selbsttätigkeit und Selbstbestimmung einzuräumen, damit sie ihr eigenes Lernen umfassend verwirklichen können (Reich 2019).

2) Interaktionsmodelle

Wie in Kapitel 3 beschrieben (▶ Kap. 3.1), gibt es didaktische Modelle, die Interaktion bzw. Kommunikation als Leitbegriff setzen und insbesondere den interaktiven Prozess der Lehr-/Lernsituation hervorheben (Kron et al. 2014). Aus dieser Perspektive heraus vernachlässigen bildungs- bzw. lerntheoretische didaktische Modelle durch die Fokussierung auf die Frage nach den Inhalten und den Entscheidungsprozessen der Lehrperson zu sehr einen wichtigen Faktor: die Beziehungsseite der Lehr-/Lernsituation (Martin 2005). Lehr-/Lernprozesse sind in diesem Sinne soziale Prozesse, die durch Beziehungen geprägt sind und durch die Interaktionen von allen Beteiligten strukturiert werden.

Im Anschluss an den »symbolischen Interaktionismus« nach Mead (in Mollenhauer 1976) kann man festhalten, dass Interaktionen durch sprachliche Zeichen, eben Symbole, entstehen. Als Struktur einer Interaktion kann dabei skizziert werden: *A richtet mithilfe eines Symbols eine Erwartung an B und geht davon aus, dass B es verstehen wird. A erwartet eine Reaktion, eine Handlung von B, A antizipiert also, was B als Nächstes tun wird. Diese Antizipation gelingt überhaupt nur, weil A Symbole verwendet, von denen die Person ausgeht, dass B diese auch versteht. Die Symbole lösen also beim Sprechenden die gleiche Reaktion aus wie beim Hörenden. Die verwendeten Symbole als sprachliche Zeichen haben für mehrere Personen die gleiche Bedeutung. Infolgedessen kann B nun entsprechend antizipieren, wie zu reagieren ist usw.*

In den Individuen selbst findet sich ein kognitives Grundmuster menschlicher Interaktion, das reziproke Erwartungen sowie Antizipationen ermöglicht. Nur diese Antizipation und Wechselseitigkeit ermöglichen Interaktionen (vgl. ▶ Kap. 4.1). Kinder erwerben die für dieses Grundmuster notwendigen Symbole im Laufe der Zeit, Voraussetzung dafür ist, dass Interaktionen stattfinden, und auch, dass Kinder diese Symbole als relativ stabile soziale Struktur erleben. Entsprechend wichtig sind Interaktionen in gesellschaftlichen Gruppen, die Mead »verallgemeinernde Andere« nennt. Durch sie entsteht im Kind ein Zusammenhang von Orientierungen, die es mit der Gruppe teilt und durch die es sich zu dieser zugehörig fühlt. Beeinflusst wird der Erwerb der Orientierung und der Interaktionsmuster durch erzieherische Prozesse und dabei durch Interaktionspartner*innen, die als besonders bedeutsam und einflussreich (z. B. Eltern oder Pädagog*innen) wahrgenommen werden. In relativ stabilen Interaktionsmustern, die von der Situation unabhängig immer wieder erlebt werden, wird das Kind als Mitglied einer sozialen Gruppe bestimmt (soziale Identität) und auch in der Entwicklung seiner individuellen Identität beeinflusst. Der Prozess der Identitätsentwicklung beeinflusst wiederum, inwiefern Lernerfahrungen und -erwartungen darin integriert werden können (Mollenhauer 1976).

Entscheidend für die Entwicklung der kindlichen Identität, das zeigt dieser stark verkürzte Einblick in die Theorie von Mead, sind also die Beziehungen, in denen sich ein Kind befindet. »Die Lernspielräume, die sich dem Individuum eröffnen [sic] und die Richtung, die sein Lernen nehmen kann, müssen also im Kontext der Beziehungen interpretiert werden, in denen es sich bewegt bzw. sich zu bewegen gezwungen ist.« (Mollenhauer 1976, S. 100).

Mollenhauer (1976) greift diese Gedanken in seiner *pädagogischen Interaktionstheorie* auf. Aufbauend auf den Grundannahmen von Mead hält er fest, dass auch das pädagogische Geschehen als »Beziehungsphänomen« (Mollenhauer 1976, S. 101) bezeichnet werden muss, bei dem zu betrachten ist, inwieweit das Kind seine Interaktionsspielräume nutzen kann. In diesem Verständnis vollzieht sich jegliches pädagogische Handeln in Situationen, die durch soziale Beziehungen strukturiert werden. Entsprechend haben pädagogische Situationen einen kommunikativen Charakter, der sich über Symbole, also z. B. Sprache oder Gesten, zeigt. Diese pädagogischen, interaktiven Situationen auf der Mikroebene werden dabei durch ein umfassenderes soziales Feld, wie der Organisation, und auch durch gesellschaftliche Entwicklungen beeinflusst. Entscheidend an diesen Gedanken von Mollenhauer ist, dass nicht nur die Fachkräfte an der Entstehung einer pädagogischen Situation beteiligt sind, sondern dass durch diese Perspektive insbesondere die Kinder und das Wechselspiel zwischen ihnen und den Pädagog*innen in den Blick geraten. Die Unplanbarkeit und Dynamik von pädagogischen Interaktionen stellen für Mollenhauer (1976) die Möglichkeit dar, dass die Ideen und Bedürfnisse der Kinder als handelnde Subjekte als Impulse für die Gestaltung der Interaktion und Beziehung genutzt werden können.

Didaktische Modelle, die Kommunikation und Interaktion in den Mittelpunkt stellen, greifen diese Perspektive auf pädagogisches Handeln auf und lassen sie auch für die Gestaltung von Lehr-/Lernsituationen zentral werden. Der *handlungs- und situationsbezogene Ansatz* von Flechsig und Haller (1977) kann als ein Beispiel für ein didaktisches Modell angeführt werden, das auf die Besonderheit der Beziehung und Interaktion in Lehr-/Lernsituationen eingeht. Flechsig und Haller (in Kron et al. 2014) gehen davon aus, dass sich pädagogische Situationen als Phänomene kennzeichnen lassen, in denen mehrere Menschen in einem Handlungszusammenhang stehen. Für didaktisches Handeln als interaktives Handeln ist vor allem die Interaktion in kleinen Gruppen von Interesse. Eine Schulklasse bzw. größere Gruppe ist in diesem Sinne keine pädagogische Situation, sondern ein pädagogisches Feld, das die Situation beeinflusst. So fokussiert das didaktische Modell von Flechsig und Haller (1977) vor allem die Didaktik für Lehr-/Lernsituationen mit Einzelnen oder Kleingruppen. Im Anschluss an die Ebenen der Didaktik (vgl. ▶ Kap. 3.1) wird auch bei diesem didaktischen Modell davon ausgegangen, dass auf unterschiedlichen Ebenen didaktisch gehandelt wird. Flechsig und Haller (1977) unterscheiden dabei die Ebene der Rahmenbedingungen, der Lehrplan- und

Schulkonzepte, der Unterrichtskonzepte und die Mikroebene der Gestaltung von Lehr-/Lernsituationen. Um verantwortungsbewusst didaktisch zu handeln, benötigen die Pädagog*innen auf den unterschiedlichen Ebenen einen Handlungsspielraum, sodass das didaktische Modell von einer gewissen Offenheit geprägt ist. Dafür sind Kenntnisse über vielfältige Wege des Lernens (z. B. Lernen durch Tun, Lernen durch Spiel, Lernen durch Erkunden und Forschen, Lernen durch Lehren, Lernen mit Medien) Voraussetzung, damit ein offener, vielfältiger und handlungsbezogener Unterricht überhaupt möglich wird (Kron et al. 2014).

Das Modell von Flechsig und Haller findet aufgrund dieser Offenheit und der Orientierung an Interaktionen mit Einzelnen oder in der Kleingruppe auch in sozialpädagogischen Arbeitsfeldern Anklang (Kron et al. 2014). So entwickelte Martin (2005) darauf aufbauend ein Konzept einer sozialpädagogischen Didaktik, das u. a. den Verlauf des didaktischen Handelns als Prozess beschreibt. Für eine interaktionsorientierte Didaktik kann dieser Verlauf veranschaulichen, aus welchen einzelnen Phasen didaktisches Handeln besteht.

5.2 Verlauf einer interaktionsorientierten Didaktik

Die Beschreibung des Verlaufs didaktischen Handelns stellt die didaktischen Phasen der Analyse, Planung sowie Handlung und Auswertung von Lehr-/Lernsituationen in einen zeitlichen Bezug zueinander. Für die sozialpädagogische Didaktik greift Martin (2005) diesen Gedanken auf und erläutert, wie dieser für sozialpädagogische Handlungsfelder, und damit auch für das Handlungsfeld der Kindertageseinrichtung, spezifiziert werden kann. Für das didaktische Handeln in der Frühpädagogik ist dabei aus der Perspektive einer interaktionsorientierten Didaktik allerdings eine Erweiterung des Modells wichtig. Denn Martin (2005) beschreibt die einzelnen Phasen ausschließlich im Sinne einer didaktischen Vorbereitung und Planung »am Reißbrett«, also mit gewissem zeitlichem Vorlauf. Dabei räumt Martin (2005) zwar ein, dass jegliche Planung durch spontane Veränderungen der Situation kurzfristig verändert werden muss, für eine interaktionsorientierte Didaktik sind aber neben solchen Planungen vorab insbesondere auch alltägliche, spontane Situationen als Bildungsanlässe zu erkennen und zu nutzen. Denn wie deutlich wurde: In den alltäglichen Momenten lernen Kinder, aber es gilt, diese Erfahrungen durch Interaktion zu reflektieren und sie so als Lernerfahrung erkennbar werden zu lassen. Ein Lerngegenstand, auf den man die geteilte Aufmerksamkeit richtet, ergibt sich also oft spontan und völlig ungeplant. Das können z. B. Fragen eines Kindes im Garten der Einrichtung sein, Konfliktsituationen zwischen Kindern, Gespräche in der Peergruppe, die die Fachkraft beobachtet, oder Entdeckungen, die Kinder im Spiel machen. Diese Momente immer wieder als Lerngegenstand zu erkennen und durch Interaktion in eine geteilte Aufmerksamkeit mit dem Kind zu treten, ist eine wichtige Aufgabe der Fachkraft. Solche spontanen Interaktionsanlässe sind ebenso didaktisches Handeln, die in vergleichbaren Phasen ablaufen, wie sie auch Martin

(2005) formuliert. Allein das Zeitfenster ist in den Phasen der Analyse und der Planung in diesen spontanen Situationen ein anderes: Die Fachkraft trifft parallel und manchmal in wenigen Sekunden didaktische Entscheidungen, die für das Lernen in Interaktionen wichtig sind. Das folgende Ablaufschema verdeutlicht diese Unterschiede.

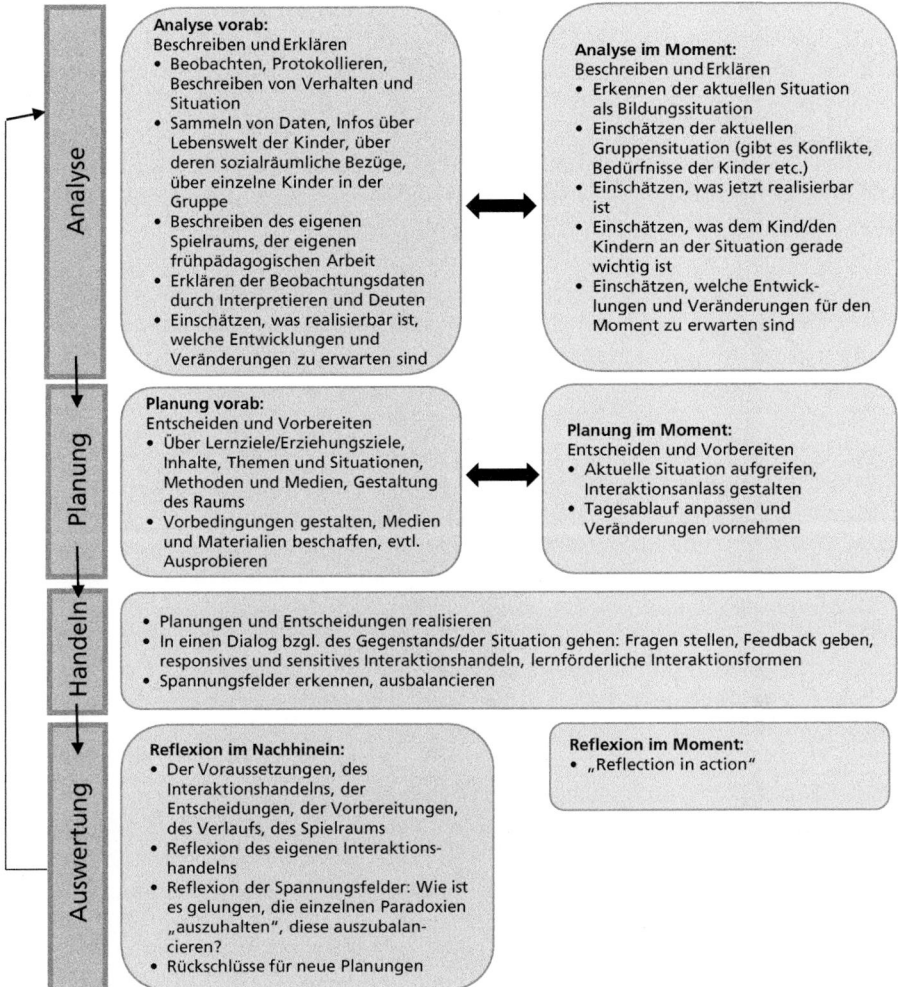

Abb. 7: Verlauf einer interaktionsorientierten Didaktik (angelehnt an Martin 2005)

Die Abbildung zeigt: Eine offene, an Interaktion orientierte Didaktik verlangt eine ebenso offene *Planung*, die insbesondere auf einer beobachtenden und interpretierenden *Analyse* der Situation beruht. Dabei ist zwischen zwei Situationen zu unterscheiden: Zum einen gibt es die Situation, in der die Fachkraft vorab analysieren kann und darauf aufbauend entsprechend plant. Zum anderen entstehen aber spontane Situationen, die angesichts der Besonderheiten kindlichen Lernens aufgegriffen werden sollten. Hier gilt es, in nur kurzer Zeit, manchmal innerhalb eines Dialogs mit einem Kind, entsprechend die Situation zu analysieren und zu planen, wie vorgegangen werden kann. Dabei bedingen sich die einzelnen Schritte gegenseitig. Eine Fachkraft, die regelmäßig die Situation der Kinder in der Gruppe analysiert und wahrnehmend beobachtet, wird auch »im Moment« auf eine tiefergehende und angemessenere Entscheidungsgrundlage zurückgreifen können.

Bei der *Reflexion* des didaktischen Handelns kann noch eine Besonderheit festgehalten werden: Wichtig ist, dass »im Nachhinein« über das eigene Handeln reflektiert wird. Diese Reflexion der didaktischen Situation sowie der Gestaltung der Lehr-/Lernsituation kann als selbstverständlicher Teil einer Reflexion verstanden werden, die als Teil der Professionalität zentral ist. Schon in den 1980er Jahren formulierte Donald B. Schön seine Leitfigur des »Reflective Practitioner« (Schön 1983), bei der Reflexivität konstitutiv für professionelles Handeln ist – neben dem Wissen, der Erfahrung oder auch der Berufsethik. Reflexion ermöglicht, dass Pädagog*innen im Team Situationen hinsichtlich der didaktischen Spannungsfelder, der Anforderungen sowie der individuellen Ausgangslagen der Kinder auch auf Widersprüche hin reflektieren. Dabei geraten auch eigene Anteile an den Widersprüchen und eigene Verstrickungen in den Blick. So entstehen Handlungsalternativen, welche von den Fachkräften aufgegriffen werden können, die damit ihr professionelles Handeln weiterentwickeln. Darüber hinaus ist aber gerade für das didaktische Handeln »im Moment« wichtig, dass ein Reflexionsprozess parallel zum Handeln abläuft. Schön (1983) nennt dies »reflection-in-action«, bei der die Pädagog*innen in einen reflexiven Dialog mit der Situation treten. Die herausfordernde Parallelität von Handeln und Reflexion kann dabei nur gelingen, wenn diese Prozesse wiederum auch in eine Reflexion »im Nachhinein« eingebunden sind.

Hervorzuheben ist aber: Auch wenn didaktische Entscheidungen sehr kurzfristig getroffen werden und unvorhersehbar sind, da sie eben auf interaktiven Situationen beruhen, sind diese dennoch als didaktisches Handeln zu begreifen. Mit Blick auf das alltägliche Lernen junger Kinder, dessen Situationsgebundenheit und Offenheit sowie Kreativität können diese Momente auch als Kern einer interaktionsorientierten Didaktik der Frühpädagogik betrachtet werden.

Entscheidend ist dabei, dass zwar anerkannt wird, dass alle Interaktionen grundsätzlich auch das Potential besitzen, eine Lernmöglichkeit für Kinder zu eröffnen, aber nicht der Anspruch bestehen kann, auch tatsächlich alle Interaktionen gezielt dafür zu nutzen. Angesichts der vielfältigen Aufgaben der pädagogischen Fachkräfte, der Vielzahl an Gesprächen und des komplexen Tagesablaufs ist es nicht möglich, alle Anlässe stets zu beobachten, zu erkennen und aufzugreifen. Eine permanente Überforderung und auch Frustration der pädagogischen Fachkräfte – und sicherlich auch der Kinder – wäre die Folge. In den Fokus sollten also wenige, ausgewählte Interaktionsmöglichkeiten gelangen und dabei das Bewusstsein der Relevanz für diese geschärft werden. Reflexionsgegenstand ist dann auch, welche Momente man aus unterschiedlichen Gründen nicht nutzen konnte, welche Momente als alltägliche und erfahrungsbezogenes Lernen ohne die Beteiligung von Erwachsenen beobachtbar werden und welche Grenzen sich tagtäglich für ein interaktionsorientiertes didaktisches Handeln ergeben (vgl. ► Kap. 5.4).

Der Ablauf des didaktischen Handelns auf den verschiedenen Ebenen ist in hohem Maße von den zugrundeliegenden didaktischen Prinzipien abhängig (vgl. ▶ Kap. 3.1). Für die Frühpädagogik konnten zusammenfassend bereits leitende didaktische Prinzipien als Quintessenz herausgearbeitet werden (vgl. ▶ Kap. 3.4). Diese werden nun nochmals für eine interaktionsorientierte Didaktik ausdifferenziert. Wenn Interaktion das Leitmotiv des didaktischen Handelns ist, was heißt das in Konsequenz für alle weiteren didaktischen Überlegungen?

5.3 Prinzipien einer interaktionsorientierten Didaktik

Es ist deutlich geworden, dass Prinzipien einer interaktionsorientierten Didaktik als grundlegende Orientierungen jeglichen didaktischen Handelns auf allen Ebenen durch konstruktivistische und interaktionistische Vorstellungen von Pädagogik und Didaktik geprägt sind. Dabei können die bereits oben formulierten Prinzipien (Kindorientierung, Gruppenorientierung, Beziehungsorientierung, Interaktionsorientierung, Alltäglichkeit und Gestaltung einer lernförderlichen Umgebung) als leitend betrachtet werden und so der Anschluss an didaktische Diskurse der Frühpädagogik hergestellt werden.

Eine interaktionsorientierte Didaktik setzt das Prinzip der Interaktionsorientierung in den Fokus jeglichen didaktischen Handelns. Es kann auch als Kernprinzip beschrieben werden. Dieses hat jedoch auch Konsequenzen für die oben beschriebenen weiteren Prinzipien, soll eine interaktionsorientierte Didaktik auch den spezifischen Besonderheiten des kindlichen Lernens im institutionellen Setting einer Kindertageseinrichtung gerecht werden. So werden im Folgenden die zentralen didaktischen Prinzipien aus Kapitel 3.4 nochmals aufgegriffen und für eine interaktionsorientierte Didaktik ausdifferenziert. Die Reihenfolge der Prinzipien stellt neben dem Kernprinzip der Interaktionsorientierung dabei keine Priorisierung dar, da diese alle gleichermaßen Bedeutung haben. Professionelle Herausforderung ist es dabei, beim didaktischen Handeln alle Prinzipien im Blick zu haben und je nach Kontext und Situation entsprechend auszubalancieren.

Didaktisches Kernprinzip: Interaktionsorientierung

Durch Interaktionen als Mittel für die Begleitung und Unterstützung kindlicher Lernprozesse gelingt eine »Didaktisierung der geteilten Aufmerksamkeit« (Drieschner 2011). Um nicht nur eine gemeinsame Wahrnehmung eines Gegenstands zu erreichen, sondern eine »Intersubjektivität« (Pramling-Samuelsson & Pramling 2017, S. 34), was eine Verständigung darüber meint, wie das Gegenüber einen Gegenstand wahrnimmt, sind eine Verbalisierung dieser eigenen Wahrnehmung und eine Aushandlung grundlegend. Das bedeutet, dass die Kinder dazu aufgefordert werden sollten, zu erläutern, wie sie diesen Gegenstand wahrnehmen, und auch die Fachkraft ihre Perspektive einbringen kann. Darüber hinaus gelingt es durch Interaktion, Kinder dabei zu unterstützen, Neues mit dem in Verbindung zu setzen, dass sie bereits kennen. So können Zusammenhänge erkennbar werden für die Kinder. Durch Interaktionen werden ein Austausch und die Reflexion über diese mit einem Gegenüber möglich. So durchzieht die Interaktion alle Phasen des didaktischen Handelns und ebenso die didaktischen Entscheidungen. Ziel muss es sein, Interaktionen zwischen Fachkräften und Kindern bestmöglich zu unterstützen, den Raum zu geben, der dafür notwendig ist, und die Rahmenbedingungen zu schaffen, die Fachkräfte und Kinder dafür benötigen.

Kindorientierung

Kindorientierung für eine interaktionsorientierte Didaktik auszudifferenzieren meint zunächst, dass das Interaktionsverhalten der Fachkraft an den Entwicklungs- und Lernprozessen des Kindes, an seinen Interessen sowie Bedürfnissen ausgerichtet ist. Somit ist die entscheidende Voraussetzung für die Kindorientierung, dass sich die Fachkraft responsiv und sensitiv gegenüber dem Kind verhält und dabei den Erfahrungsraum sowie die Lebenswelt über eine wahrnehmende Beobachtung zu verstehen versucht. Dies kann über Gespräche mit dem Kind geschehen, aber auch durch die Beobachtung der Aktivitäten des Kindes. Darüber hinaus gibt auch die Beobachtung der Körpersprache des Kindes Aufschluss über dessen Wohlbefinden und somit Hinweise auf Bedürfnisse und Interessen (Remsperger 2011). So kann es der Fachkraft gelingen, die Themen und Fragen des Kindes in alltäglichen Situationen im Tagesablauf zu erkennen und darauf einzugehen. Ziel ist es, durch Interaktionen die individuellen Lernerfahrungen gemeinsam mit dem Kind wahrzunehmen, sie zu reflektieren, Anschlussmöglichkeiten an bereits bestehende Erfahrungen herzustellen und auch zu erweitern. Dabei ist das Kind aktive*r Teilnehmende*r an der Interaktion und kann sich mit den eigenen Ideen und Wünschen einbringen und erlebt so Teilhabe.

Gruppenorientierung

Die Variation und Vielfalt innerhalb der Gruppe werden den Kindern durch Interaktionen erst deutlich. Dabei sind Interaktionen zwischen Fachkräften und Kindern, aber auch unter den Kindern selbst bedeutsam. So können Auseinandersetzungen mit den Erfahrungen anderer Kinder in der Gruppe eröffnet und die Gruppe als Lernressource genutzt werden. Das Vergleichen und Reflektieren benötigt einen Austausch, den die Fachkraft möglichst oft in kleinen Gruppen oder auch zwischen den Kindern anregt und begleitet. Aktivitäten in der Gruppe zeichnen sich also im Sinne einer interaktionsorientierten Didaktik dadurch aus, dass Kinder möglichst oft die Denkweisen der anderen erfahren und sich darüber austauschen können. In der sprachlichen Bildung in Kindertageseinrichtungen wird in vereinzelten Projekten bereits versucht, die Peerinteraktionen gezielt zu nutzen, um die sprachliche Bildung der Kinder zu unterstützen. So konnten Lüdtke und Licandro (2017) in einem Forschungsprojekt mit mehrsprachig aufwachsenden Kindern zeigen, dass eine peer-basierte Sprachförderung dazu beitragen kann, die kindlichen Erzählfähigkeiten zu erweitern.

Beziehungsorientierung

Interaktionen sind Grundlage für das Entstehen einer vertrauensvollen und wertschätzenden Beziehung, die als Voraussetzung für Lernen und Bildung beschrieben werden kann. Eine solche Beziehung wird im Idealfall in der Eingewöhnungsphase aufgebaut, während der sich die Fachkraft sehr um das Kind bemüht, es kennenlernt und viele Interaktionen mit ihm gestaltet. Im besten Falle ist in dieser Phase eine vertrauensvolle Beziehung entstanden, die dem Kind Orientierung und Sicherheit bietet. Im Rahmen dieser Beziehungen können dann Interaktionen stattfinden, die Wissensstrukturen an Kindern vermitteln und diese dazu anregen, Neues auszuprobieren. Auf diese Weise können sich Kinder als selbstwirksam erleben, ohne die Sicherheit und Orientierung zu verlieren. Dementsprechend ist eine interaktionsorientierte Didaktik eine Beziehungsdidaktik. Zentrale Fragestellung bei allen didaktischen Entscheidungen ist also, wie und ob eine entsprechende Beziehung zwischen den Fachkräften und Kindern entwickelt werden kann.

Alltäglichkeit

Das Prinzip der Alltäglichkeit bezieht sich zum einen darauf, dass die Lebenswelten der Kinder Ausgangspunkt für das didaktische Handeln sind. Zum anderen sollen alltägliche Situationen, die Kinder erleben, als Lernsituation erkannt und aufgegriffen werden. Situationen, die als Bildungsmoment genutzt werden können, ergeben sich über den ganzen Tag verteilt und sind kaum planbar. Fachkräfte müssen die Fragen und Interessen der Kinder nicht nur systematisch beobachten und aufgreifen, sondern auch spontan und flexibel darauf reagieren. Sie können kaum vorhersehen, wann sich gute Möglichkeiten bieten, mit Kindern lernförderliche Dialoge zu führen. Dies zeigt sich insbesondere im vorgestellten Ablauf, wenn die didaktische Planung, Handlung und Reflexion »im Moment« ablaufen. Insbesondere bei der damit verbundenen Herausforderung, die Lernerfahrungen für Kinder »sichtbar« werden zu lassen, entfaltet eine interaktionsorientierte Didaktik Wirkkraft. Denn in Interaktionen, durch Kommunikation und in Beziehung kann es gelingen, die Lernerfahrungen zu verbalisieren und so in einen wechselseitigen Reflexionsprozess mit dem Kind bzw. mit den Kindern einzutreten. Interaktion ist das »Werkzeug«, um auf Lernerfahrungen Feedback zu erhalten, Variation zu verdeutlichen und in einen Austausch zu treten – dies auch innerhalb der Peergruppe.

Gestaltung einer lernförderlichen Umgebung

Auch eine interaktionsorientierte Didaktik beruht auf der Relevanz einer lernförderlichen Umgebung für alle didaktischen Entscheidungen. So braucht es eine

Lernumgebung, die besonders »interaktionsfreundlich« ist und sich durch ausreichend Zeit und Raum für Interaktionen mit einem Kind, mit einer kleinen Gruppe von Kindern oder auch zwischen den Kindern auszeichnet. Dafür sind auch räumliche Möglichkeiten notwendig, z. B., um die Gruppe zu teilen oder Kindern einen Rückzug für Peerinteraktion zu eröffnen. Ein entsprechend »choreographierter« Tagesablauf (Walter-Laager 2019) ist ebenso Voraussetzung, denn zum einen bedarf es einer flexiblen, offenen Gestaltung des Ablaufs, sodass unvorhergesehene Situationen auch als Lernanlässe genutzt werden können, zum anderen ist eine Balance zwischen stärker von Fachkräften angeleiteten Momenten und von den Kindern initiierten Momenten wichtig. Auf diese Weise wird sichergestellt, dass verschiedenste Themen unabhängig von den Kindern der Gruppe zum Lerngegenstand werden, allerdings immer mit Bezug zur Lebenswelt der Kinder. Gleichzeitig bleibt Raum, die Themen der Kinder aufzugreifen und in den Dialog zu treten. Um den Kindern den Raum für eigene Themen zu geben, sollten Räume und Materialien durch Zugänglichkeit die Möglichkeit der Eigeninitiative eröffnen. Darüber hinaus ist es entscheidend, die Orte und Erlebnisse, die Kinder in ihrem Lebensraum erfahren, zu thematisieren und Kindern die Möglichkeit zu geben, darüber anderen zu berichten.

5.4 Gegenstand einer interaktionsorientierten Didaktik

Wie oben erläutert (▶ Kap. 3.1), beschreibt den Gegenstand von Didaktik im Kern die Frage, wie Lehr-/Lernprozesse bestmöglich unterstützt werden können. Konkretisiert wird der Gegenstand einer Didaktik dann durch die oben erwähnten verschiedenen Fragestellungen, die, je nach leitender didaktischer Theorie, entsprechend beantwortet werden. Für eine interaktionsorientierte Didaktik der Frühpädagogik sind die folgenden Ausführungen ein Versuch, durch die Beantwortung der Fragen deren Gegenstand zu skizzieren (Meyer & Walter-Laager 2019; Walter-Laager 2019). Die beschriebenen Prinzipien einer interaktionsorientierten Didaktik sind dabei für jede Antwort leitend (▶ Abb. 1).

Wer soll lernen und warum?

Alle Kinder sollen täglich lernen und ihre Umgebung und ihr soziales Umfeld explorieren können. Exploration ist der erste Schritt, um etwas Neues lernen zu können. Dafür benötigen Kinder eine sichere Beziehung zu den Fachkräften und ein sicheres Umfeld, in dem sie sich trauen, Neues zu erkunden. Durch ein sensitives und lernförderliches Interaktionshandeln unterstützen die Fachkräfte die Kinder in ihrer Exploration. Dabei lernen auch die Fachkräfte täglich dazu, im Wechselspiel der Interaktion sind auch sie Ko-Konstrukteur*innen neuen Wissens.

Was soll gelernt werden?

Die Bildungspläne versuchen den Fachkräften eine Orientierung zu geben, welche Bildungsbereiche für Kinder vor dem Schuleintritt relevant sind. Entscheidend bei der Frage, was gelernt werden soll, sind vor allem aber die Lebenswelten und Themen der Kinder. Denn der Konstruktivismus zeigt, dass Lernen nur dann erfolgreich ist, wenn der Lerngegenstand anschlussfähig zu den bisherigen Erfahrungen und Erlebnissen der Kinder ist. Daher kann ein Curriculum, wie es die Bildungspläne ansatzweise formulieren, zwar hilfreich sein, um bestimmte Lerninhalte zu bestimmen und die Perspektive der Kinder zu erweitern, doch auch dabei ist die zentrale Aufgabe, eine Anschlussfähigkeit zur Lebenswelt der Kinder herzustellen. Ausgangspunkt bleiben die Interessen, Wünsche und Bedürfnisse der Kinder.

Wer soll Erziehungs- und Lehraufgaben übernehmen?

Kinder lernen mit anderen Kindern und Erwachsenen. Dazu bedarf es einer Beziehung und Interaktionen mit Erwachsenen, die sich durch Wertschätzung und Verlässlichkeit auszeichnen. Es bedarf Pädagog*innen, die Lernsituationen und die Kraft der Bildungsmomente im alltäglichen Ablauf erkennen und reflektieren.

Darüber hinaus lernen Kinder auch von anderen Kindern, also durch symmetrische Peerinteraktionen. Fachkräfte unterstützen und begleiten diesen Erfahrungsaustausch und ermöglichen so, dass Kinder die Denkweise anderer Kinder kennenlernen können.

Wann soll gelernt werden?

Kindliches Lernen findet nicht nur in geplanten Aktivitäten, sondern vor allem in großem Maße auch in alltäglichen Situationen statt, die zumeist gar nicht als Lernsituationen offensichtlich oder als solche geplant sind. So kann in jedem noch so »unwichtigen« Moment kindliches Lernen stattfinden. Dafür benötigen Kinder aber auch herausfordernde Situationen und einen anregenden Tagesablauf. Dabei darf es nicht Anspruch sein, alle Momente des kindlichen Erlebens allein unter dem Fokus des »Lernens« zu betrachten, und nicht alle Momente fordern die pädagogischen Fachkräfte dazu heraus, diese didaktisch zu begleiten. Es gilt, feinfühlig zu erkennen, wann eine bewusste Unterstützung des kindlichen Lernens sinnhaft ist, und natürlich auch, wann diese angesichts der Anforderungen, Aufgaben sowie zeitlichen Ressourcen der Fachkräfte überhaupt möglich ist.

Mit wem soll gelernt werden und wie soll dieses Zusammenleben gestaltet werden?

Kinder verbringen einen großen Teil ihres Tages in der Kindertageseinrichtung und erleben mit den Gleichaltrigen und den Erwachsenen eine Gemeinschaft. In dieser Gemeinschaft und insbesondere in der Peergruppe wird gemeinsam gelernt. Bildung ist Ergebnis von gemeinschaftlichen Prozessen, sie findet nicht isoliert statt. Kinder benötigen den Austausch, die Interaktion mit Erwachsenen und mit anderen Kindern, damit sie Lernanlässe aufgreifen und auch als diese reflektieren können.

Wo soll gelernt werden?

Die Kindertageseinrichtung ist Teil der subjektiven Lebenswelt der Kinder und damit neben der Familie Ort kindlicher Lern- und Bildungsprozesse. Als räumliche Umwelt wollen Kinder diese durch aktive Auseinandersetzung begreifen und verändern. Aus dieser Perspektive zielt das didaktische Handeln in Interaktionen darauf, die spezifischen räumlichen Aneignungsprozesse zu verstehen, zu rahmen und zu begleiten, sodass sich Kinder als selbstwirksam erleben. Die Kindertageseinrichtung als Lern- und Aneignungsraum sollte insbesondere so gestaltet sein, dass Interaktionen zwischen Peers und zwischen Kindern und Fachkräften unterstützt werden. So sind Nebenräume oder Rückzugsorte entscheidend, die Interaktionen in kleinere Gruppen und ungestörte Situationen während des Tagesablaufs ermöglichen. Darüber hinaus gilt es, die sozialräumlichen Begebenheiten in das didaktische Handeln einzubeziehen. Denn auch auf diesen Erfahrungsraum der Kinder kann Einfluss genommen werden.

Wie soll gelernt werden?

Durch einen intersubjektiven Austausch über Lerngegenstände lernen Kinder Neues. Die Kinder selbst treiben ihren Lernprozess voran, der von den Fachkräften unterstützt, angeregt und begleitet wird. Vorrang soll dabei konstruktives Lernen haben, also das Schaffen von neuen Verknüpfungen und eigenen Lösungswegen. Dafür benötigen Kinder einen Freiraum, in dem sie sich explorierend bewegen können. Instruktionen sind in diesem Sinne dann notwendig, wenn sie solche Konstruktionsprozesse anregen und unterstützen wollen. Zentrales Handwerkszeug sind lernförderliche und sensitive Interaktionen, die in allen didaktischen Praktiken eingesetzt werden können. Zudem ist wichtig, eine breite Methodenvielfalt auszuwählen (z. B. unterschiedliche Beteiligungsformen wie Gruppenspiele oder Gesprächsrunden, Methoden der Gruppenpädagogik, um die soziale Dynamik in der Gruppe zu lenken, oder auch unterschiedliche Methoden, um mit Kindern ins Gespräch zu kommen), um den heterogenen Lernwegen der Kinder gerecht zu werden.

Womit soll gelernt werden?

Die vielfältigen Lernwege der Kinder sollten durch ebenso vielfältige und herausfordernde Materialien unterstützt werden. Dabei sind auch alltägliche und natürliche Materialien, wie Haushaltsgegenstände, Steine, Erde, Wasser…, für Kinder interessante und lebensweltnahe Gegenstände.

Wozu soll gelernt werden?

Ziel des kindlichen Lernens ist Bildung – auch schon im frühkindlichen Bereich. Kinder sollen also in der Auseinandersetzung mit ihrer Umwelt in einer Gemeinschaft in der Lage sein, selbstbestimmt ihre Umgebung zu gestalten sowie alltägliche Herausforderungen zu meistern.

Die Beantwortung der Fragen zeigt, dass die Gestaltung einer interaktionsorientierten Didaktik eine komplexe Anforderung darstellt. Entsprechend können unterschiedliche Spannungsfelder identifiziert werden, die als Dilemmata keine eindeutigen Lösungen bei der Umsetzung einer solchen Didaktik bieten.

5.5 Spannungsfelder einer interaktionsorientierten Didaktik

Kindertageseinrichtungen gehören auf der einen Seite zur alltäglichen Lebenswelt von Kindern, sie sind Lebens- und Entwicklungsraum für Kinder und Orte ihres Aufwachsens. Auf der anderen Seite sind Kindertageseinrichtungen aber auch Orte der institutionalisierten Bildung und Erziehung, die von institutionellen Rahmenbedingungen begrenzt und von gesellschaftlichen Erwartungen an die Bildungsinstitution beeinflusst werden (Kasüschke 2016; Honig 2002). Kasüschke (2016, S. 121) geht davon aus, dass beide Paradigmen fest mit der Institution Kindertageseinrichtung verbunden sind »und es notwendig ist, ihre dialektische Verschränkung als pädagogische Aufgabe zu problematisieren.« Daraus ergeben sich Spannungsverhältnisse im didaktischen Handeln. Dies bewegen sich auf unterschiedlichen Ebenen, betreffen verschiedene Anforderungen und haben jedoch gemein, dass man sie als dilemmatisch oder auch als Paradoxien bezeichnen kann. Das bedeutet, dass es keine eindeutigen Richtlinien gibt, um die Spannungsfelder aufzulösen. Es gilt, die Spannung in Balance zu bringen und dabei immer wieder situativ zu entscheiden, welcher Aspekt gerade im Vordergrund steht und was in den Hintergrund rücken kann. Dabei gibt es keine »richtigen« oder »falschen« Handlungen, sondern entscheidend ist die reflexive Bearbeitung der Spannungsfelder und die Offenheit für Handlungsalternativen. Hervorgehoben werden können dabei die folgenden Spannungsfelder, die kurz skizziert werden.

Inhalte des Bildungsplans und Themen der Kinder

Bildungspläne, wie in Kapitel 2 beschrieben (▶ Kap. 2.1), geben vor, welche Inhalte aufgegriffen werden sollen, und setzen der Bildungsarbeit in den Einrichtungen Ziele. In den Bildungsplänen wird aber auch das Bild vom kompetenten und selbsttätigen Kind gezeichnet, welches dann lernt, wenn seine Interessen und Fragestellungen aufgegriffen werden. Hier zeigt sich ein didaktisches Dilemma in Kindertageseinrichtungen, das in der Frage »Was soll gelernt werden?« steckt. Inwiefern können Kindern Themen zugemutet werden, die möglicherweise nicht ihren Interessen entsprechen, im Bildungsplan aber thematisiert werden?

Neuß (2013, S. 17) problematisiert in diesem Zusammenhang, dass einerseits im Arbeitsfeld fest verankert ist, dass die Heterogenität der Kinder und ihre individuellen Lerntempos wertgeschätzt werden sollen. Der Fokus liegt auf der Ressourcenorientierung, nicht darauf, die Defizite eines Kindes wahrzunehmen. Auf der anderen Seite werden aber – nicht nur in den meisten Bildungsplänen – klare (gesellschaftliche) Homogenitätserwartungen formuliert, wie z. B. die Erwartungen von Eltern, Lehrkräften etc., welche Kompetenzen Kinder vor dem Schuleintritt erwerben sollen.

Die didaktische Herausforderung besteht also aus drei Aspekten:

1. Berücksichtigung heterogener Lernwege und homogener Outcomeerwartungen
2. Vermittlung kultureller Inhalte (z. B. Verhalten beim Essen, Verhalten in Konfliktsituationen) im Einklang mit den Interessen der Kinder
3. Motivation der Kinder, sich selbsttätig und interessiert mit den durch die Fachkräfte angebotenen Bildungsinhalten auseinanderzusetzen (Kasüschke 2016, S. 128)

Das sind Widersprüche in sich, die auch nicht einseitig aufgelöst werden können. Denn nach Leu (2004) sollte auch der Konsens, dass man den Eigenanteil der Kinder an ihren Bildungsprozessen anerkennt, nicht darüber hinwegtäuschen, dass die Erwachsenen die Aufgabe haben, Bildungsprozesse zu strukturieren und aktiv zu unterstützen.

Individuum und Gruppe

Die Gestaltung von gruppenpädagogischen Situationen ist Kern des professionellen Handelns pädagogischer Fachkräfte in Kindertageseinrichtungen. Umso erstaunlicher ist, dass dieses Handeln im breiten Diskurs kaum thematisiert wird und es an didaktischen Überlegungen zur Gestaltung von Gruppenprozessen weitgehend fehlt (Kasüschke 2016). Dabei bildet sich ein Spannungsverhältnis ab: Auf der einen Seite sollen Gruppenprozesse als Lernsituationen genutzt werden. Auf der anderen Seite soll eine maßgeschneiderte, individuelle Begleitung und Unterstützung kindlicher Bildungsprozesse ermöglicht werden. So soll das didaktische Handeln einerseits den individuellen Interaktionserwartungen einzelner Kinder gerecht werden und die Fachkraft in einen längeren Dialog treten können. Andererseits soll aber auch die Interaktion innerhalb der gesamten Gruppe angeregt werden und Lernanlässe sollen für die Gruppe gestaltet werden. Es wurde »bisher kaum geklärt, wie die individuellen Interessen von fünfundzwanzig Kita-Kindern zu einem gemeinsamen Gruppenangebot oder Thema führen. Wie werden die heterogenen Interessenslagen von vielen Kindern didaktisch gebündelt?« (Neuß 2013, S. 17)

Konstruktion und Instruktion

Zentrales Spannungsfeld einer Didaktik der Frühpädagogik ist es, eine Balance zwischen der kindlichen Selbstbildung und der Strukturierung durch die Erwachsenen zu finden. Betrachtet man die Interaktionen in Kindertageseinrichtungen genauer, so wie es König (2009) mittels einer Beobachtungsstudie getan hat, zeigt sich, dass die Fachkräfte den Kindern möglichst viel Freiraum gewähren wollen, um ihre Eigenaktivitäten nicht zu unterbrechen. Direkt zu instruieren, also Vorgaben und direkte Anregungen zu geben, wird häufig als Widerspruch zum heutigen Bild vom Kind als aktivem und kompetentem Akteur wahrgenommen. Dies kann aber dazu führen, dass sich die Fachkräfte häufig viel zu früh aus dem pädagogischen Prozess, der Interaktion mit dem Kind, zurückziehen. Folge davon ist, dass es kaum intensive Auseinandersetzungen über einen Lerngegenstand gibt und die Interaktionen zwischen Fachkraft und Kind beim Initiieren durch die Fachkraft (also z.B. Spielanregungen zu geben) oder auch beim Reagieren z.B. auf die Fragen der Kinder unvollständig bleiben. Dieses Fehlen einer intensiven Auseinandersetzung und intensiven lernförderlichen Interaktion wird in der angloamerikanischen Literatur als »early childhood error« (Bredekamp & Rosegrant 1992; Kontos 1999) bezeichnet.

Auch eine Studie von Smidt (2012), der in Kindergärten beobachtete, was einzelne Kinder während des Vormittags erleben, in welche Aktivitäten und Interaktionen sie eingebunden sind, stellt fest, dass sich die von ihm festgestellte unzureichende Qualität auch darauf zurückführen lässt, dass die Fachkräfte oft viel zu zurückhaltend sind. Sie unterstützen »die Kinder möglicherweise in zu geringem Ausmaß dabei [...], kognitiv herausfordernde Aktivitäten und Interaktionen entwicklungsadäquat zu erfahren« (Smidt 2012, S. 196).

Eine Analyse von internationalen Längsschnittstudien von Siraj-Blatchford (2007) verweist hingegen deutlich darauf, dass Kinder, die direkt bzw. strukturiert unterrichtet wurden, sich zwar kurzfristig besser entwickelten, langfristig betrachtet aber bei ihnen alle signifikanten Unterschiede innerhalb eines Jahres nach Beendigung des frühpädagogischen Angebots wieder verschwanden. Hier zeigt sich, so schlussfolgert Siraj-Blatchford, »dass zu formale Ansätze bei der Instruktion von Kleinkindern kontraproduktiv sind [...] und das kindliche Lernen behindern können. Zudem führen sie zu einem höheren Grad an Angst und zu weniger Selbstachtung.« (Siraj-Blatchford 2007, S. 111).

Wie viel kann bzw. soll die Fachkraft strukturieren und instruieren, ohne die Selbstbildung der Kinder zu behindern und so viel kindliche Konstruktion wie möglich zu erreichen? Dieses Spannungsverhältnis ist keineswegs eines, dass nur die Frühpädagogik beschäftigt. Auch in der Erwachsenenbildung beispielsweise wird damit gerungen, wie viel Instruktion die selbstorganisierten Lernprozesse des Erwachsenen unterstützen oder sie gar behindern und dem Prinzip der Subjektorientierung widersprechen (Kovacevic & Schelle 2017). Das mag tröstlich sein, denn hier zeigen sich Herausforderungen, die sich grundsätzlich stellen, wenn man von einem konstruktivistischen Verständnis von Lernen ausgeht.

Geplante Lernsequenzen und Lernen im Alltag

Die Pädagogik der frühen Kindheit in Deutschland folgt der Tradition, kind- und situationsorientiert zu sein und die Bildungsprozesse vorrangig alltagsintegriert zu fördern und zu unterstützen. Situationen, die als Bildungsmoment genutzt werden können, ergeben sich so über den ganzen Tag verteilt und sind kaum planbar. Fachkräfte müssen also die Fragen und Interessen der Kinder nicht nur systematisch beobachten und aufgreifen, sondern vor allem sehr spontan und flexibel dabei sein. Eine solche alltagsintegrierte Förderung scheint eine größere Praxisnähe und Flexibilität im Vorgehen zu versprechen (Petermann 2015). Als Gegensatz dazu werden oft Förderprogramme für Kindertageseinrichtungen genannt, die auf theoretisch formulierten Vorannahmen sowie einem ausgearbeiteten Fördermanual und Trainingskonzept beruhen. Beispiel sind Förderprogramme für die sprachliche (»Hören, Lauschen, Lernen«) oder die mathematische Bildung (»Zahlenland«). Dabei lösen die Kinder in Kleingruppen, angeleitet durch die Fachkraft, mittels eines bestimmten Vorgehens für einen Bildungsbereich Aufgaben und Herausforderungen. Durch den hohen Strukturierungsgrad der Förderprogramme wird die Lehrbarkeit und Erlernbarkeit des Vorgehens für die Fachkräfte erleichtert. Förderinhalte können sehr spezifisch ausgewählt werden und insgesamt sind die Lernsequenzen besser planbar und transparenter, da sie leichter dokumentiert werden können (Petermann 2015). Aber Förderprogramme schränken die Flexibilität und Kreativität ein und lassen dem Kind weniger Raum, selbst tätig zu werden. Zudem stellt sich die Frage, inwiefern die Inhalte der Förderprogramme tatsächlich die Interessen der Kinder aufgreifen, auf deren Erfahrungen aufbauen und somit für die kindlichen Lernprozesse Anschluss bieten. Belege dafür, dass kindliche Lernprozesse durch gezielte Förderprogramme besser unterstützt werden und nachhaltigere Effekte erzielen, gibt es kaum, wie das Beispiel der Sprachförderprogramme zeigt (Egert & Hopf 2016). Auf der einen Seite soll also bewusst und gezielt das kindliche Lernen unterstützt werden. Auf der anderen Seite aber soll im Alltag spontan und kreativ Bildungspotential erkannt und genutzt werden.

Zwischen Unterstützung und Optimierung – ein schmaler Grat

Das Aufwachsen der Kinder findet zunehmend in institutionellen Settings statt, schon früh besuchen Kinder etwa eine Krippe und halten sich auch immer länger in pädagogischen Institutionen auf. Die Institutionalisierung von Kindheit (Honig 2011) und der Ausbau der Kindertagesbetreuung sorgen dafür, dass Kinder insbesondere über ihre Bildungsprozesse und -möglichkeiten in diesen Institutionen in den Fokus geraten. Kinder werden als kompetente Akteur*innen beschrieben, die sich entwickeln und Bildungsziele erreichen sollen. Die Bildungsprozesse in der frühen Kindheit bekommen also eine erhöhte Aufmerksamkeit (Koch et al. 2018). Neumann (2014) spricht in diesem Zusammenhang auch von einer »Bildungskindheit«, Kinder werden also vor allem als Subjekte betrachtet, die sich bilden sollen. Pädagogische Fachkräfte, das zeigen Analysen von Weiterbildungen für Erzieher*innen, nehmen wahr, dass mit dem zunehmenden Anspruch an »Bildung« in den Einrichtungen eine Reform, ein Neuanfang im Arbeitsfeld einhergeht. Jedes einzelne Kind sei ein »Bildungskind«, und selbst der Mittagsschlaf wird als eine »Bildungsgelegenheit« beschrieben (Koch 2017, S.186). Bildung scheint das pädagogische Handeln in Kindertageseinrichtungen aufzuwerten und auch die Hoffnung auf eine höhere gesellschaftliche Anerkennung ist damit verbunden. Thematisiert wird von allen Akteur*innen auf unterschiedlichen Ebenen vorrangig, wie Kinder bestmöglich gefördert und unterstützt werden können, wie Fachkräfte mit welchem Handeln das Beste, das Optimum der Kinder »herausholen« können.

Das spiegelt sich auch in den Konzepten und Prinzipien des didaktischen Handelns wider, die aus dieser Perspektive als ein Beitrag zur Instrumentalisierung und Effektivierung kindlicher Entwicklung verstanden werden können (Honig 2015). Problematisch daran ist, dass in der Idee der Optimierung zum einen die Annahme steckt, dass offensichtlich das Bestehende nicht ausreicht, Kinder nicht »gut genug« scheinen. Zum anderen kann daraus ein enormer Druck auf die pädagogischen Fachkräfte abgeleitet werden, keine Bildungsmomente zu verpassen und jede Interaktion als Bildungsanlass zu nutzen. Denn, das dürfte in der bisherigen Skizzierung einer interaktionsorientierten Didaktik deutlich geworden sein: Kinder sind auf eine interaktive Begleitung ihrer Lern- und Entwicklungsprozesse, auf eine unterstützende sowie sensitive Interaktion mit einer Bezugsperson angewiesen.

Diese Spannung zwischen einer Optimierung von Kindheit und der situativ punktuellen notwendigen Unterstützung durch Bezugspersonen gilt es für pädagogische Fachkräfte immer wieder selbstkritisch zu reflektieren. Entscheidend dafür scheint es zu sein, einen ganzheitlichen Blick auf Kinder in ihrer Lebensumwelt sowie in der Gruppe der Gleichaltrigen zu bewahren und diese nicht isoliert bezogen auf deren Bildungsoutcomes zu betrachten. Bildungsmomente im pädagogischen Alltag können durchaus – aus der Perspektive der Fachkräfte – ungenutzt verstreichen. Denn die Orientierung an den Prinzipien einer interaktionsorientierten Didaktik schließen ein, dass sich solche Momente immer wieder ergeben werden, und lassen auch das Vertrauen auf die Selbstbildung eines Kindes wachsen.

Die beschriebenen Spannungsfelder lassen sich nicht einfach lösen – sie können, wie schon beschrieben, als Paradoxien beschrieben werden. Solche professionell zu bearbeiten, kann auch als ein Kern der Professionalität von Pädagog*innen beschrieben werden. So bleibt abschließend zu klären, inwiefern interaktionsorientiertes didaktisches Handeln in Bezug zu einem professionellen Handeln in Kindertageseinrichtungen steht.

5.6 Didaktisches Handeln als professionelles Handeln

Pädagogische Fachkräfte erhalten durch das SGB VIII den Auftrag, die Erziehung, Bildung und Betreuung der Kinder in Kindertageseinrichtungen zu unterstützen. Diese Aufgabe erfolgreich zu bewältigen, ist damit im weitesten Sinne ein Auftrag, den die Gesellschaft erteilt. Um sicherzustellen, dass dies den in den Kindertageseinrichtungen tätigen Personen gelingt, regelt das Gesetz auch, dass nur Fachkräfte diesen Auftrag ausführen dürfen. Daher müssen alle Personen, die in Kindertageseinrichtungen tätig werden wollen, eine Ausbildung durchlaufen und erwerben auf diese Weise notwendige Kompetenzen, um die Erziehung, Bildung und Betreuung von Kindern in Kindertageseinrichtungen zu gewährleisten. Durch den Abschluss der Ausbildung erwerben sie somit einerseits eine Lizenz in Form ihrer Qualifikation (z. B. zum/zur Erzieher*in), andererseits erhalten sie aber auch das Mandat von Seiten der Gesellschaft, die ihnen nun zutraut, die für Kinder, Eltern und Gesellschaft wichtige Aufgabe der Unterstützung der Lern- und Entwicklungsprozesse für die Kinder zu leisten.

Schütze (1992) verweist unter Bezug auf Hughes darauf, dass mit dieser Lizenz und dem Mandat nicht nur die Berechtigung einhergeht, die Aufgabe zu übernehmen, sondern auch eine Verpflichtung, sie bestmöglich zu bewältigen. Darüber hinaus wird durch das Mandat das Arbeitsfeld der Kindertageseinrichtung geprägt und Arbeitsweisen und Abläufe werden festgelegt. Diese zentrale Aufgabe für die Gesellschaft umfasst »wertvolle Dinge« (ebd., S. 141) und greift in die Lebenssphäre der Klient*innen, also Eltern und Kinder ein. Somit handelt es sich um eine Aufgabe, die professionelles Handeln erfordert. Denn von Professionellen darf erwartet werden, dass sie über die nötigen Kompetenzen verfügen, um im Interesse ihrer Klient*innen zu handeln und ihre eigenen Interessen hintenanzustellen.

Wichtiger noch als Mandat und Lizenz als Merkmale professionellen Handelns ist nach Schützes interaktionistischem professionstheoretischem Ansatz (1992, 1996) aber die Beschaffenheit des professionellen Handelns, das sich durch ein Handeln in Interaktionen auszeichnet. Demnach erfolgt jedes professionelle Handeln in Interaktionen, die sowohl von den Professionellen als auch von den Klient*innen – dem Kind oder den Eltern – beeinflusst werden können. Dadurch wird das Handeln der Professionellen von einer hohen Unsicherheit und Unplanbarkeit geprägt und erfordert gleichzeitig eine große Flexibilität. Weil der Erfolg aufgrund des Einflusses beider Parteien auf den Arbeitsprozess nicht garantiert werden kann, ist die Grundlage professionellen Handelns eine Vertrauensbasis zwischen Klient*innen und Professionellen.

Dies trifft auch auf die Situation in Kindertageseinrichtungen zu, in der Fachkräfte, Eltern und Kinder Vertrauen zueinander aufbauen müssen, um die Erziehung, Bildung und Betreuung des Kindes in der Institution sicherstellen zu können. Ohne Vertrauen in die Fachkräfte können Eltern ihre Kinder nur deutlich erschwert in einer Kindertageseinrichtung betreuen lassen und ohne ein Vertrauensverhältnis zwischen Fachkraft und Kindern fehlt den Kindern die Sicherheit, sich auf Anregungen einlassen zu können. Das interaktionistische Professionalitätsverständnis greift damit ein zentrales Moment auf, das auch in einer interaktionsorientierten Didaktik enthalten ist: Interaktionen als Mittel und zentrales Merkmal professionellen Handelns.

Neben dem Vertrauensverhältnis benötigt der*die professionell Handelnde weiterhin eine Orientierung an einer oder verschiedenen Wissenschaftsdisziplinen, die ein Spezialwissen bereitstellen, damit die Aufgabe, die der*die Professionelle zu bearbeiten hat, bewältigt werden kann (Schütze 1992, S. 135f.). Auf diese Weise kommt es zu einer Asymmetrie, weil die Eltern oder das Kind dieses Wissen nicht besitzen, allerdings darf der*die Professionelle sein bzw. ihr Wissen auch nicht missbrauchen. Dies würde das Vertrauensverhältnis gefährden, aber auch der Orientierung am Klient*innenwohl widersprechen, dem der*die Professionelle verpflichtet ist. Vor diesem Hintergrund ist auch ein Fallbezug notwendig, denn jede*r Klient*in/jedes Kind/jede Familie/jede Gruppe ist anders, daher müssen auch die Handlungen entsprechend auf diese ausgerichtet werden, um ihr Ziel zu erreichen.

Zuletzt weist Schütze (1992) darauf hin, dass es beim professionellen Handeln immer wieder auch zu Paradoxien kommt, d.h. »Schwierigkeiten und Dilemmata im Arbeitsablauf, die nicht aufhebbar und nicht umgehbar sind, in die sich der Professionelle mit Notwendigkeit verstrickt« (ebd., S. 137). Schütze weist damit darauf hin, wie anspruchsvoll professionelles Handeln in Interaktionen ist. Gerade der Anspruch, die Arbeit am Klient*innenwohl bzw. dem Wohl des Kindes auszurichten, zeigt, dass dies in einer Institution, die in Gruppen organisiert ist, nicht immer möglich sein wird. Gerade das didaktische Handeln weist verschiedene Spannungsfelder auf (z.B. Kind-Gruppe, selbstgesteuertes Lernen – geplantes Angebot, Interessen des Kindes – Berücksichtigung des Bildungsplans; vgl. ▶ Kap. 5.5). Es geht es darum, die verschiedenen Interessen und Bedürfnisse der Kinder auszubalancieren. Dabei wird deutlich, dass es immer wieder zu einer ungenügenden Berücksichtigung einer Seite kommen wird – steht die Gruppe im Fokus, können vielleicht nicht alle Kinder erreicht werden, ist es ein einzelnes Kind, sind die anderen Kinder ggf. nicht interessiert. Dieses Spannungsverhältnis gilt es laut Rabe-Kleberg (1996) auszuhalten und auszubalancieren und gehört zur pädagogischen Arbeit genuin dazu. Vor diesem Hintergrund fordert Rabe-Kleberg (1996) ein Übermaß an Kompetenzen der professionell handelnden Fachkraft, um auf die wenig planbaren Situationen angemessen reagieren zu können.

Wenn also die Aufgabe lautet, die Erziehung, Bildung und Betreuung der Kinder angemessen zu unterstützen, dann gehört hier auch eine didaktische Kompetenz der pädagogischen Fachkräfte dazu, damit die Lernprozesse der Kinder erfolgreich angeregt werden können. Diese erweist sich jedoch aufgrund der Spannungsfelder als sehr anspruchsvoll. Somit wird deutlich, dass professionell handelnde Pädagog*innen die Aufgabe haben, in Institutionen gezielt Lerngelegenheiten zu schaffen, und in der Lage sind, diese zu erkennen und zu gestalten. Die große Schwierigkeit besteht dabei darin, sowohl dem einzelnen Kind als auch der Gruppe gerecht zu werden, immer am Klient*innenwohl orientiert zu sein und nicht zu verbergen, dass ein Erfolg nicht garantiert werden kann.

Die Pflicht der professionell handelnden Pädagog*innen liegt also darin, sich zunächst die Kompetenzen anzueignen, die notwendig sind, um die Aufgabe erledigen zu können. Pädagogische Professionalität kann in diesem Kontext auch als Qualität beschrieben werden, die sich in den Interaktionen der Pädagog*innen zeigt (siehe auch Nittel 2004). Um diese Professionalität zu erlangen, ist sowohl umfassendes (fach-)wissenschaftliches Wissen über relevante Bildungsbereiche, über die Entwicklung der Kinder, aber auch über die Anregung des Lernens (Didaktik) notwendig, als auch Erfahrungswissen, dass helfen kann, Abläufe schnell zu erfassen und wiederkehrende Routinen zu nutzen. Aber auch der Bezug auf den Einzelfall oder die Gruppe ist ein Merkmal professionellen Handelns (Schütze 1992), denn professionelles Handeln ist ja gerade kein Rezept oder Routine, sondern muss immer an das jeweilige Kind, die jeweiligen Kinder und den Kontext angepasst werden. Vor diesem Hintergrund sind auch die Reflexion der Angemessenheit des Handelns und stete Überprüfung von Routinen und Verfahren eine Aufgabe der professionell Handelnden, um sicher zu gehen, dass das Ziel des Handelns erreicht werden kann.

Eine interaktionsorientierte Didaktik kann somit gut an ein interaktionistisches Professionalitätsverständnis anschließen, zumal deutlich wird, dass pädagogisches Handeln immer in Interaktionen stattfindet und Didaktik hier einen Kern der Aufgabe ausmacht. Didaktisches Handeln ist also professionelles Handeln, wenn es sich auf (fach-)wissenschaftliche Erkenntnisse bezieht, Erfahrungen sowie der »Fall« (das Kind, die Gruppe) und der Kontext berücksichtigt werden, Reflexion beinhaltet und immer wieder die Paradoxien des didaktischen Handelns berücksichtigt, analysiert und an die Didaktik anpasst werden. Es könnte sogar als »Herz« des professionellen Handelns betrachtet werden, denn wenn die Aufgabe frühpädagogischer Fachkräfte die Erziehung, Bildung und Betreuung ist und Erziehung als Aufforderung an die Fachkräfte verstanden wird, Kindern Bildung zu ermöglichen und somit Lernprozesse anzuregen, dann ist das der Kern dessen, was pädagogische Fachkräfte in Kindertageseinrichtungen leisten sollen.

 Zwischenfazit

Deutlich geworden ist, dass eine interaktionsorientierte Didaktik eine anspruchsvolle Aufgabe ist, die hohe Anforderungen an das pädagogische Personal stellt. Sie kann bei den Fach- und Ergänzungskräften nicht einfach vorausgesetzt werden, sondern deren Anbahnung und Einübung ist eine zentrale Aufgabe der Aus- und Weiterbildung. Darüber hinaus wurde hervorgehoben, dass eine interaktionsorientierte Didaktik an eine Vorstellung von Professionalität anschließen kann, die Interaktionen als zentral für pädagogisches, professionelles Handeln ansieht. Somit kann eine interaktionsorientierte Didaktik als Teil eines professionellen, pädagogischen Handelns verstanden werden, das u. a. das Ziel verfolgt, die Lernprozesse der Kinder anzuregen. Auch wenn die vergangenen Kapitel gezeigt haben, dass eine solche Didaktik keine grundsätzlich anderen Kompetenzen als bislang beschrieben vom pädagogischen Personal erfordert, ist doch deutlich geworden, dass es einer spezifischen Schwerpunktsetzung in der Aus- und Weiterbildung bedarf. Darüber hinaus stellt sich die Frage, inwiefern eine Ausbildung ausreicht, um eine interaktionsorientierte Didaktik in der Praxis zu verankern. Diesen Fragestellungen geht das folgende Kapitel nach.

6 Didaktische Kompetenzen erwerben – Voraussetzungen in Aus- und Weiterbildung sowie in der pädagogischen Praxis

Die vorangegangenen Kapitel haben gezeigt, wie bedeutsam Interaktionen zwischen Fachkräften und Kindern für deren Entwicklung, Bildung und Erziehung und damit für das didaktische Handeln der Fachkräfte sind. Im letzten Abschnitt wurde zudem deutlich, dass die angemessene Gestaltung von Interaktionen ein Kennzeichen professionellen Handelns ist und welche Herausforderungen dieses Handeln an die Fachkräfte stellt. Vor diesem Hintergrund stellt sich die Frage, wie Fachkräfte auf das Handeln in Interaktionen vorbereitet werden (können), welches Wissen und welche Fertigkeiten sie dazu benötigen und welche spezifischen Kompetenzen für eine interaktionsorientierte Didaktik erforderlich sind.

Zunächst gilt es, den Kompetenzbegriff zu klären, bevor dann die Kompetenzentwicklung der Fachkräfte im Rahmen von Aus- und Weiterbildung sowie in der Praxis von Kindertageseinrichtungen dargestellt wird. Zuletzt werden unter Bezug auf die vorangegangenen Kapitel die notwendigen Kompetenzen einer interaktionsorientierten Didaktik herausgearbeitet und Empfehlungen gegeben, wie die Kompetenzanbahnung gestaltet werden sollte.

6.1 Kompetenzorientierung in der beruflichen Aus- und Weiterbildung frühpädagogischer Fachkräfte

Ganz gleich, auf welchem Qualifikationsniveau die Ausbildungen des pädagogischen Personals angesiedelt sind (Berufsfachschule, Fachschule oder Hochschule), benötigen die Fach- und Ergänzungskräfte grundlegende und spezifische Kompetenzen, um den Alltag in Kindertageseinrichtungen erfolgreich zu bewältigen und dem Auftrag der Bildung, Erziehung und Betreuung gerecht werden zu können. Was aber beschreibt der Begriff »Kompetenz« und wo liegt der Unterschied zu einer Qualifikation?

Kompetenzen beziehen sich auf das Vermögen eines Individuums, in konkreten Situationen zu handeln, und beinhalten damit weit mehr als nur Wissen. Kompetenz bezeichnet die »fachbezogene[n] und fachübergreifende[n] Fähigkeiten und Fertigkeiten zur Lösung bestimmter Probleme« (Tenorth & Tippelt 2012, S. 413). Der Kompetenzbegriff hat in den letzten Jahrzehnten vor allem im Bildungsbereich große Bedeutung erlangt. Bereits 1974 beschrieb der Deutsche Bildungsrat erstmals berufliche Kompetenzen in Abgrenzung zu Qualifikationen als »Fähigkeiten, Fertigkeiten, Wissensbestände und Einstellungen, die das umfassende fachliche und soziale Handeln des Einzelnen in einer berufsförmig organisierten Arbeit ermöglichen« (BIBB o. J.). Aber auch durch die politische Verwendung des Begriffs im Zuge der europäischen Lissabon-Strategie, der Bologna- oder Kopenhagen-Prozesse gewann der Begriff an Relevanz (siehe im Überblick Friederich & Schelle 2015). Diese Prozesse waren Ergebnis der Strategie der Europäischen Union, die europäischen Länder auch im Bereich des Bildungs- und Arbeitsmarkts zu vereinen. Durch den Bologna-Prozess sollten die Universitäten Hochschulabschlüsse entwickeln, die europaweit vergleichbar sind (Bachelor und Master), und der Kopenhagen Prozess verfolgte das gleiche Ziel für die berufliche Bildung. Der Bezug auf Kompetenzen soll dabei im Gegensatz zu Qualifikationen die Vergleichbarkeit von Bildungsabschlüssen erleichtern, weil nicht der Abschluss im Vordergrund steht, sondern das Vermögen jedes*r Einzelnen, Tätigkeiten aufgrund ihres bzw. seines Könnens auszuüben.

Kompetenz wird häufig in Fach-, Sozial- und Selbstkompetenz aufgesplittet (BIBB o. J.), um konkrete Wissensbestandteile und Fähigkeiten benennen zu können. Diese Systematik greift auch der Deutsche Qualifikationsrahmen (DQR) auf, der seit 2013 allen deutschen Qualifikationen Kompetenzniveaus zuordnet, die somit mit europäischen Abschlüssen vergleichbar werden. Gemäß des Kompetenzkonzepts des DQR werden Kompetenzen ausdifferenziert in Fach- und Personale Kompetenz, wobei sich die Fachkompetenz aus Wissen und Fertigkeiten zusammensetzt und die Personale Kompetenz aus Sozialkompetenz und Selbstständigkeit (BMBF & Sekretariat der Kultusministerkonferenz 2021[3]). Während Wissen und die Umsetzung des Wissens in konkrete Handlungen (Fertigkeiten) auch für das Erlangen einer beruflichen Qualifikation relevant sind, ist die Sozialkompetenz, die z. B. die kommunikativen Fähigkeiten oder die Zusammenarbeit mit anderen umfasst, eine weitere Facette des Kompetenzbegriffs. Die Reflexionskompetenz, die in »Selbständigkeit« beschrieben wird, komplettiert das Konstrukt der Kompetenzen.

Kompetenzen können also immer in Bestandteile zerlegt werden, aber abhängig vom zugrunde gelegten Kompetenzbegriff in unterschiedliche – wie am Beispiel des DQR gezeigt.

> »Kompetenzen stehen für eine Verbindung von niveaugestuftem, fachlichem Wissen, inhaltlichen und prozessbezogenen Fähigkeiten und Fertigkeiten und darüber hinausweisenden, über viele Fächer nutzbaren Erträgen des gegenstandsbezogenen und sozialen Lernens, einschließlich darauf bezogener Interessen, Bereitschaften, Haltungen und Einstellungen« (Reusser 2014, S. 327).

Für den frühpädagogischen Bereich hat das Kompetenzmodell von Fröhlich-Gildhoff, Nentwig-Gesemann und Pietsch (2011) zentrale Bedeutung erlangt, daher wird es im Folgenden kurz vorgestellt.

---

3 https://www.dqr.de/dqr/de/der-dqr/wie-ist-der-dqr-aufgebaut/wie-ist-der-dqr-aufgebaut_node.html (14.10.2021)

Das Kompetenzmodell nach Fröhlich-Gildhoff, Nentwig-Gesemann & Pietsch (2011)

Fröhlich-Gildhoff, Nentwig-Gesemann und Pietsch (2011) gehen davon aus, dass Kompetenz ein individuelles Vermögen ist, mit Handlungsanforderungen auf der Basis von Wissen, Fertigkeiten und Sozial- und Reflexionsfähigkeiten erfolgreich umzugehen. Diesen allgemeinen Kompetenzbegriff haben die Autor*innen für die Frühpädagogik weiterentwickelt. Ihr Kompetenzmodell hat weite Verbreitung gefunden, weil es Herausforderungen des pädagogischen Handelns aufgreift und sichtbar macht. Die Autor*innen stellen heraus, dass pädagogische Situationen Interaktionssituationen sind, die »hochkomplex und mehrdeutig sowie vielfach schlecht vorhersehbar« sind (Fröhlich-Gildhoff et al. 2011, S. 17). Daher ist die Vermittlung von Vorgehensweisen oder Handlungsanweisungen in der Pädagogik nicht zielführend, sondern die Fachkräfte benötigen übergreifende Kompetenzen, die flexibel in verschiedenen Interaktionssituationen genutzt werden können. Dabei unterscheiden Fröhlich-Gildhoff et al. (2011) zwischen einem sichtbaren und einem unsichtbaren Anteil an Kompetenz: Die Disposition bezeichnet den Teil der Kompetenz, der in der jeweiligen Person angelegt ist, also das grundsätzliche Potential, eine Herausforderung im beruflichen Alltag z. B. durch ein vorhandenes Wissen zu meistern. Dieser Teil wird aber nur dann sichtbar, wenn die Person entsprechend kompetent handelt. Diese Sichtbarkeit wird mit Performanz beschrieben und erst dann zeigt sich, inwiefern die Person tatsächlich über Kompetenzen verfügt, die notwendig sind, um eine bestimmte Interaktionssituation zu bewältigen. Das Modell macht auch deutlich, dass es nicht nur Wissen, Fertigkeiten und soziale Fähigkeiten sind, die sich im Handeln zeigen, sondern dass sich auch die professionelle Haltung der Fachkraft im Handeln widerspiegelt. So ist z. B. die Vorstellung der Fachkraft davon, was ein Kind ausmacht und welche Fähigkeiten es mitbringt (Bild vom Kind), ausschlaggebend dafür, wie mit dem Kind interagiert wird. Aber auch die Motivation sowie die Wahrnehmung und Analyse der Situation durch die Fachkraft sind wichtig für die daraus abgeleiteten Handlungsmöglichkeiten.

Weiterhin wird deutlich, dass es sich bei der Kompetenzentwicklung um einen zirkulären Prozess handelt: Ausgehend von den eigenen Kompetenzen wird eine Situation eingeschätzt und Handlungsmöglichkeiten werden erwogen, von denen eine ausgewählt und im Anschluss in die Tat umgesetzt wird. Erst im Anschluss kann die Fachkraft überprüfen, ob ihre Handlung ihr Ziel erreicht hat – im Modell wird dieser Schritt als Evaluation bezeichnet. Dazu ist eine Selbstreflexion notwendig, die den gesamten Prozess begleiten sollte und dazu führen kann, dass Fachkräfte z. B. ihr Wissen erweitern wollen, weil sie feststellen, dass ihr verfügbares Wissen für die erfolgreiche Bewältigung einer Situation nicht ausreicht. Die folgende Darstellung zeigt diese komplexen Zusammenhänge:

6.1 Kompetenzorientierung in der beruflichen Aus- und Weiterbildung

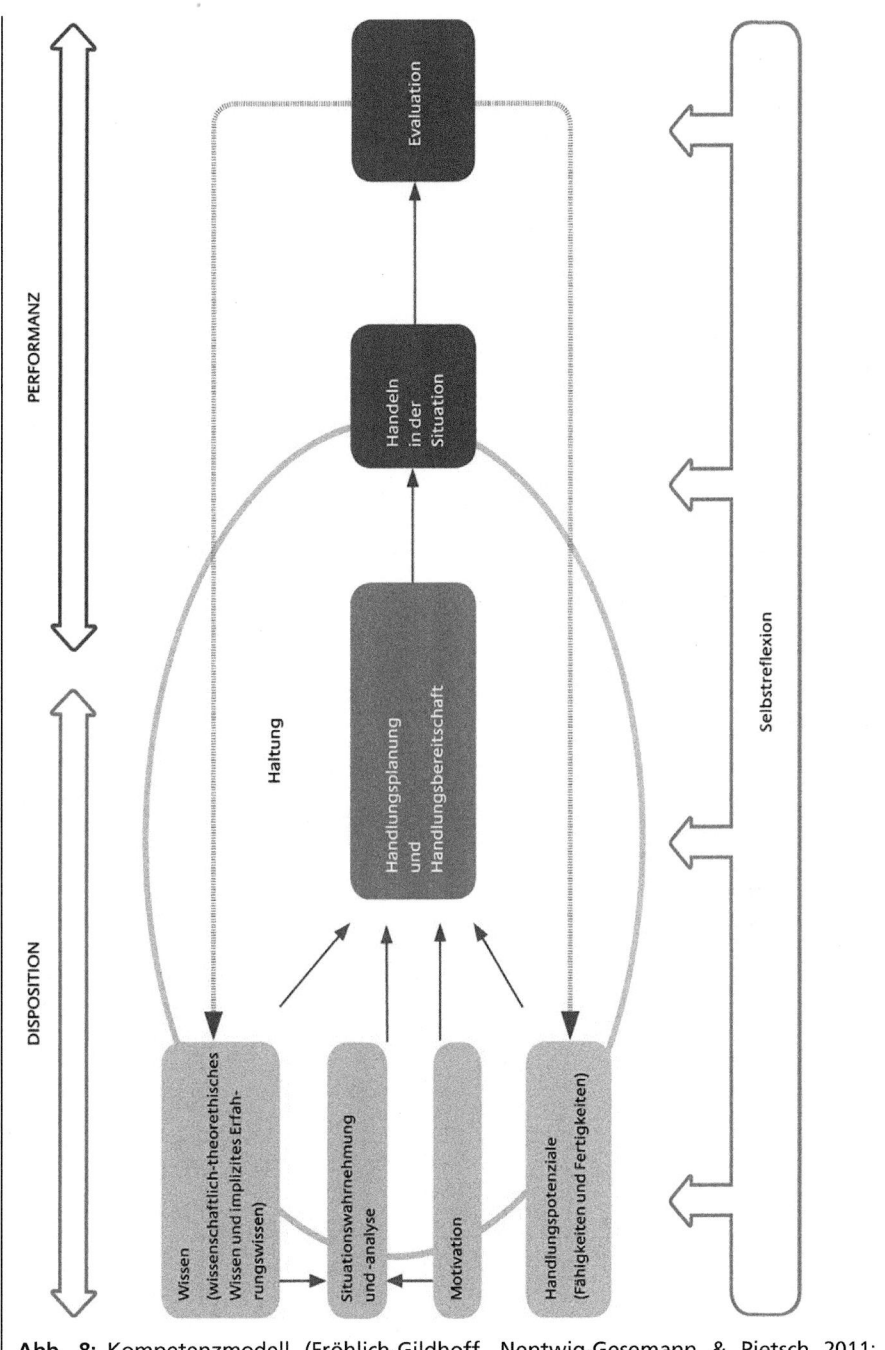

Abb. 8: Kompetenzmodell (Fröhlich-Gildhoff, Nentwig-Gesemann & Pietsch 2011: Kompetenzorientierung in der Qualifizierung frühpädagogischer Fachkräfte. Weiterbildungsinitiative Frühpädagogische Fachkräfte. WiFF Expertise, Band 19, S. 17)

Gerade im Bereich der beruflichen Bildung entfaltet das Kompetenzkonzept seine Stärke, da dort nicht nur kognitive Fähigkeiten und Fertigkeiten eine Rolle spielen, sondern auch emotionale oder soziale. Einzelne berufliche Kompetenzen können dann zu komplexen Kompetenzprofilen zusammengefasst werden, die das Berufsprofil einer Qualifikation beschreiben. Dabei handelt es sich um normative Festlegungen, da beschrieben wird, welche Kompetenzen idealerweise für die Ausübung einer konkreten Tätigkeit benötigt werden – tatsächlich könnten aber auch weitere dazu gehören. Der Kompetenzbegriff verweist darüber hinaus darauf, dass Kompetenzen immer mit einer Person verbunden sind. Während Qualifikationen personenunabhängig sind, können Kompetenzen nur individuell erworben, aber als individuumsübergreifende Anforderung verstanden werden (Frank & Iller 2013). Daher stellt sich die Frage, wie (berufliche) Kompetenzen erworben werden und wie dieser Erwerb unterstützt werden kann.

6.2 Der Kompetenzerwerb

Der Kompetenzerwerb ist ein komplexer Prozess, der von vielen Einflussfaktoren abhängig ist. Grundsätzlich liegen dem Kompetenzerwerb Lernprozesse zugrunde, daher wird er auch als nachhaltige Verhaltensänderung verstanden (Dehnbostel 2012).

Auch Erwachsene lernen, allerdings sind sie nicht mehr so unvoreingenommen wie Kinder. Gerade ein (sozial-)konstruktivistisches Verständnis vom Lernen verweist auf die Individualität von Lernprozessen und die Abhängigkeit zukünftiger Lernprozesse von bereits durchlaufenen.

> »Erwachsene haben im Laufe ihres Lebens durch die Vielzahl von Erfahrungen eine einzigartige Persönlichkeit ausgebildet, der ein spezifisches Set an Emotions-, Deutungs- und Handlungsmustern zugrunde liegt. Dieses ist weitaus strukturierter als beispielsweise bei Kindern, deren kognitive Schemata sich noch nicht in dem Maße ausdifferenziert haben« (Schüßler 2008, S. 2 f.).

Somit startet der Lernprozess der Erwachsenen an einem anderen Ausgangspunkt als der Lernprozess von Kindern, da das bereits vorhandene Wissen vor allem verändert und erweitert und weniger neu aufgebaut wird (Reich 2008).

Davon ausgehend können Kompetenzen nicht einfach gelehrt oder weitergegeben werden, da jede Person individuell und eigenständig durch die Auseinandersetzung mit Themen und Gegenständen zu einer Veränderung des vorhandenen Wissens oder erweiterten Fähigkeiten gelangt. Diese Auseinandersetzung kann durch Reflexion, aber auch durch das konkrete Einüben von Methoden oder Vorgehenswesen geschehen, es kann angeleitet oder selbstgesteuert erfolgen. Letztlich ist aber der*die Lernende für seinen*ihren Lernprozess weitgehend selbst verantwortlich und der Erfolg ist abhängig von Vorerfahrungen, Gefühlen und Einstellungen. Daher ist die Kompetenzentwicklung immer auch Persönlichkeitsentwicklung, denn die Kompetenzerweiterung bezieht sich nicht nur auf das berufliche Wissen und Fertigkeiten sowie reflexive und soziale Kompetenzen einer Person, sondern auf alle Wissens-, Fertigkeits- und Reflexionsbereiche, die in allen Interaktionen – und nicht nur beruflichen – zur Anwendung kommen. Berufliche Kompetenzen werden also zwar vorwiegend in der Aus- und Weiterbildung sowie in der Praxis erworben, darüber hinaus kann sich die Kompetenzentwicklung aber auch im privaten Bereich abspielen und für berufliche Zwecke genutzt werden. Lernprozesse sind nicht an einen bestimmten (Aus-)Bildungsort gebunden (siehe im Überblick Friederich & Schelle 2015). Diese Perspektive untermauern auch Studien, die davon ausgehen, dass »60–80 Prozent des Handlungswissens einer betrieblichen Fachkraft auf informellen Lernprozessen« basiert (Dehnbostel 2012, S. 17; hierzu auch Dohmen 2001).

Dieses ganzheitliche Verständnis von Lernen und Handlungsorientierung, die mit einer Orientierung an Kompetenzen einhergeht, stellt einen neuen Blick auf Lernprozesse dar, der auch in einer kompetenzorientierten Didaktik berücksichtigt werden muss.

6.2.1 Kompetenzorientierte Didaktik in Aus- und Weiterbildung

Um die Kompetenzentwicklung der (zukünftigen) Fachkräfte bestmöglich zu unterstützen, bedarf es für die formalen Settings, also für die Aus- und Weiterbildung, eine besondere Form der Didaktik, die sich an Kompetenzen orientiert und einen neuen Blick auf Lernprozesse einnimmt. Für eine solch kompetenzorientierte Didaktik haben Kovacevic und Schelle (o.J.) sechs Prinzipien herausgearbeitet:

- die Lernendenorientierung,
- die Outcomeorientierung,
- die Handlungsorientierung,
- Ganzheitlichkeit,
- Reflexionsorientierung und
- die Performanzorientierung.

Da Kompetenzentwicklung oder -erweiterung immer einen individuellen Lernprozess beinhalten, muss sich die Aus- oder Weiterbildung konsequent an den Lernenden und ihren Vorerfahrungen und Motivationen orientieren. Erste Forschungsbefunde aus dem Hochschulbereich zeigen, dass eine *Lernendenorientierung* der Lehrenden ein tiefergehendes Lernen und somit Lernen von höherer Qualität bei den Lernenden bewirkt. Grundsätzlich zeigen diese Studien, dass die Haltung der Lehrenden zum Lehr-Lern-Prozess das Lernergebnis beeinflussen, denn wenn die Lehrenden die Lernenden in den Mittelpunkt stellen und nicht das Wissen oder die Methode, erzielen sie bzw. die Lernenden bessere Lernergebnisse (Kovacevic & Schelle o.J.; Trigwell, Prosser & Waterhouse 1997). Somit stellt sich die Frage, welche Outcomes in einer Aus- oder Weiterbildung angebahnt werden sollen. Entsprechend spielt die *Outcomeorientierung* für die didaktische Gestaltung der Aus-

und Weiterbildung eine Rolle, da die Qualität einer Weiterbildung von der »Stimmigkeit« der Ziel-, Lehrgegenstands- und Methodenentscheidungen und von der konsequenten Umsetzung abhängt (Jank & Meyer 2014).

Um Impulse für eine Kompetenzentwicklung zu setzen, sollte in der Aus- und Weiterbildung darüber hinaus nicht nur Wissen und Können erworben, sondern ein konkreter Bezug zum Handeln in der Praxis hergestellt werden. Nur so wird der bzw. die Lernende die Relevanz des zu Lernenden erkennen und in Lernprozesse münden lassen. Hinzu kommt, dass erst beim Handeln deutlich wird, welche weiteren Kompetenzen neben den explizit thematisierten zur Umsetzung der Handlung notwendig sind, z. B. welche Rahmenbedingungen es braucht oder welches implizite Wissen bislang nicht thematisiert wurde. »Soll der Lerner anschließend über eine Handlungskompetenz verfügen, dann muss er diese Handlungskompetenz im Kurs so oft und so lange zeigen, bis er hinreichend Sicherheit auch für die Ernstsituation hat.« (Reischmann 2004, S. 12). Das bedeutet, dass die Aus- und Weiterbildung zwingend Raum für das Einüben und Ausprobieren geben muss, damit die Lernenden in idealtypischen Situationen Sicherheit gewinnen können, aber erst in der Praxis zeigt sich, ob sie auch unter diesen Bedingungen in der Lage sind, flexibel und fallorientiert zu handeln. Die *Handlungsorientierung* ist damit ein weiteres didaktisches Prinzip für kompetenzorientierte Aus- und Weiterbildung. Auch das Prinzip der *Ganzheitlichkeit* schließt hier an, da es um eine Verknüpfung von Wissen, Fertigkeiten, sozialen und Reflexionskompetenzen geht, um Handlungen in der Praxis erfolgreich gestalten zu können.

Mit der Handlungsorientierung und der Ganzheitlichkeit geht jedoch auch ein Problem einher: Handlungen können zwar geplant und durchgeführt werden, sie sind aber erst im Nachhinein beschreibbar, reflektierbar und für die Zukunft veränderbar. Gerade in Kindertageseinrichtungen können die Interaktionen zwischen Fachkräften und Kindern nicht im Detail geplant werden, da die Kinder das Geschehen mitbestimmen. Hinzu kommt, dass die Interaktionen spontan und flexibel sein müssen. Vor diesem Hintergrund gewinnt das didaktische Prinzip der *Reflexionsorientierung*, das für eine kompetenzorientierte Aus- und Weiterbildung zentral ist, an Bedeutung. In der Handlungssituation selbst können die Fachkräfte aufgrund der Flüchtigkeit und Schnelligkeit des Moments nur wenig reflektieren, sondern müssen schnell reagieren, sodass sie erst später ihre Handlungen grundlegend überdenken können. Auch aus lerntheoretischer Sicht ergibt eine Reflexionsorientierung in der Aus- und Weiterbildung Sinn. Schüßler (2008) weist darauf hin, dass »Differenzerfahrungen« in der Aus- und Weiterbildung dazu beitragen, eine nachhaltige Kompetenzentwicklung anzustoßen. Gerade der Kontrast zwischen »vertraute[n] Emotions-, Deutungs- und Handlungsmustern« (Schüßler 2008, S. 6) und neuen Perspektiven und Handlungsabläufen bewirkt bei Aus- und Weiterzubildenden Irritationen, die Lernprozesse auslösen können. Dazu ist es aber notwendig, dass die Person diese Irritation über Reflexion erkennt und als Ausgangspunkt für Entwicklung oder Veränderung bewertet (Kovacevic & Schelle o. J.). Teilnehmende einer kompetenzorientierten Aus- und Weiterbildung sollten aber nicht nur Differenzerfahrungen, sondern auch ihren eigenen Kompetenzentwicklungsprozess reflektieren. Sie erweitern damit ihre metakommunikativen Fähigkeiten, erkennen besser eigene Lernbarrieren und Lerntechniken und können den eigenen Entwicklungsprozess planen und organisieren (Siebert 2012). Das sind zentrale Voraussetzungen für einen selbstorganisierten Entwicklungsprozess, der für die Entwicklung von beruflichen Handlungskompetenzen die Basis darstellt (Kovacevic & Schelle o. J.). Die erweiterten Kompetenzen müssen sich letztlich auch in der Praxis und im Handeln zeigen (*Performanzorientierung*), erst dann kann eine kompetenzorientierte Aus- und Weiterbildung als erfolgreich bezeichnet werden. Sie muss daher so gestaltet werden, dass die dort angebahnten Kompetenzen in die pädagogische Praxis übertragbar werden, was durch eine theoretische und praktische Ausbildung sowie eine konsequenten Outcome- und Handlungsorientierung erreicht werden kann. Zusätzlich sind aber auch die Rahmenbedingungen in den Einrichtungen von besonderer Bedeutung, insbesondere die Strukturen, sowie die Einstellung der Leitung und des Teams. Denn gerade am Anfang ist die Akzeptanz neuer Handlungsweisen abhängig von der Bereitschaft der Leitung und des Teams, diese auszuprobieren und ggf. zu implementieren (Kovacevic & Schelle o. J., Reischmann 2004).

Damit ist deutlich geworden, dass bei der didaktischen Gestaltung einer kompetenzorientierten Aus- und Weiterbildung eine Reihe von Aspekten zu berücksichtigen sind, um die individuelle Kompetenzentwicklung der Fachkräfte bestmöglich zu unterstützen. Aus- und Weiterbildung sind die zentralen formalen Lernorte für Fachkräfte, an denen Kompetenzen gezielt und mit Unterstützung von Lehrenden angebahnt und erweitert werden. Während die Ausbildung für den Grundstock an Kompetenzen verantwortlich ist, die ein eigenständiges Handeln in der Praxis erst ermöglichen, setzt die Weiterbildung an diesem Grundstock an und bietet Weiterentwicklungsmöglichkeiten zu ausgewählten Bereichen.

6.2.2 Kompetenzerwerb in der Praxis

Mit Hinblick auf die Befunde, dass das meiste Handlungswissen in informellen Lernprozessen, also in der Praxis, erworben wird (Dehnbostel 2012, S. 17), ist die Praxis selbst wichtigster Ort für die Weiterentwicklung von beruflichen Kompetenzen. Dort sind die Fach- und Ergänzungskräfte direkt ins Geschehen eingebunden und können in der Interaktion mit den Kindern ihre Kompetenzen erweitern. Dabei erhalten sie direkt oder indirekt Rückmeldungen von den Kindern auf ihre Handlungen, aber auch von ihren Kolleg*innen. Denn die verschiedenen Fach- und Ergänzungskräfte beobachten ihre Kolleg*innen oder erhalten Rückmeldungen von Fachberatungen oder Leitungen und lernen auf diese Weise dazu. Dazu benötigen sie jedoch die Chance, die Kindertageseinrichtung als Lernort zu nutzen. Gerade den Leitungen kommt dabei eine zentrale Rolle zu, da sie als Verantwortliche Lernprozesse gezielt unterstützen können, indem sie z. B. Teamgespräche für Reflexionen nutzen und ein positives Arbeitsklima herstellen können, in dem es möglich ist, sich wertschätzend zu kritisieren und reflektieren. Schmidt-Hertha (2018) stellt fest,

> »dass gerade Erwachsene einen großen Teil ihres Wissens, ihrer Fähigkeiten und Kompetenzen außerhalb organisierter Lehr-Lern-Situationen aufbauen. Fragt man also nach Orten und Gelegenheiten, die Erwachsene für Lern- und Bildungsprozesse nutzen, so sind ins-

besondere auch der Arbeitsplatz sowie die Bereiche Freizeit und Ehrenamt in den Blick zu nehmen« (ebd., S. 837).

Somit besteht auch die Chance, die Kindertageseinrichtung als Lernort der dort tätigen Fachkräfte anzuerkennen und Rahmenbedingungen zu schaffen, die das Lernen vor Ort unterstützen, z. B. indem regelmäßige Weiterbildungen ermöglicht werden, die im Team vorab, aber auch danach besprochen werden und deren Ergebnisse gemeinsam in die Praxis umgesetzt werden. Aber auch regelmäßig stattfindende Reflexionsrunden zum Beispiel in Form von Fallgesprächen können die Kompetenzentwicklung unterstützen, da sie die Möglichkeit bieten, das eigene Handeln und das der Kolleg*innen zu analysieren und mit Wissen und Praxiserfahrungen in Verbindung zu bringen. Diese Form der Personalentwicklung wäre eine Chance, die Kindertageseinrichtung auch für Fach- und Ergänzungskräfte zu einem Lernort zu machen, der nachhaltig die Kompetenzerweiterung unterstützt.

Empirische Befunde stützen diese Chancen etwa für Entwicklung didaktischer Kompetenzen: So zeigt Boll in ihrer Studie, dass sich die Anzahl der Berufsjahre positiv auf das didaktische Wissen und Handeln der Fachkräfte auswirkt (Boll 2020), allerdings relativiert Thole (2008), dass »der Werkzeugkasten, den die Ausbildung ›untertheoretisiert‹ in Form von methodischen und didaktischen Utensilien anbietet« auch von den Fachkräften als nicht ausreichend bewertet wird (ebd., S. 281).

Nachdem deutlich geworden ist, wie der Kompetenzerwerb erfolgt und in Aus-, Weiterbildung und Praxis unterstützt werden kann, stellt sich nun die Frage, welche Kompetenzen die frühpädagogischen Fach- und Ergänzungskräfte in ihren Ausbildungsgängen erwerben und welche Rolle Didaktik dabei spielt. Aufgrund der schlechten Literaturlage zur didaktischen Ausbildung von Fach- und Ergänzungskräften ist dazu ein Blick in die Ausbildungsverordnungen notwendig.

6.3 Anbahnung didaktischer Kompetenzen in den unterschiedlichen frühpädagogischen Ausbildungsgängen sowie im Rahmen von Weiterbildung

In Kindertageseinrichtungen sind neben den mehrheitlich vertretenen Erzieher*innen als einschlägiges Personal auch Kinderpfleger*innen, Sozialassistent*innen sowie Sozial- und Kindheitspädagog*innen tätig (vgl. Autorengruppe Fachkräftebarometer 2021). Grundsätzlich lassen sich damit drei verschiedene Qualifizierungsebenen unterscheiden: die Berufsfachschule, die Fachschule und die Hochschule/Universität. Diese Ebenen verfolgen unterschiedliche Zielsetzungen im Hinblick auf die Ausbildung der jeweiligen Berufsgruppe, die sich auch in der didaktischen Ausbildung des Personals niederschlägt.

6.3.1 Die Ausbildung zum*r Erzieher*in

Da 65% der Fachkräfte in Kindertageseinrichtungen Erzieher*innen sind (Autorengruppe Fachkräftebarometer 2021, S. 35), ist die Ausbildung an den Fachschulen besonders relevant für die Gestaltung der Praxis in den Einrichtungen. Die Ausbildung ist als Breitbandausbildung angelegt und qualifiziert damit nicht nur für das Arbeitsfeld der Kindertageseinrichtung, sondern auch für andere Bereiche der Kinder- und Jugendhilfe (Cloos 2016). Bereits die Anlage der Ausbildung als Breitbandausbildung verweist somit darauf, dass Kindertageseinrichtungen und die dort stattfindende Bildung, Erziehung und Betreuung nur einer von mehreren Ausbildungsbereichen ist. Vor diesem Hintergrund stellt sich die Frage, welchen Stellenwert eine frühpädagogische Didaktik im Rahmen der Ausbildung an Fachschulen überhaupt einnimmt.

Aufgabe der zukünftigen Erzieher*innen ist es laut dem Kompetenzorientierten Qualifikationsprofil für die Ausbildung von Erzieherinnen und Erziehern an Fachschulen und Fachakademien der KMK (2017), »die Entwicklung von Mädchen und Jungen zu eigenverantwortlichen und gemeinschaftsfähigen Persönlichkeiten auf der Grundlage der Bildungspläne der Länder« (ebd., S. 5) zu unterstützen. Aufgrund der generalistisch angelegten Ausbildung sollen sie in der Lage sein, dies für Kinder, Jugendliche und junge Erwachsene bis 27 Jahren zu leisten (KMK 2020b). Untersuchungen zur sozio-emotionalen Interaktionsqualität in erweiterten altersgemischten Gruppen haben gezeigt, dass es dort nur schwer gelingt, eine hohe Qualität zu erzielen. Ein Grund dafür sind die unterschiedlichen Bedürfnisse der Kinder mit einer großen Altersspanne (Sommer & Sechtig 2016; Linberg & Burkhardt 2020). Gerade jüngere Kinder haben andere Bedürfnisse als ältere Kinder, die es als Basis für Bildung zunächst zu befriedigen gilt, um den Beziehungsaufbau und -erhalt nicht zu gefährden. Darüber hinaus sollen die Fachkräfte anregende Lerngelegenheiten für die Kinder gestalten – inwiefern diese als anregend empfunden werden, hängt jedoch stark von den Vorerfahrungen der Kinder ab, die sich abhängig vom Alter deutlich voneinander unterscheiden dürften. Somit ist die Anregung von Lernprozessen nicht altersunabhängig und muss an den jeweiligen Entwicklungsstand sowie an die individuellen Interessen der Kinder angepasst werden. Mit einer generalistisch angelegten Ausbildung kann jedoch nicht mit Sicherheit davon ausgegangen werden, dass eine spezifische Vorbereitung auf die Anregung von Lernprozessen für junge Kinder in der Tiefe erfolgt.

Die Ausbildung an Fachschulen folgt drei zentralen Prinzipien: der Persönlichkeitsbildung, die für eine Arbeit mit Menschen unerlässlich ist, eine enge Theorie-Praxis-Verknüpfung, die bereits im Stundenumfang ersichtlich wird (2.400 Std. Theorie, 1.200 Std. Praxis, allerdings wird Praxis aus der Vorbildung angerechnet), und die »doppelte Vermittlungspraxis«, was bedeutet, dass die didaktischen Methoden, die die Auszubildenden in der Praxis erleben, auch in den Kindertageseinrichtungen zum Einsatz kommen sollen (KMK 2017, S. 6f.). Dies bedeutet, dass den Auszubildenden didaktisch und methodisch in der Ausbildung vorgelebt werden soll, wie sie selbst später in Kindertageseinrichtungen Kinder in ihren Bildungsprozessen unterstützen sollen. Dieses Prinzip ist kritisch zu reflektieren (Kovacevic & Schelle, o.J.), denn wie bereits in den vergangenen Abschnitten deutlich wurde, basiert das Lernen von Kindern und Erwachsenen zwar grundsätzlich auf ähnlichen Annahmen, aber die jeweiligen Vorerfahrungen sind unterschiedlich. Zudem können gerade junge Kinder im Unterschied zu Erwachsenen noch nicht in abstrakten Zusammenhängen lernen (vgl. ▶ Kap. 2). Somit lernen Kinder anders als Erwachsene (Kovacevic & Nürnberg 2014). Zudem ist der Auftrag, den Kindertageseinrichtungen und die Aus- und Weiterbildung haben, unterschiedlich. Während die zukünftigen Fachkräfte in der Ausbildung ihre beruflichen Handlungskompetenzen ausbilden und ihre Persönlichkeit in Bezug auf die Berufsausübung weiterentwickeln, ist der Auftrag von Kindertageseinrichtungen viel umfassender. Dort geht es darum, ganzheitliche Bildungsprozesse zu ermöglichen, zu unterstützen und zu begleiten – und das betrifft die gesamte Entwicklung des Kindes und nicht nur einen Teilbereich (Drieschner 2010; Kovacevic & Schelle o. J.; Laewen 2013; Schäfer & von der Beek 2013). Die Idee einer »doppelten Didaktik« in der Ausbildung der Erzieher*innen kann angesichts der Anforderungen des didaktischen Handelns also kritisch hinterfragt werden. Zumindest kann festgehalten werden, dass allein das eigene Erleben bestimmter didaktischer Herangehensweisen der Lehrkräfte nicht ausreicht, um eigene didaktische Kompetenzen für die Arbeit mit Kindern zu entwickeln.

Aus dem länderübergreifenden Qualifikationsprofil zum*r Erzieher*in kann teilweise herausgelesen werden, welchen Stellenwert didaktische Kompetenzen in der Ausbildung einnehmen sollen. Es zeigt sich, dass zentrale Bereiche einer frühpädagogischen Didaktik in der Ausbildung zum*r Erzieher*in benannt werden, wie z.B. der Handlungsbereich/das Lernfeld »Pädagogische Beziehungen gestalten und in Gruppen pädagogisch arbeiten« oder »Sozialpädagogische Bildungsarbeit in den Bildungsbereichen professionell gestalten« (HF2 und LF4). Gerade der Umfang des letztgenannten Bereichs deutet darauf hin, dass ihm eine besondere Bedeutung zugemessen wird, da diese umfangreicher ist als die anderen Bereiche (600–680 Std.). Es kann aber aus den Ausführungen des länderübergreifenden Lehrplans nicht abgeleitet werden, dass die Beziehungsarbeit auch als Grundlage für sämtliche Bildungsprozesse der Kinder in der Kindertageseinrichtung aufgefasst wird. Ein genauerer Blick in den Bereich »Pädagogische Beziehungen« macht nämlich deutlich, dass hier Interaktionen nicht explizit als Voraussetzung für Beziehung und Bildung vorkommen, sondern der Schwerpunkt auf der Auseinandersetzung mit unterschiedlichen didaktisch-methodischen Handlungskonzepten liegt (Fröbel, Montessori, Reggio u.a.), den Themen Kommunikation und Gesprächsführung, Gruppenarbeit, Kinder- und Jugendschutz sowie Gesundheits- und Datenschutz (König et al. 2018, S. 34f.). Gänzlich fehlt ein Hinweis auf Methoden zur Anregung von Lernprozessen bei Kindern. Es kann daher bezweifelt werden, dass in der Ausbildung zum*r Erzieher*in aufgrund der breiten Anlage und der nicht ausreichenden Betonung der Bedeutung von Interaktionen für die Entwicklung und Bildung der Kinder entscheidende didaktische Kompetenzen ausreichend erworben werden können. Vor diesem Hintergrund kann nicht vorausgesetzt werden, dass Erzieher*innen auch die Kompetenzen für eine spezifische interaktionsorientierte Didaktik in der Ausbildung entwickeln konnten.

6.3.2 Berufsfachschulische Ausbildungen sowie das Studium der Kindheitspädagogik

Während die Erzieher*innenausbildung dazu befähigen soll, eigenständig in der Praxis zu handeln, ist dies keine Zielsetzung für die Ergänzungskräfte (Kinderpfleger*innen und Sozialassistent*innen). Bereits diese Festlegung ist vor dem Hintergrund der Bedeutung von Interaktionen für die Entwicklung der Kinder kritisch zu betrachten, denn natürlich gestalten auch Ergänzungskräfte eigenständig Interaktionen mit den Kindern.

Ziel der berufsfachschulischen Ausbildung ist es, »Grundlagen für den Erwerb beruflicher Handlungsfähigkeit zu vermitteln« (KMK 2021, S. 3). Das kompetenzorientierte Qualifikationsprofil für die Ausbildung sozialpädagogischer Assistenzkräfte an Berufsfachschulen konkretisiert, dass die Arbeit der Ergänzungskräfte eine »teils assistierende und teils eigenverantwortliche Bearbeitung von fachlichen Aufgaben« vorsieht (KMK 2020a, S. 8). Sie sind damit den Erzieher*innen unterstellt und sollen sich an deren Arbeit orientieren. Im Qualifikationsprofil kommt der Begriff »Interaktion« nicht vor, allerdings werden eine Reihe von Aufgaben benannt, die in Interaktionen erfolgen. Beispiele hierfür sind »Unterstützen sozialer Lernprozesse in der Kindergruppe unter Berücksichtigung der Zusammenarbeit im Mitarbeiterteam und mit den Erziehungsberechtigten«, »Initiieren und Begleiten von Bildungsprozessen«, »Planen, Durchführen und Reflektieren gelenkter Aktivitäten« sowie »Unterstützen des kindlichen Spiels und Schaffen von Spielräumen« (KMK 2021, S. 36). Hier werden konkrete Aufgaben benannt, die auch die Anregung von Lernprozessen bei den Kindern umfassen und in Interaktionen ablaufen. Allerdings sollen dies die Kinderpfleger*innen nicht allein bewerkstelligen, sondern in Zusammenarbeit mit dem Einrichtungsteam.

Während die Kinderpflegeausbildung gezielt auf eine Tätigkeit in Kindertageseinrichtungen vorbereiten soll, ist dies bei dem*der Sozialassistent*in nicht der Fall. Hier handelt es sich um einen Beruf, der ähnlich wie der*die Erzieher*in für ein breites Einsatzspektrum im sozialen Bereich vorgesehen ist. Benannt wird im Qualifikationsprofil das »Mitwirken bei der Erziehung, Bildung, Betreuung, Begleitung und Unterstützung sowie Pflege von Menschen mit und ohne Beeinträchtigungen auf der Grundlage von Beobachtungen und Dokumentationen« (ebd., S. 47). Dagegen zielt der*die staatl. gepr. Sozialpädagogische Assistent*in wiederum auf eine Tätigkeit in Bildungseinrichtungen. Hier wird das »Wahrnehmen von Kindern in ihrer Individualität und Persönlichkeit als Subjekte in der pädagogischen Arbeit und Unterstützen ihres Strebens nach Kompetenzerweiterung« sowie »Pädagogisches Gestalten von Alltagssituationen; Mitwirken bei der kind- und gruppenbezogenen Planung von pädagogischen Angeboten auf Grundlage eines Bildungsplanes bzw. einer pädagogischen Konzeption und systematischer Beobachtungen« (ebd., S. 48) gefordert.

Es wird damit deutlich, dass Interaktionen nicht explizit in den verschiedenen Dokumenten genannt werden, sie aber indirekt im Rahmen konkreter Aufgaben als Ausbildungsinhalt aufgegriffen werden. Paradox erscheint die Einschränkung, dass die Ergänzungskräfte die Fachkräfte lediglich unterstützen sollen, jedoch ist davon auszugehen, dass auch Ergänzungskräfte eigenständig Interaktionen mit den Kindern gestalten und somit darauf auch gezielt vorbereitet werden sollten. Die genannten Aufgaben machen darüber hinaus deutlich, dass auch die Ergänzungskräfte Aufgaben übernehmen, die didaktische Kompetenzen erfordern. Besonders kritisch ist die Ausbildung zum*r Sozialassistent*in zu sehen, die ein breites Einsatzfeld vorsieht, wodurch didaktische Kompetenzen für die Anregung von Lernprozessen in Kindertageseinrichtungen nur einen sehr kleinen Teil der Ausbildung ausmachen dürften.

Das Studium der Kindheitspädagogik ist kompetenzorientiert ausgerichtet und hat zum Ziel, bei den Studierenden eine professionelle Haltung und einen forschenden Habitus auszubilden. Dabei wird davon ausgegangen, dass professionelles Handeln in Kindertageseinrichtungen nicht standardisierbar ist und die Fachkräfte in der Lage sein müssen, flexibel und angemessen auf die konkreten Situationen mit den Kindern zu reagieren (Cloos 2016). Im »Gemeinsamen Orientierungsrahmen ›Bildung und Erziehung in der Kindheit‹« (KMK/JFMK 2010) ist spezifisch für Kindheitspädagog*innen formuliert, dass sie »in der Lage [sein müssen], Situationen in ihrer Komplexität zu erfassen, zu beschreiben, zu interpretieren und so aufzubereiten oder zu systematisieren, dass sie der wissenschaftlichen Analyse zugänglich sind.« (ebd., S. 9). Damit wird der Anspruch formuliert, dass Kindheitspädagog*innen einen wissenschaftlich geprägten Blick mitbringen, aber es wird nicht deutlich, inwiefern und welche Aufgaben die Kindheitspädagog*innen in der Praxis von Kindertageseinrichtungen übernehmen. Allerdings werden übergreifende Kompetenzen für alle Fachkräfte formuliert, zu denen verschiedene Qualifikationsgruppen gehören – vor allem Erzieher*innen, Sozialpädagog*innen und Kindheitspädagog*innen. Hier wird u. a. die »Fähigkeit zur pädagogischen Beziehungsgestaltung durch adressatengerechte Kommunikation und entwicklungsfördernde Interaktion« sowie »Didaktische Fähigkeit zur Entwicklung von Lehr-Lern-Arrangements in den Bildungsbereichen und zur Vernetzung der Bildungsbereiche in umfassenden Projekten« genannt. Die erstgenannte Kompetenzfacette trifft bereits gut die Anforderungen, die sich an eine frühpädagogische Didaktik stellen, da die Beziehungsgestaltung durch Interaktionen und Kommunikation hervorgehoben wird. Die zweite Fertigkeit dagegen scheint vor allem die von Fachkräften gestalteten Bildungsangebote zu umfassen und lässt somit das beiläufige Lernen in Interaktionen mit den Fachkräften sowie in vorbereiteten Umgebungen und auch das Potential der Peers für Lernprozesse außen vor.

Die konkreten Kompetenzen, die Kindheitspädagog*innen erwerben sollen, wurden darüber hinaus in verschiedenen fachlichen Vorschlägen[4] konkretisiert, allerdings liegt die letzte Entscheidung über das Studienprogramm bei den Hochschulen und Universitäten, die ihre Studiengänge bei Agenturen akkreditieren lassen müssen. Zudem erteilen die Bundesländer die staatliche Anerkennung, sodass auch an die Vergabe der Berufsbezeichnung »staatlich anerkannte*r Kindheitspädagog*in« Bedingungen geknüpft sind (Krasteva & Stadler 2022). Im Kerncurricu-

---

4 Zuletzt auf der Basis vorliegender Dokumente im Kerncurriculum »Kindheitspädagogik«, das am 15.9.2022 vom Studiengangstag Pädagogik der Kindheit veröffentlicht wurde.

lum »Kindheitspädagogik« des Studiengangstags Pädagogik der Kindheit (2022) wird unter »pädagogische Aufgaben« festgehalten, dass Kindheitspädagog*innen »Bildungsprozesse in Bildungsbereichen didaktisch und methodisch begleiten und gestalten« können sollten. Es bleibt aber aufgrund mangelnder empirischer Studien ungewiss, ob es durch das Studium gelingt, diese angestrebten Kompetenzen bei den Studierenden zu entwickeln (Cloos 2016). In Bezug auf die Didaktik ist somit auch weitgehend offen, welchen Stellenwert diese in den kindheitspädagogischen Studiengängen einnimmt.

Insgesamt lässt sich festhalten, dass es bei keiner der Berufsgruppen konkrete Aussagen zur Anbahnung notwendiger Kompetenzen für die Umsetzung einer frühpädagogischen Didaktik gibt. Bei der Ausbildung zum*r Erzieher*in sowie zum*r Sozialassistent*in ist es im Gegensatz zum kindheitspädagogischen Studium aufgrund der generalistisch angelegten Ausbildung anspruchsvoller, die Anregung von Lernprozessen für alle Altersgruppen spezifisch in den Blick zu nehmen.

6.3.3 Kompetenzanbahnung im Rahmen von Weiterbildung

Aber nicht nur die Ausbildung trägt zur Kompetenzentwicklung und somit Professionalisierung bei, auch die Weiterbildung unterstützt Fachkräfte darin, ihre beruflichen Kompetenzen zu erweitern (Friederich 2017). Meist wird von Fort- und Weiterbildung gesprochen, wenn das »Weiterlernen Erwachsener nach einer ersten beruflichen Ausbildung auf unterschiedlichen Wegen und organisatorischen Gegebenheiten« gemeint ist (Buschle & Friederich 2019). Dabei setzt berufliche Weiterbildung im Gegensatz zur Fortbildung an bereits vorhandenem Vorwissen oder Erfahrungen an und bietet Unterstützung bei ihrer beruflichen Kompetenzentwicklung. Berufliche Weiterbildung kommt in verschiedenen Formen vor: Sie kann vom Träger der Kindertageseinrichtung bereitgestellt werden oder auch trägerungebunden sein, in kursförmigen Angeboten verlaufen oder als Coaching oder Supervision angelegt sein sowie selbstorganisiert, also auch in informellen Kontexten stattfinden (Friederich & Buschle 2021). Denn wie bereits weiter oben festgestellt, lernen Erwachsene auch jenseits der Bildungsinstitutionen in der Praxis oder im Privaten z. B. durch Lesen von Fachliteratur ständig weiter. Auf Weiterbildungen wird jedoch seit einigen Jahren besondere Hoffnung für die Professionalisierung der Fachkräfte gesetzt, da dort die Kompetenzerweiterung der Fachkräfte gezielt unterstützt werden kann (König & Buschle 2017). Die Voraussetzungen dafür sind gut: Die pädagogischen Fachkräfte sind sehr weiterbildungsaffin, haben eine hohe Motivation, Weiterbildungen zu besuchen, und setzen dies auch um (Buschle & Gruber 2018). Damit sind die Voraussetzungen vorhanden, dass eine nachhaltige Kompetenzentwicklung innerhalb von Weiterbildungsveranstaltungen stattfinden kann. Allerdings sind die Bedingungen nicht ideal: Die am häufigsten besuchten Weiterbildungen sind meist sehr kurz (1–3 Tage) und über die Qualität der Weiterbildungen gibt es kaum Erkenntnisse (Buschle & Gruber 2013). Da der Weiterbildungsmarkt weitgehend unreguliert ist, gibt es auch keine Standards, die eine gewisse Qualität oder eine Orientierung an Kompetenzen garantieren. Die wissenschaftliche Literatur zur Wirksamkeit von Weiterbildungen zeigt aber, dass der

Aufbau eines Weiterbildungsangebots großen Einfluss auf die Kompetenzentwicklung der Teilnehmenden hat (Hoffer 2017; Egert, Eckhardt & Fukkink 2017; Egert, Dederer & Fukkink 2020). Meist sind die Teilnehmenden der besuchten Weiterbildungsangebote mit diesen zwar sehr zufrieden, allerdings kritisieren auch viele Befragte den Aufbau von Weiterbildungen. So werden häufig die Schwierigkeiten der Umsetzung in die Praxis in den Weiterbildungen nicht ausreichend thematisiert und nicht immer werden die Theorien mit konkreten Fallbeispielen untermauert (Buschle & Gruber 2018, S. 67). Wie zuvor erläutert, spielen diese Faktoren aber eine zentrale Rolle für die Umsetzung der Weiterbildungsinhalte in die Praxis (Hoffer 2017). Auch die Bedingungen in der Praxis hemmen häufig die Umsetzung des Gelernten: So gaben 31 % der pädagogischen Fachkräfte und 45 % der Leitungen an, dafür nicht genug Zeit zu haben oder in der täglichen Routine keinen Spielraum für die Integration neuer Herangehensweisen zu finden – unabhängig von Trägern, Einrichtungsgrößen, Wochenarbeitszeiten u. a. (Buschle & Gruber 2018, S. 69).

Zu der Frage, inwiefern das Thema Didaktik für Weiterbildungen von den frühpädagogischen Fachkräften gewählt wird, gibt es kaum Befunde. Eine Analyse von Weiterbildungsprogrammen zeigt zwar, dass der Themenkomplex »Entwicklungs-, Bildungs- und Lernprozesse« in den Programmen am häufigsten vorkommt, inwiefern er aber auch nachgefragt wird, dazu kann diese Analyse keine Aussage treffen (Buschle & Gruber 2018, S. 24). Da das Weiterbildungsangebot aber vor dem Hintergrund einer erwarteten Nachfrage formuliert wird, kann zwar angenommen werden, dass zu diesem Themenkomplex ein besonders großes Weiterbildungsinteresse besteht. Aber eine repräsentative, standardisierte Befragung von Teilnehmenden von Weiterbildungen ergab, dass Leitungen der Einrichtungen vor allem das Thema Leitung nachfragen, während die Fachkräfte zum Zeitpunkt der Befragung vorrangig das Thema »Sprachliche Bildung/Mehrsprachigkeit« belegten (Buschle & Gruber 2018, S. 65). Somit scheint das Thema Didaktik höchstens in Bezug zur sprachlichen Bildung Inhalt von Weiterbildung zu sein, aber ansonsten kein stark nachgefragtes.

Besonderes Potential versprechen Weiterbildungsmaßnahmen, die direkt in der Praxis ansetzen, wie z. B. Coaching, Supervision oder Fachberatung (Egert 2015; Markussen-Brown et al. 2017; Werner et al. 2016). Solche Angebote können die Bedingungen in der Praxis berücksichtigen und setzen direkt am Handeln der Fachkräfte an. Damit kann einer »Transferlücke«, die zwischen dem Erlernten in einer Weiterbildung und der Umsetzung in der Praxis entstehen kann, entgegengewirkt werden. Eine Metaanalyse konnte zudem zeigen, dass die Interaktionsqualität durch qualitativ-hochwertige Weiterbildungen deutlich verbessert werden kann (Egert, Dederer & Fukkink 2020).

Die Befunde zeigen, dass Weiterbildung ein großes Potential haben kann, die Kompetenzen der bereits in der Praxis tätigen Fach- und Ergänzungskräfte zu erweitern – insbesondere, weil die Fachkräfte dann auch schon wissen, welche Themen sie vertiefen wollen. Die Bedingungen, unter denen Weiterbildungen stattfinden, scheinen jedoch noch nicht so zu sein, dass sich diese Potentiale auch entfalten können, und das Thema Didaktik scheint bislang keine herausragende Rolle zu spielen. Die Analysen verdeutlichen auch, dass eine interaktionsorientierte Didaktik, die sich konsequent an den Interaktionsmöglichkeiten mit den Kindern auf der Basis einer sicheren Beziehung orientiert, scheinbar bislang nicht ausreichend in der Ausbildung verankert ist. Interaktionen spielen in den Dokumenten als zentrale Bildungssituationen nur selten eine herausgehobene Rolle, daher scheint hier eine Lücke vorzuliegen, die eine spezifische Unterstützung der Kompetenzentwicklung für eine interaktionsorientierte Didaktik im Rahmen der unterschiedlichen Ausbildungswege füllen könnte. Darüber hinaus ist kritisch zu hinterfragen, inwiefern breit angelegte Ausbildungen in der Lage sind, auf die Aufgabe der »Erziehung, Bildung und Betreuung« in Kindertageseinrichtungen gut vorzubereiten. Müsste es nicht angesichts der anspruchsvollen Aufgabe und der Komplexität der Interaktionssituationen eine spezifische Vorbereitung auf eine altersangemessene Unterstützung der Entwicklung der Kinder geben? Welche Kompetenzen benötigen die Fach- und Ergänzungskräfte dazu? Dieser Frage geht das folgende Unterkapitel nach.

6.4 Kompetenzen für eine interaktionsorientierte Didaktik

Verschiedene Dokumente geben Hinweise darauf, welche Kompetenzen für eine interaktionsorientiere Didaktik angebahnt werden sollten. Eines dieser Dokumente ist das Kompetenzprofil »Frühe Bildung« aus dem Wegweiser Weiterbildung der Weiterbildungsinitiative frühpädagogische Fachkräfte (WiFF). Im Rahmen der WiFF, einem Bundesprojekt des Bundesministeriums für Bildung und Forschung (BMBF) zur Professionalisierung frühpädagogischer Fachkräfte durch Weiterbildung, wurden gemeinsam mit Expert*innen Kompetenzprofile zu ausgewählten frühpädagogischen Fragestellungen entwickelt, die für die Gestaltung von Weiterbildungen gedacht sind. Das Kompetenzprofil »Frühe Bildung« beschreibt, welche Kompetenzen für die Umsetzung einer Elementardidaktik benötigt werden, um in Kindertageseinrichtungen Bildungsprozesse anzuregen (DJI/WiFF 2011). Entsprechend finden sich in diesem Profil auch Hinweise darauf, welche Kompetenzen für eine lernförderliche Interaktion zwischen Fachkräften und Kindern Voraussetzung ist.

Das Kompetenzprofil gliedert sich in vier große Bereiche, für die dann konkrete Handlungsanforderungen formuliert sind. Diese Bereiche sind:

- Kommunizieren/Interagieren
- Förderliche Rahmenbedingungen für pädagogische Arbeit schaffen
- Wahrnehmen – Beobachten – Einschätzen
- Bildungs- und Lernprozesse ermöglichen und (mit)gestalten

Bereits die Bereiche zeigen eine deutliche Nähe zu einer interaktionsorientierten Didaktik auf, da das Kommunizieren/Interagieren als zentraler Aspekt beschrieben wird, und auch der letzte Punkt »Bildungs- und Lernprozesse ermöglichen« trägt dem Lernen junger Kinder Rechnung, weil es nicht nur um eine Gestaltung von Angeboten geht, sondern auch um die Schaffung von Möglichkeiten zu Bildung z. B. durch die Raumgestaltung. Das Kompetenzprofil hat den Anspruch, auf wissenschaftlichen Befunden aufzubauen, wodurch als grundlegend für elementardidaktische Handlungen die Interaktion und Kommunikation mit dem Kind bzw. der Gruppe von Kindern genannt wird. Dies umfasst den Aufbau einer Beziehung zum Kind, die responsive Gestaltung von Interaktionen, das Thematisieren sowohl von Erfahrungen, Erkenntnissen, Gedanken, Gefühlen und Empfindungen als auch die Anregung und Moderation von Peer-Kommunikation. Darüber hinaus werden das Führen von Dialogen, die Moderation und Begleitung von Konflikten zwischen den Kindern sowie die Austragung von Konflikten zwischen Erwachsenen und Kindern aufgeführt. Gerade Konflikte bergen ein großes Bildungspotential, weil hier unterschiedliche Perspektiven offensichtlich werden, die dann verhandelt werden müssen.

Dieser erste und vierte Bereich im Kompetenzprofil »Frühe Bildung« greift damit Kernkompetenzen für eine interaktionsorientierte Didaktik auf, da dort zentrale Interaktionssituationen benannt werden sowie deren Relevanz für die Bildungs- und Lernprozesse der Kinder. Weitere Kompetenzen für die Gestaltung einer interaktionsorientierten Didaktik werden im zweiten und dritten Abschnitt benannt, indem auf die Bedeutung der Gestaltung von Rahmenbedingungen und die Beobachtung der Bildungsprozesse der Kinder und deren Dokumentation hingewiesen wird.

Somit gibt das Kompetenzprofil »Frühe Bildung« bereits konkrete Hinweise auf notwendige Kompetenzen der Fachkräfte für die Umsetzung einer interaktionsorientierten Didaktik. Dabei wird deutlich, dass eine interaktionsorientierte Didaktik keine gänzlich anderen Kompetenzen erfordert als im WiFF-Kompetenzprofil beschrieben, allerdings müsste für diese ein anderer Schwerpunkt gesetzt werden. Der Stellenwert der Interaktion ist zentral, der Beziehungsaufbau und dessen Aufrechterhaltung sowie das lernförderliche Interaktionsverhalten rücken in den Vordergrund.

Weitere Hinweise, welche Kompetenzen für eine Didaktik erforderlich sind, die Interaktionen in den Mittelpunkt stellt, gibt das Beobachtungsinstrument GInA-E (Gestaltung von Interaktionsgelegenheiten im Alltag-Evaluation), das von Weltzien, Fröhlich-Gildhoff, Strohmer, Rönnau-Böse, Wünsche, Bücklein, Hoffer und Tinius (2017) entwickelt wurde. Ziel des Instruments ist es, eine Einschätzung der Interaktionskompetenzen der Fachkräfte in Kindertageseinrichtungen vornehmen zu können. Damit wird bereits deutlich, dass die Autor*innen davon ausgehen, dass Interaktionen zentral für die Erfüllung des Auftrags der Kindertageseinrichtung sind. Die GInA-E ist untergliedert in drei Skalen: Skala 1 »Beziehung gestalten«, Skala 2 »Denken und Handeln anregen« und Skala 3 »Sprechen und Sprache anregen«. Skala 1 ist dabei am umfangreichsten und umfasst elf Merkmale, Skala 2 noch sieben und Skala 3 vier Merkmale.

Am Beispiel der Skala 1 »Beziehung gestalten« (Weltzien et al. 2017, S. 112) zeigt sich, welche Aspekte unter dieser Überschrift zusammengefasst werden. Dazu gehört:

1. Zuwendung zeigen
2. Interessiert/Engagiert sein
3. Wertschätzung ausdrücken
4. Gelassenheit ausstrahlen
5. Aufmerksam zuhören
6. Störungen meistern
7. Verstehen ausdrücken
8. Balance von Nähe und Distanz herstellen
9. Zur Teilnahme einladen
10. Aufmerksam machen
11. Aufgeschlossen sein

Es wird deutlich, dass zunächst eine Beziehung zwischen Fachkraft und Kind entstehen muss (Skala 1), die viele unterschiedliche Facetten umfasst, bevor dann das Denken und Handeln angeregt und die sprachliche Bildung der Kinder durch die Interaktionen mit den Fachkräften unterstützt werden können. Die zweite Skala bezieht sich daher auf Lernprozesse und wie diese in Interaktionen angeregt werden können, und die dritte Skala thematisiert den Bereich der Sprachentwicklung. Da das Beobachtungsinstrument für die Bewertung der Interaktionskompetenzen pädagogischer Fachkräfte dienen soll, können einzelne Kompetenzen in ihrer Ausprägung (gering 1 bis hoch 7) eingeschätzt werden. Die höchste Ausprägung beschreibt also ideale Interaktionskompetenzen einer pädagogischen Fachkraft. Als Beispiel wird das erste Item der Skala 1 Beziehung gestalten dargestellt. Hier wird unter höchster Ausprägung (7) formuliert:

- »Es sind deutliche Signale von Zuwendung (auch Freundlichkeit, Feinfühligkeit, Warmherzigkeit) über die gesamte Sequenz zu beobachten. ODER
- Die Fachkraft folgt allen Kindern in ihren Aktivitäten/Äußerungen feinfühlig und gibt passgenaue Impulse der Zuwendung (z. B. über Anschauen, Hinwenden, Staunen, Lächeln) ODER
- Die Fachkraft wirkt kongruent in ihren verbalen/nonverbalen Signalen; sie beachtet dabei die Heterogenität der Kinder (äußere Merkmale, Verhaltensweisen, Kompetenzen) und geht feinfühlig darauf ein« (Weltzien et al. 2017, S. 33).

Auf diese Weise formulieren Weltzien et al. (2017) eine Reihe von Verhaltensweisen, die Interaktionen kennzeichnen, die den Beziehungsaufbau und die Lernunterstützung der Kinder zum Ziel haben.

Weltzien et al. (2017) machen deutlich, dass für die professionelle Gestaltung von Interaktionen in Kindertageseinrichtungen zunächst eine Handlungsmotivation und -bereitschaft auf Seiten der Fachkräfte erforderlich ist, gefolgt von einer »Vertiefung und Erweiterung des Fach- und Erfahrungswissens über Interaktionen« (ebd., S. 9). Weiterhin sind Reflexionskompetenzen der Fachkräfte über ihre Interaktionen, ihre Merkmale und ihre Wirkung relevant. Dabei weisen die Autor*innen darauf hin, dass »Einschätzungen von Interaktionen bestimmten, fachlich begründeten, aber auch veränderbaren und kulturell geprägten Vorstellungen von ›guter‹ Pädagogik unterliegen« (ebd.). Somit ist das Interaktionsverhalten jedes*r Pädagog*in subjektiv-biografisch geprägt, aber auch von kulturellen Einstellungen, den pädagogischen Diskursen und normativen Vorgaben beeinflusst. Daher ist eine Veränderung des Interaktionsverhaltens ein anspruchsvolles Vorhaben, welches durch reflexive Methoden z. B. in der Weiterbildung oder im Rahmen von Supervision unterstützt werden muss. Diese reflexiven Methoden können selbst durch die Leitung im Team eingesetzt werden, aber auch in Weiterbildungen oder durch Selbstreflexion angewendet werden. Um das Interaktionsverhalten tatsächlich zu verändern, ist es notwendig, solche Methoden im Alltag zu verankern, damit sie eine nachhaltige Wirkung entfalten können.

Sowohl mit Blick auf das Kompetenzprofil »Frühe Bildung« als auch dem Evaluationsinstrument GInA-E wird deutlich, dass die Beziehung zum Kind eine zentrale Rolle für die Unterstützung von Bildungsprozessen von Kindern spielt und Interaktionen das Mittel dafür sind. Unter Bezug auf das Kompetenzmodell von Fröhlich-Gildhoff, Nentwig-Gesemann und Pietsch (2011) muss dabei berücksichtigt werden, dass nicht nur das Wissen um die Bedeutung von Beziehung und Interaktionen zentral ist, sondern auch die Absicht, diese Beziehung aufzubauen, sie durch zahlreiche Interaktionen (Handeln) zu festigen und immer wieder auch kritisch zu reflektieren.

Zwischenfazit

In den vergangenen Kapiteln ist bereits deutlich geworden, welche Kompetenzen für eine interaktionsorientierte Didaktik notwendig sind. Diese Kompetenzen beschreiben einen Ausschnitt aus den beruflichen Kompetenzen frühpädagogischer Fachkräfte. Ziel dieses Zwischenfazits wird sein, das bislang Erarbeitete zusammenzufassen und in eine Struktur zu bringen, die in der Aus- und Weiterbildung sowie in der Praxis die Anbahnung dieser Kompetenzen erleichtert. Bereits bei der Sichtung des Kompetenzprofils »Frühe Bildung« hat sich gezeigt, dass hier sehr differenziert Kompetenzen benannt werden, die für die didaktische Gestaltung des frühpädagogischen Alltags eine Rolle spielen. Aus der Perspektive einer interaktionsorientierten Didaktik, die konsequent die Interaktionen in den Mittelpunkt stellt, müssten aber die Handlungsanforderungen, die exemplarische Situationen benennen und die dann in konkrete Kompetenzanforderungen münden, bei den Interaktionen mit den Kindern starten. Somit ist der Abschnitt »Kommunizieren/Interagieren« in den Mittelpunkt zu stellen, gefolgt von dem Abschnitt Bildungs- und Lernprozesse ermöglichen und (mit)gestalten«.

Am Beispiel des Kompetenzprofils »Frühe Bildung« wird darüber hinaus deutlich, dass es für die Umsetzung einer interaktionsorientierten Didaktik keiner grundsätzlich anderen Kompetenzen bedarf, als bereits in diesem Kompetenzprofil oder im Instrument GInA oder auch in den Qualifikationsprofilen formuliert. Der Unterschied ist jedoch, die Interaktionen mit den Kindern ins Zentrum zu stellen und damit nicht nur »bildungsrelevante« Situationen in den Blick zu nehmen, sondern alle Interaktionssituationen, die sich in Kindertageseinrichtungen ergeben. Für die interaktionsorientierte didaktische Umsetzung der Aufgabe »Bildung, Erziehung und Betreuung« muss zwingend anerkannt werden, dass jede Interaktion ein Beziehungspotential besitzt (positiv wie negativ) und gleichzeitig der Unterstützung der Entwicklungsprozesse des Kindes dienen kann.

Zusammengefasst können die Voraussetzungen und Kompetenzbereiche für eine interaktionsorientierte Didaktik wie folgt beschrieben werden: Voraussetzung für die Umsetzung einer interaktionsorientierten Didaktik ist es, dass die Fachkräfte über ein Grundwissen über Didaktik verfügen und die Prinzipien einer interaktionsorientierten Didaktik (vgl. ▶ Kap. 5) kennen und danach handeln. Das dazu erforderliche Wissen ist in Kapitel 5 dargelegt.

1. Beziehung gestalten (Basis)

Es ist Aufgabe der Fachkraft, eine Beziehung zu jedem Kind aufzubauen. Dazu benötigen die pädagogischen Fachkräfte Fachwissen darüber, welche Bedeutung Beziehung und Bindung für die Entwicklung von Kindern einnimmt, wie sie sich herstellen lassen und welche Methoden dafür sinnvoll sind (vgl. ▶ Kap. 2).

Weltzien et al. (2017) konkretisieren in der GInA-E, woran sich zeigt, dass die Fachkraft eine gute Beziehung zum Kind aufgebaut hat. Die aktive Gestaltung der Beziehung zeigt sich in der Zuwendung der Fachkraft zum Kind, ihrem Interesse und ihrem Engagement, der ausgedrückten Wertschätzung und einer Gelassenheit. Darüber hinaus sollte die Fachkraft aber auch aufmerksam zuhören, Störungen moderieren, Verstehen ausdrücken und eine Balance von Nähe und Distanz herstellen. Dabei ist es auch nötig, die Kinder dazu gezielt aufzufordern, also zur Teilnahme einzuladen und auf Dinge aufmerksam zu machen. Insgesamt sollte die Fachkraft gegenüber allen Kindern aufgeschlossen sein. Dabei muss darauf geachtet werden, dass die Gestaltung responsiv erfolgt, d. h. auf die Reaktionen des Kindes sollte geachtet und adaptiv reagiert werden. Nur wenn die Reaktion der Fachkraft zum Verhalten des Kindes passt, wird ein Beziehungsaufbau gelingen. Konkretere Hinweise zur Gestaltung eines sensitiv-responsiven Interaktionsverhaltens der Fachkräfte finden sich außerdem bei Remsperger (2011) sowie bei Wadepohl (2017) zum Ausdruck von Wertschätzung in Interaktionen.

Erst wenn die Beziehung zum Kind sichergestellt ist und sich für das Kind ein Gefühl der Sicherheit ergibt, ist es bereit für Impulse, die seine Entwicklung anregen können. Diese Impulse findet das Kind selbst in einer anregungsreichen Umgebung oder über die anderen Kinder im Spiel, aber auch durch konkrete Interaktionen mit den Fachkräften.

2. Denken und Handeln durch Interaktionen anregen

In diesem Kompetenzbereich können einerseits die didaktischen Praktiken unterschieden werden, in denen Interaktionen stattfinden, und andererseits die methodische Ebene, wie Interaktionen gestaltet sein können. Auch hier ist es zunächst

Voraussetzung, dass pädagogische Fachkräfte über didaktische Praktiken sowie Prinzipien Kenntnis erlangen und diese auch mit didaktischen Konzepten in Verbindung bringen können (siehe ▶ Kap. 3, ▶ Kap. 4 und ▶ Kap. 5).

Formate sind z. B. konkrete Angebote, die durch die Fachkräfte geplant, durchgeführt und evaluiert werden, das Spiel sowie Essens- und Übergangssituationen. Jede dieser Situationen kann ein Bildungspotential bergen, das sich mit Hilfe der Fachkraft, aber auch ohne sie entfalten kann. Der Fachkraft kommt dabei die Aufgabe zu, sich darüber bewusst zu sein, dass es diese Potentiale gibt, und den Beitrag der Peers sowie der Rahmenbedingungen für bildungsrelevante Situationen im Blick zu behalten, wenn sie nicht aktiv die Situation gestaltet.

Auf der methodischen Ebene sind gemäß dem Instrument GInA gemeinsame Aufmerksamkeitsräume herzustellen, Erinnerungen zu stärken, Lebenswelten zu verknüpfen, Kreativität zu unterstützen, kindliche Autonomie anzuerkennen, das Kind zu bestärken und zu ermutigen sowie das kindliche Forschen anzuregen (Weltzien et al. 2017). Außerdem sollten lernförderliche Interaktionsformen angewendet und adäquat eingesetzt werden können (vgl. ▶ Kap. 4).

Grundlage für solche Interaktionen sind eine fortlaufende wahrnehmende Beobachtung der einzelnen Kinder und der Kindergruppe, der Austausch mit den Kolleg*innen darüber, eine Einschätzung der Interessen, Bedürfnisse und Lebenswelten der Kinder sowie eine angemessene Dokumentation.

Da der Spracherwerb und die Ausbildung von kognitiven und sozialen Kompetenzen in einem engen Zusammenhang stehen, spielt auch die Art und Weise, wie mit den Kindern sprachlich kommuniziert wird, eine zentrale Rolle (siehe dazu List 2011). Vor diesem Hintergrund muss auf eine anregungsreiche, also emotionale und bildhafte Sprache geachtet werden, die das Kind fordert, sodass es zur Entwicklung angeregt wird. Weltzien et al. (2017) nennen in der Skala 3 »Sprechen und Sprache anregen«, dass die Beteiligung und Kooperation gefördert, eine emotionale Sprache vermittelt und Sprache erweitert werden soll sowie der kommunikative Austausch insgesamt anzuregen ist.

3. Förderliche Rahmenbedingungen ermöglichen und gestalten

Weiterhin sollte auch die Umgebung so gestaltet sein, dass sie viele Anlässe für Selbstlernprozesse bietet und Peeraktivitäten fördert, um die Lernprozesse der Kinder zu unterstützen. Den Fachkräften kommt die Aufgabe zu, dafür zu sorgen, dass die Räume so gestaltet sind, dass sie lernanregend wirken, Materialien für die Kinder verfügbar und frei zugänglich sind, Kinder eigenständig explorieren können und Raum finden, um sich mit ihren Freund*innen oder auch allein zurückziehen zu können. Aber auch die Gestaltung des Tagesablaufs ist davon betroffen, denn nur ein Tagesablauf, der Gelegenheiten bietet, um in Ruhe den Interessen der Kinder nachzugehen und den Kindern entsprechend Freiräume ermöglicht, bietet Bildungsgelegenheiten (DJI/WiFF 2011). Voraussetzung für diese Gestaltung ist ein Fachwissen über kindliches Lernen und seine Bedingungen (vgl. ▶ Kap. 2).

4. Beobachtung und Reflexion

Zuletzt muss jede Fachkraft, um angemessen auf die Interessen der Kinder reagieren zu können und an ihren Lebenswelten anzusetzen, die Kinder beobachten und hieraus Schlussfolgerungen für die Gestaltung von Interaktionsangeboten, aber auch konkrete Angebote und Projekte sowie die Gestaltung der Umgebung ableiten. Beobachtung setzt eine Reflexion der eigenen Beziehungsfähigkeit und -möglichkeiten voraus, denn nur auf der Basis einer sicheren Beziehung können Lernangebote und Gelegenheiten von den Kindern gut genutzt werden. Es braucht somit sowohl die Reflexion der eigenen didaktischen Kompetenzen und des eigenen didaktischen Handelns als auch eine Reflexion darüber, ob es bereits gelingt, die Interessen der Kinder angemessen aufzugreifen und in lernanregenden Interaktionen zu übersetzen. Entscheidend ist es auch, die Spannungsfelder des didaktischen Handelns (vgl. ▶ Kap. 5) als solche wahrzunehmen, das eigene »Ausbalancieren« zu erkennen und zu reflektieren, inwiefern es gelingt, diese situativen Dilemmata auszuhalten und mit professionellem Wissen zu reflektieren. Reflexion und Beobachtung sind dabei eng miteinander verflochten, denn auch Beobachtungen müssen reflektiert und eingeordnet werden, was in einem Team, das sich gegenseitig in seinem Anliegen, den Kindern bestmögliche Entwicklungschancen zu bieten, am ehesten gelingen kann.

Bislang wurden vor allem Aufgaben und Kompetenzen benannt, die die einzelne Fachkraft entwickeln und zeigen sollte. Das soll aber nicht darüber hinwegtäuschen, dass die Umsetzung einer interaktionsorientierten Didaktik letztlich eine Teamleistung ist, die von der geteilten Überzeugung getragen werden sollte, dass Interaktionen das zentrale Mittel sind, die Entwicklung von Kindern zu unterstützen. Gleichzeitig wird eine solche Überzeugung dazu beitragen, dass sich das Team in seinem Anliegen gegenseitig unterstützt und die vielfältigen Aufgaben arbeitsteilig angeht. Allerdings ist die Gestaltung von Interaktionen keine, die man delegieren oder aufteilen könnte – umso wichtiger ist es, dass die Leitung eine Atmosphäre im Team schafft, die von gegenseitigem Respekt und Wertschätzung geprägt ist, in der nicht nur für die Kinder ein angenehmer Lernraum geschaffen wird, sondern auch für das Personal. Neben der Ausbildung, die die Interaktionsgestaltung in den Mittelpunkt stellen müsste, spielt daher auch Weiterbildung eine zentrale Rolle, denn konkrete Handlungskompetenzen werden erst in der Praxis endgültig entwickelt und gefestigt. Supervision, regelmäßige Teambesprechungen, in denen auch die fachliche Arbeit ein Thema ist, sowie Tandems, die sich in ihrer Arbeit gegenseitig beraten, können dazu beitragen, eine interaktionsorientierte Didaktik in der Praxis zu verankern.

Eine interaktionsorientierte Didaktik ist damit nicht nur von den Kompetenzen der einzelnen Fachkraft abhängig, sondern auch von der ihr gebotenen Aus- und Weiterbildungsmöglichkeiten und darüber hinaus auch von den Bedingungen in der Praxis. Denn neben einer unterstützenden Leitung und einem kooperativen Team benötigen die Fachkräfte auch Rahmenbedingungen, die es ihnen erlauben, professionell zu handeln. Dazu braucht es genügend Personal vor Ort und Zeit, um zu beobachten und zu dokumentieren. Vor diesem Hintergrund wird deutlich, dass eine interaktionsorientierte Didaktik Anforderungen auf allen Ebenen stellt, um in der Praxis zur Anwendung zu kommen. Eine konsequent umgesetzte interaktionsorientierte Didaktik könnte das Potential besitzen, den Bildungsanspruch an die Kindertageseinrichtungen altersgerecht einzulösen, und deutlich machen, dass diese Aufgabe höchst anspruchsvoll ist und professionell handelndes Personal erfordert.

7 Fazit und Ausblick

Die vergangenen Kapitel haben gezeigt, dass eine interaktionsorientierte Didaktik auf wissenschaftlichen Erkenntnissen aus verschiedenen Disziplinen und Theorien aufbaut und an bereits existierende didaktische Modelle anschließt. Dazu wurde zunächst in Kapitel 2 der Begriff Bildung diskutiert und spezifisch für Kindertageseinrichtungen konkretisiert. Weiterhin wurde das Lernen junger Kinder in den Blick genommen, um zu verstehen, wie deren Lernprozesse beschaffen sind und welche Möglichkeiten der Unterstützung sich abhängig davon bieten. Im dritten Kapitel wurde herausgearbeitet, wie die Unterstützung des Lernens mit Didaktik zusammenhängt und was unter Didaktik verstanden werden kann. Darüber hinaus wurden zentrale pädagogische und didaktische Konzepte aus der Frühpädagogik vorgestellt, didaktische Prinzipien herausgearbeitet und didaktische Praktiken aufgezeigt. In Kapitel 4 wurde schließlich der Fokus auf Interaktionen gelegt. Es wurde ausführlich dargestellt, welche Befunde es zur Relevanz von Interaktionen für die Entwicklung von Kindern gibt und wie Interaktionen als didaktischer Schlüssel für die Anregung von Lernprozessen genutzt werden können. Kapitel 5 stellt eine Zusammenführung der vorangegangenen Kapitel dar, indem eine interaktionsorientierte Didaktik für die Frühpädagogik anhand von Prinzipien, Spannungsfeldern und Gegenständen skizziert wird. Das Kapitel schließt mit der Feststellung, dass eine interaktionsorientierte Didaktik gut an eine interaktionsorientierte Professionstheorie anknüpfen kann, die somit didaktisches Handeln als professionelles Handeln ausweist. Vor diesem Hintergrund wird in Kapitel 6 die Frage behandelt, ob davon ausgegangen werden kann, dass das pädagogische Personal bereits über die notwendigen Kompetenzen für die Umsetzung einer interaktionsorientierten Didaktik verfügt und welche dies sind.

Zusammenfassend kann festgehalten werden, dass das didaktische Handeln der pädagogischen Fachkräfte im Rahmen des Bildungsauftrags von Kindertageseinrichtungen eine wichtige Bedeutung für das Lernen der Kinder einnimmt. Auch wenn der Begriff »Didaktik« im frühpädagogischen Kontext nur selten genutzt wird, weil dieser in Deutschland eng mit der Schule verbunden wird und weniger mit der Bildung in Kindertageseinrichtungen, betont er die Aufgabe des Personals, frühkindliche Bildungsprozesse zu ermöglichen und zu unterstützen. Entscheidend ist, eine spezifische frühpädagogische Didaktik zu entwickeln und umzusetzen. So sollte sie entsprechend der kulturspezifischen Perspektive auf Bildung in der frühen Kindheit in Deutschland eine ganzheitliche Entwicklungsbegleitung und -unterstützung sowie eine Ausrichtung der Kindertageseinrichtung auf die Bedürfnisse und Interessen der Kinder und Eltern ermöglichen.

Mittlerweile besteht die Sorge, dass diese Perspektive aufgeweicht wird, indem Bildungspläne die Bildungsinhalte festlegen, internationale Vergleichsstudien die Outcomes einer frühkindlichen Bildung zu messen versuchen und bereits die frühe Bildung als Investition in das Humankapital verstanden wird, die eine langfristige Wettbewerbsfähigkeit der Gesellschaft stützen kann (Kasüschke & Frank 2021). Auch wenn diese Entwicklungen nicht von der Hand zu weisen sind, gibt es doch auch andere Argumente, die darauf hinweisen, dass frühe Bildung in Deutschland nicht Gefahr läuft, einseitig auf die kognitiven Bildungsoutcomes der Kinder abzuzielen, da sie nach wie vor im Wohlfahrtssystem verankert, nicht schulisch organisiert ist (z. B. altersübergreifend, keine Beurteilung) und auf die ganzheitliche Entwicklung der Kinder abzielt. Denn in Deutschland hat sich ein Verständnis von früher Bildung etabliert, dass das Kind in den Mittelpunkt stellt und seine Selbstbildungsfähigkeiten betont. Weit verbreitete pädagogische Ansätze wie Fröbel, Montessori oder auch der Situationsansatz verstehen das Kind als eigenwilligen und selbstständigen Akteur seiner Bildung, was sich in der Ausrichtung der Ausbildung und der Konzeption der Kindertageseinrichtungen in Deutschland niederschlägt. Kennzeichen einer frühpädagogischen Didaktik ist es, die Besonderheiten des frühkindlichen Lernens zu berücksichtigen (Lernen in Beziehungen, Lernen aus Erfahrung, Lernen im Spiel), da sich dieses deutlich vom Lernen in späteren Jahren unterscheidet. Somit sind schulische Lernformen nicht geeignet, wie auch in Kapitel 2 nochmals deutlich wird. Unter diesen Voraussetzungen sowie unter der Prämisse, dass die frühpädagogische Didaktik theoretisch anschlussfähig zur wissenschaftlichen Diskussion über Didaktik wird, ist der Begriff Didaktik auch für die Unterstützung frühkindlicher Bildungsprozesse zielführend.

Eine Didaktik der Frühpädagogik bietet einen *Orientierungs- und Reflexionsrahmen* für die Gestaltung von Lehr-/Lernsituationen mit Kindern im Alter vor dem Schuleintritt. Kennzeichnend für eine solche Didaktik ist, dass das Wechselspiel zwischen Fachkraft und Kind und dessen Gestaltung durch Interaktion zentral ist. Dabei entspannt sich dieses interaktive Wechselspiel anhand eines Objekts, einer Situation, das bzw. die in Szenen der geteilten Aufmerksamkeit zum Lerngegenstand wird. Wie diese geteilte Aufmerksamkeit gestaltet, angeregt und in Interaktionen genutzt werden kann, ist Aufgabe einer Didaktik der Frühpädagogik. Diese Überlegungen schließen, wie in Kapitel 5 skizziert (▶ Kap. 5.1), an zwei theoretischen Rahmenmodelle der allgemeinen Didaktik an: zum einen an Modellen, die als Leitbegriffe die Interaktion und Kommunikation setzen, zum anderen an Modellen, die den Konstruktivismus jeglichen didaktischen Überlegungen zugrunde legen.

Eine interaktionsorientierte Didaktik ist dabei kein festes Programm, weil sie sich situativ an Personen, Interessen und Gelegenheiten orientiert. Entsprechend stellt sie die pädagogischen Fachkräfte vor *große Herausforderungen*, da die komplexen, wenig kontrollierbaren oder planbaren Interaktionen im Vordergrund stehen. Diese lernförderlich zu gestalten, also die didaktischen Prinzipien umzusetzen, erfordert ein hohes Maß an professionellen Kompetenzen. Es ist einerseits anspruchsvoll und im Alltag der Kindertageseinrichtung oft schwer realisierbar, das Bildungspotential in den verschiedensten Situationen wahrzunehmen und den Rahmen zu schaffen, sie auch in Interaktionen aufzugreifen. Andererseits nimmt es womöglich auch den Druck von den pädagogischen Fachkräften, den Tagesablauf vorrangig durch gezielte »Bildungsangebote« zu gestalten, da auch der Alltag selbst als Bildungsmoment anerkannt werden kann. Dabei ist entscheidend, dass mit einer solchen Idee von Didaktik nicht der Anspruch formuliert wird, alle Interaktionssituationen gezielt als Lernsituation zu gestalten. Das ist angesichts des Tagesablaufs und der Anforderungen in Kindertageseinrichtungen für pädagogische Fachkräfte nicht möglich – und für Kinder bergen »verpasste« Momente, in denen die Fachkräfte nicht in die Interaktion eingestiegen sind, auch kein besonderes Risiko, wenn dies nicht permanent der Fall ist. Ziel sollte es sein, ein Bewusstsein für diese Form der Bildungsarbeit zu schärfen und in den Fokus der Reflexion die Gestaltung der Interaktionen zu rücken.

Diese Aufgaben zeigen, dass die Kompetenzentwicklung für die Umsetzung einer solchen Didaktik kein Prozess ist, der nach der Ausbildung als abgeschlossen betrachtet werden kann. Weiterbildung und Lerngelegenheiten in der Praxis sind notwendig, um Interaktionen möglichst häufig als Beziehungs- und Bildungsgelegenheiten zu erkennen und nutzen zu können. Denn eine Entwicklung im Sinne einer Professionalisierung, die zum Ziel hat, den Kindern in den Kindertageseinrichtungen das bestmögliche Bildungs- und Erziehungsangebot zu machen, wird nicht enden, wenn es immer wieder neue Kinder und Familien mit unterschiedlichen Erfahrungen, Bedürfnissen und Hintergründen gibt. Daher ist es so bedeutsam, auf eine unterstützende Leitung und ein unterstützendes Team zurückgreifen zu können, die Lernen ermöglichen, denn nicht die einzelne Fachkraft übernimmt die Bildung, Erziehung und Betreuung, sondern das Team gemeinsam.

Dabei ist zu beachten, dass die Komplexität der Aufgabe und der Situationen nicht reduziert werden kann, denn das ist der Anspruch, der an die Professionalität von frühpädagogischen Fachkräften gestellt wird: genau hinzuschauen und individuelle Unterschiede sowie Spannungsfelder wahrzunehmen und daran ansetzend Lernprozesse zu ermöglichen. Die Unsicherheit, inwiefern das gelingt, muss ausgehalten werden und ist ein Merkmal von Professionalität (Rabe-Kleberg 1996).

Das erfordert *Strukturen im Arbeitsfeld*, die die pädagogischen Fachkräfte bei der Umsetzung einer solchen Didaktik unterstützen. So sind etwa eine beständige Reflexion und die Unterstützung des Teams, der Leitung, des Trägers oder auch der Fachberatung Pfeiler, auf die sich die einzelne Fachkraft verlassen und auf die sie in ihrer täglichen Arbeit zählen können sollte. Insofern kann eine interaktionsorientierte Didaktik auch dazu beitragen, frühpädagogische Teams weiterzuentwickeln und die Praxis zu einem Lernort für alle zu machen. Dazu sind entsprechend personelle Ressourcen wichtig, damit ein qualitätsvolles Interaktionshandeln in der Kindertageseinrichtung überhaupt gelingen kann. Hier ist die Politik aufgefordert, Rahmenbedingungen zu schaffen, die sowohl ausreichende personelle Ressourcen bereitstellen als auch Reflexionsräume in der Praxis eröffnen, um die frühe Bildung in Kindertageseinrichtungen zu ermöglichen.

Eine interaktionsorientierte Didaktik könnte vor diesem Hintergrund zur weiteren Professionalisierung frühpädagogischer Fachkräfte beitragen und die Profilierung kindheitspädagogischer Berufsprofile vorantreiben. Neben dieser professionspolitischen Wirkkraft ist es aber vor allem entscheidend, dass das didaktische Handeln dort Veränderung schafft, wofür es im Kern gedacht ist: für die Kinder. Zentral ist also, dass es durch eine interaktionsorientierte Didaktik möglich werden

7 Fazit und Ausblick

soll, auf die individuellen Lernbedürfnisse aller Kinder einzugehen und so in Kindertageseinrichtungen echte Bildungsteilhabe auf den Weg zu bringen.

Literaturverzeichnis

Ahnert, L. (2005): Entwicklungspsychologische Erfordernisse bei der Gestaltung von Betreuungs- und Bildungsangeboten im Kleinkind- und Vorschulalter. In: Sachverständigenkommission Zwölfter Kinder- und Jugendbericht (Hrsg.), Zwölfter Kinder- und Jugendbericht. Band 1: Bildung, Betreuung und Erziehung von Kindern unter sechs Jahren (S. 9–54). München.

Ahnert, L. (2006): Anfänge der frühen Bildungskarriere. Familiäre und institutionelle Perspektiven. In: Frühe Kindheit, H. 6., S. 18–23.

Ahnert, L., Pinquart, M. & Lamb, M. E. (2006): Security of children's relationships with nonparental care providers. A meta-analysis. Child Development, 77, S. 664–679.

Ainsworth, M. (1974/2003): Feinfühligkeit versus Unfeinfühligkeit gegenüber den Mitteilungen des Babys. In: K. Grossmann & Grossmann (Hrsg.), Bindung und menschliche Entwicklung, John Bowlby, Mary Ainsworth und die Grundlagen der Bindungstheorie (S. 414–421). Stuttgart: Klett-Cotta.

Anders, Y. & Roßbach, H.-G. & Tietze, W. (2017): Methodological challenges of evaluating the effects of an early language education programme in Germany. In: B. Kalicki, N. Woo, W. S. Barnett (Hrsg.), Longitudinal studies in ECEC. Challenges of translating research into policy action. In: International Journal of Child Care and Education Policy, 10/2016, o. S.

Autorengruppe Fachkräftebarometer (2021): Fachkräftebarometer Frühe Bildung 2021. München: Deutsches Jugendinstitut.

Beck, K. (2020): Kommunikationswissenschaft. Konstanz: UVK-Verlag.

Beckerle, C. (2017): Alltagsintegrierte Sprachförderung im Kindergarten und in der Grundschule. Evaluation des Fellbach-Konzepts. Weinheim und Basel: Beltz Juventa.

Becker-Stoll, F. (2009): Wie lernen Kindern in den ersten Lebensjahren? – Entwicklungspsychologische und bindungstheoretische Grundlagen. In: F. Becker-Stoll & B. Nagel (Hrsg.), Bildung und Erziehung in Deutschland. Pädagogik für Kinder von 0 bis 10 Jahren (S. 46–54). Berlin: Cornelsen Scriptor.

Becker-Stoll, F. (2017): Bedeutung der elterlichen Feinfühligkeit für die kindliche Entwicklung. In: M. Wertfein, A. Wildgruber, C. Wirts & F. Becker-Stoll (Hrsg.), Interaktionen in Kindertageseinrichtungen. Theorie und Praxis im interdisziplinären Bezug (S. 10–21). Göttingen: Vandenhoeck & Ruprecht.

Bloch, B. & Schilk, M. (2013): Didaktik von Ritualen und Alltagsroutinen. In: N. Neuß (Hrsg.), Grundwissen Didaktik für Krippe und Kindergarten (S. 138–148). Berlin: Cornelsen.

Boll, A. (2020): Das Kreuz der Elementardidaktik. Bedeutung der intuitiven Mathetik als Lernkunst der Kinder im Kontext der Bildungsplanung. Bad Heilbrunn: Julius Klinkhardt.

Borke, J., Lamm, B. & Schröder, L. (2019): Kultursensitive Entwicklungspsychologie (0–6 Jahre). Grundlagen und Praxis für pädagogische Arbeitsfelder. Göttingen: Vandenhoeck & Ruprecht.

Brandes, H. (2009): Die Kindergruppe als Übergangsraum. In: Psychosozial, H. 1, S. 49–60.

Brandes, H. & Schneider-Andrich, P. (2017): Die Bedeutung der Gleichaltrigen in Kindertageseinrichtungen. Ein soziologischer und entwicklungspsychologischer Blick auf Peerbeziehungen jüngerer Kinder. In: frühe Kindheit, 02, S. 22–28.

Brandes, H. & Schneider-Andrich, P. (2019): Peers ins Spiel bringen. In: I. Schenker (Hrsg.), Didaktik in Kindertageseinrichtungen. Eine systemisch-konstruktivistische Perspektive (S. 63–80). Weinheim & Basel: Beltz Juventa.

Bredekamp, S. & Rosegrant, T. (1992): Reaching Potentials: Appropiate Curriculum and Assessment for Young Children. National Association for the Education of Young Children. Washington: NAYEC.
Brumlik, M. (2014): Interaktion und Kommunikation. In: C. Wulf & J. Zirfas (Hrsg.), Handbuch Pädagogische Anthropologie (S. 215–225). Wiesbaden: Springer VS.
Bundesinstitut für Berufsbildung (BIBB) (o. J.): Definition und Kontextualisierung des Kompetenzbegriffs. Online verfügbar unter https://www.bibb.de/de/8570.php, Zugriff am 1.10.2021.
Buschle, C. & Friederich, T. (2019): Fort- und Weiterbildung. Beitrag im Lexikon des Socialnet. Online verfügbar unter https://www.socialnet.de/lexikon/Fort-und-Weiterbildung, Zugriff am 29.10.2021.
Buschle C. & Gruber, V. (2018): Die Bedeutung von Weiterbildung für das Arbeitsfeld Kindertageseinrichtung. Weiterbildungsinitiative Frühpädagogische Fachkräfte, WiFF Studien, Band 30. München.
Cloos, P. (2016): Kindheitspädagogische Qualifizierung an Fach- und Hochschule. In: J. Helm & A. Schwertfeger (Hrsg.), Arbeitsfelder der Kindheitspädagogik – eine Einführung (S. 342–359). Weinheim und Basel: Beltz Juventa.
Corsaro, W. A. (2000): Early childhood education, children's peer cultures, and the future of childhood. European Early Childhood Education Research Journal, Vol. 8, Nr. 2, S. 89–102.
Dehnbostel, P. (2012): Berufliche Kompetenzentwicklung im Kontext informellen und reflexiven Lernens – Stärkung der Persönlichkeits- und Bildungsentwicklung? In: K. Barre & C. Hahn (Hrsg.), Kompetenz. Fragen an eine (berufs-)pädagogische Kategorie (S. 11–30). Hamburg: Universitäts-Bibliothek der Helmut-Schmidt-Universität.
Deinet, U. (2011): Der sozialräumliche Blick auf Kindheit und Kindertageseinrichtungen. In: R. Günther, K. Pfeifer & T. Drößler (Hrsg.), Aufwachsen in Dialog und sozialer Verantwortung (S. 291–310). Wiesbaden: Springer VS.
Deinet, U. (2018): Jugendliche Raumaneignung in Shoppingmalls. In U. Deinet (Hrsg.), Jugendliche und die »Räume« der Shopping Malls. Aneignungsformen, Nutzungen, Herausforderungen für die pädagogische Arbeit. Mit aktuellen Studien aus Deutschland, Österreich und der Schweiz (S. 105–121). Leverkusen/Opladen: Barbara Budrich.
Denker, H. (2012): Bindung und Theory of Mind. Wiesbaden: Springer.
Deutsches Jugendinstitut (DJI)/Weiterbildungsinitiative Frühpädagogische Fachkräfte (WiFF) (Hrsg.) (2011): Frühe Bildung – Bedeutung und Aufgaben der pädagogischen Fachkraft. Grundlagen für die kompetenzorientierte Weiterbildung. WiFF Wegweiser Weiterbildung, Band 4. München.
Dewey, J. (2000): Demokratie und Erziehung. Eine Einleitung in die philosophische Erziehung. Weinheim/München: Beltz Juventa.
Dohmen, G. (2001): Das informelle Lernen. Die internationale Erschließung einer bisher vernachlässigten Grundform menschlichen Lernens für das lebenslange Lernen Aller. Bonn: BMBWFT.
Dollase, R. (2007): Bildung im Kindergarten und Früheinschulung. Ein Fall von Ignoranz und Forschungsamnesie. Zeitschrift für Pädagogische Psychologie, 21, S. 5–10.
Deutsches Jugendinstitut/Weiterbildungsinitiative Frühpädagogische Fachkräfte (Hrsg.) (2011): Frühe Bildung – Bedeutung und Aufgaben der pädagogischen Fachkraft. Grundlagen für die kompetenzorientierte Weiterbildung. WiFF Wegweiser Weiterbildung, Band 4. München.
Drieschner, E. (2010): Bildung als Selbstbildung oder Kompetenzentwicklung? Zur Ambivalenz von Kind- und Kontextorientierung in der frühpädagogischen Bildungsdebatte. In: D. Gaus & E. Drieschner (Hrsg.), ›Bildung‹ jenseits pädagogischer Theoriebildung? Fragen zu Sinn, Zweck und Funktion der Allgemeinen Pädagogik (S. 183–220). VS Verlag für Sozialwissenschaften: Wiesbaden.
Drieschner, E. (2011): Bindung und kognitive Entwicklung – ein Zusammenspiel. WiFF Expertise Band 13. Deutsches Jugendinstitut, München.
Drieschner, E. (2017): Bildung als Selbstgestaltung des Lebenslaufs. Zur Funktion von Erziehung und Bildung. Berlin: Logos.

Drieschner, E. (2018): Neuere frühpädagogische Ansätze. In: Th. Schmidt & W. Smidt (Hrsg.), Handbuch empirische Forschung in der Pädagogik der frühen Kindheit (S. 141–153). Münster und New York: Waxmann.

Duncker, H. (2012): Bindung und Theory of Mind. Wiesbaden: VS Springer.

Durand, J. & Flämig, K. & Schelle, R. (i. Vorb.): Alltagsintegrierte Bildung. Entwicklungspfade und Diskurslinien.

Egert, F. (2015): Meta-analysis on the impact of in-service professional development programs for preschool teachers on quality ratings and child outcomes. Online verfügbar unter https://opus4.kobv.de/opus4-bamberg/frontdoor/index/index/docId/45682, Zugriff am 28.10.2021.

Egert, F. & Hopf, M. (2016): Zur Wirksamkeit von Sprachförderung in Kindertageseinrichtungen in Deutschland. In: Kindheit und Entwicklung, 25, S. 153–163.

Egert, F., Eckhardt, A. & Fukkink, R. (2017): Zentrale Wirkmechanismen von Weiterbildungen zur Qualitätssteigerung in Kindertageseinrichtungen. Ein narratives Review. Frühe Bildung, 6 (2), S. 58–66.

Egert, F., Quehenberger, J., Dederer, V. & Wirts, C. (2018): Kindliche Initiative als Qualitätsindikator bei sprachlichen Bildungsaktivitäten. Ergebnisse einer empirischen Untersuchung. In: Diskurs Kindheits- und Jugendforschung, H. 4, S. 489–494.

Egert, F., Dederer, V. & Fukkink, R. (2020): The impact of in-service professional development on the quality of teacher-child interactions in early education and care: A metaanalysis. Educational Research Review, 29, 100309.

Ehm, J.-H., Lonnemann, J. & Hasselhorn, M. (2017): Wie Kinder zwischen vier und acht Jahren lernen. Psychologische Erkenntnisse und Konsequenzen für die Praxis. Stuttgart: Kohlhammer.

Ellermann, W. (2013): Bildungsarbeit im Kindergarten erfolgreich planen. Berlin: Cornelsen.

Erath, P. & Rossa, M. (2017): Lernen von der Sache aus?! Über Möglichkeiten und Schwierigkeiten einer dialogisch-instruktiven Didaktik für den Elementarbereich. In: P. Erath, F.-M. Konrad & M. Rossa (Hrsg.), Der Kindergarten als Bildungseinrichtung (S. 97–118). Bad Heilbrunn: Klinkhardt.

Finch, J., Johnson, A. & Phillips, D. (2015): Is sensitive caregiving in child care associated with children's effortful control skills? An exploration of linear and threshold effects. Early Childhood Research Quarterly, 31 (2), S. 125–134.

Flechsig, K.-H. & Haller, H.-D. (1977): Einführung in didaktisches Handeln. Ein Lernbuch für Einzel- und Gruppenarbeit (2. Auflage). Stuttgart: Ernst Klett.

Fleer, M. (2009): A Cultural-Historical Perspective on Play: Play as a Leading Activity Across Cultural Communities. In: I. Pramling-Samuelsson & M. Fleer (Hrsg.), Play and Learning in Early Childhood Settings (S. 1–18). Ohne Ortsangabe: Springer.

Frank, S. & Iller, C. (2013): Kompetenzorientierung – mehr als ein didaktisches Prinzip. In: DIE-Report. Jg. 36, Nr. 4, S. 32–41.

Fried, L. (2013): Die Qualität der Interaktionen zwischen frühpädagogischen Fachkräften und Kindern – Ausprägungen, Moderatorvariablen und Wirkungen am Beispiel SORESI. In: K. Fröhlich-Gildhoff, I. Nentwig-Gesemann, A. König, U. Stenger & D. Weltzien (Hrsg.), Forschung in der Frühpädagogik VI: Schwerpunkt: Interaktion zwischen Fachkräften und Kindern (S. 35–58). Freiburg: FEL Verlag Forschung – Entwicklung – Lehre.

Friederich, T. & Buschle, C. (2021): Fort- und Weiterbildung in der Frühpädagogik. Online verfügbar unter https://www.socialnet.de/lexikon/Fort-und-Weiterbildung-in-der-Fruehpaedagogik, Zugriff am 28.10.2021.

Friederich, T. (2017): Professionalisierung frühpädagogischer Fachkräfte in Aus- und Weiterbildung. Eine pädagogisch-professionstheoretische Verortung. Weinheim und Basel: Beltz Juventa.

Friederich, T. & Schelle, R. (2015): Kompetenzorientierung. Qualitätsmerkmal frühpädagogischer Weiterbildungen? In: A. König & T. Friederich (Hrsg.), Qualität durch Weiterbildung. Konzeptionelle Denkanstöße für die Frühe Bildung (S. 40–64). Weinheim und Basel: Beltz Juventa.

Fröhlich-Gildhoff, K., Mischo, C. & Castello, A. (2016): Entwicklungspsychologie für Fachkräfte in der Frühpädagogik. Grundlagen der Frühpädagogik. Band 2. Köln/Kronach: Wolters Kluwer.
Fröhlich-Gildhoff, K., Nentwig-Gesemann, I. & Pietsch, S. (2011): Kompetenzorientierung in der Qualifizierung frühpädagogischer Fachkräfte. Weiterbildungsinitiative Frühpädagogische Fachkräfte. WiFF Expertise, Band 19. München.
Fröhlich-Gildhoff, K. (2013): Angewandte Entwicklungspsychologie. Begleiten, Unterstützen und Fördern in Familie, Kita und Grundschule. Stuttgart: Kohlhammer.
Fthenakis, W. E. (2002): Der Bildungsauftrag in Kindertageseinrichtungen – ein umstrittenes Terrain? Online verfügbar unter https://familienhandbuch.de/kita/krippe/rund-um/derbildungsauftraginkindertageseinrichtungen.php, Zugriff am 29.1.2021.
Gaus, D. & Drieschner, E. (2020): Zur Einführung. Theorien und Konzepte in der Pädagogik – Zum Spannungsverhältnis zwischen wissenschaftlicher Erkenntnis und professioneller Handlungsorientierung. In: D. Gaus & E. Drieschner (Hrsg.), Perspektiven pädagogischer Konzeptforschung (S. 7–14). Weinheim/Basel: Beltz Juventa.
Giese, M. (2010): Der Erfahrungsbegriff in der Didaktik – eine semiotische Analyse. In: Zeitschrift für Pädagogik 56 1, S. 69–89.
Göhlich, M., Wulf, C. & Zirfas, J. (2014): Pädagogische Zugänge zum Lernen. In: M. Göhlich, C. Wulf & J. Zirfas (Hrsg.), Pädagogische Theorien des Lernens (2. Auflage) (S. 7–22). Weinheim und München: Beltz Juventa.
Göhlich, M. (2014): Aus Erfahrung lernen. In: M. Göhlich, C. Wulf & J. Zirfas (Hrsg.), Pädagogische Theorien des Lernens (2. Auflage) (S. 191–202). Weinheim und Basel: Beltz Juventa.
Gold, A. & Dubowy, M. (2010): Frühe Bildung. Lernförderung im Elementarbereich. Stuttgart: Kohlhammer.
Hauser, B. (2005): Das Spiel als Lernmodus: Unter Druck von Verschulung – im Lichte der neueren Forschung. In: T. Guldimann & B. Hauser (Hrsg.), Bildung 4- bis 8-jähriger Kinder (S. 143–167). Münster: Waxmann.
Hasselhorn, M. (2005): Lernen im Altersbereich zwischen 4 und 8 Jahren: Individuelle Voraussetzungen, Entwicklung, Diagnostik und Förderung. In: T. Guldimann & B. Hauser (Hrsg.), Bildung 4- bis 8-jähriger Kinder (S. 77–88). Münster: Waxmann.
Hasselhorn, M. (2011): Lernen im Vorschul- und frühen Schulalter. In: F. Vogt, M. Leuchter, A. Tettenborn, U. Hottinger, M. Jäger & E. Wannack (Hrsg.), Entwicklung und Lernen junger Kinder (S. 11–21). Münster, New York, München und Berlin: Waxmann.
Heiland, H. (2010): Fröbels Pädagogik der Kindheit – didaktische Überlegungen zu seiner Spielpädagogik. In: D. Kasüschke (Hrsg.), Didaktik in der Pädagogik der frühen Kindheit (S. 15–44). Kronach: Carl Link.
Heimlich, U. (2017): Das Spiel mit Gleichaltrigen in Kindertageseinrichtungen. Teilhabechancen für Kinder mit Behinderung. Weiterbildungsinitiative Frühpädagogische Fachkräfte, WiFF Expertisen, Band 49. München.
Hildebrandt, F. (2020): Kognitiv anregende Interaktionen im Kita-Alltag gestalten – Warum es wichtig ist und wie es geht. In: G. Müller & R. Thümmler (Hrsg.), Frühkindliche Bildung zwischen Wunsch und Wirklichkeit. Neues zur Kindheits- und Familienpädagogik (S. 193–205). Weinheim: Beltz Juventa.
Hoffer, R. (2014): Transfer in der kompetenzorientierten Weiterbildung für Kita-Leitungen. In: Deutsches Jugendinstitut/Weiterbildungsinitiative Frühpädagogische Fachkräfte (Hrsg.), Leitung von Kindertageseinrichtungen. Grundlagen für die kompetenzorientierte Weiterbildung (Wegweiser Weiterbildung, Bd. 10) (S. 233–248). München.
Honig, M.-S. (2002): Instituetik frühkindlicher Bildungsprozesse – Ein Forschungsansatz. In: L. Liegle & R. Treptow (Hrsg.), Welten der Bildung in der Pädagogik der frühen Kindheit und in der Sozialpädagogik (S. 181–194). Freiburg i. Br.: Herder.
Honig, M.-S. (2011): Auf dem Weg zu einer Theorie betreuter Kindheit. In: S. Wittmann, Th. Rauschenbach & H. R. Leu (Hrsg.), Kinder in Deutschland (S. 181–197). Weinheim und München: Juventa Verlag.
Honig, M.-S. (2015): Vorüberlegungen zu einer Theorie institutioneller Kleinkinderziehung. In P. Cloos, K. Koch, K. & C. Mähler (Hrsg.), Entwicklung und Förderung in der frühen

Kindheit. Interdisziplinäre Perspektiven (S. 43–59). Weinheim/Basel: Beltz Juventa.Hopf, M. (2012): Sustained Shared Thinking im frühen naturwissenschaftliche-technischen Lernen. Münster, New York, München und Berlin: Waxmann.

Hopf, M. (2020): Didaktische Konzepte für bereichsspezifische Bildungsangebote. In: R. Braches-Chyrek, H. Sünker, C. Röhner & M. Hopf (Hrsg.), Handbuch Frühe Kindheit (2. Auflage) (S. 703–714). Opladen: Barbara Budrich.

Jank, W. & Meyer, H. (2014): Didaktische Modelle. Berlin: Cornelsen.

Jugendministerkonferenz (JMK) & Kultusministerkonferenz (KMK) (2004): Gemeinsamer Rahmen der Länder für die frühe Bildung in Kindertageseinrichtungen. Online verfügbar unter https://www.kmk.org/fileadmin/Dateien/veroeffentlichungen_beschluesse/2004/2004_06_03-Fruehe-Bildung-Kindertageseinrichtungen.pdf, Zugriff am 28.10.2021.

Kärtner, J. (2019): Kind, Kindheit und Entwicklung in der Entwicklungspsychologie. In: C. Dietrich, U. Stenger & C. Stieve (Hrsg.), Theoretische Zugänge zur Pädagogik der frühen Kindheit. Eine kritische Vergewisserung (S. 29–34). Weinheim und Basel: Beltz Juventa.

Kasten, H. (2014): Entwicklungspsychologische Grundlagen der frühen Kindheit und frühpädagogische Konsequenzen. Online verfügbar unter https://www.kita-fachtexte.de/de/fachtexte-finden/entwicklungspsychologische-grundlagen-der-fruehen-kindheit-und-fruehpaedagogische-konsequenzen, Zugriff am 14.07.2021.

Kasüschke, D. (2016): Kinderstärkende Pädagogik und Didaktik in der KiTa. Stuttgart: Kohlhammer.

Klafki, W. (1985): Neue Studien zur Bildungstheorie und Didaktik. Weinheim und Basel: Beltz.

Klafki, W. (1986): Die bildungstheoretische Didaktik im Rahmen kritisch-konstruktiver Erziehungswissenschaft. In: H. Gudjons, R. Teske & R. Winkel (Hrsg.), Didaktische Theorien (S. 13–34). Hamburg: Bergmann+Helbig.

Klafki, W. (2007): Neue Studien zur Bildungstheorie und Didaktik. Zeitgemäße Allgemeinbildung und kritisch-konstruktive Didaktik (6. Auflage). Weinheim und München: Beltz.

Knauf, T. (2013): Moderne Ansätze der Pädagogik der frühen Kindheit. In: L. Fried & S. Roux (Hrsg.), Handbuch Pädagogik der frühen Kindheit (S. 119–129). Berlin: Cornelsen.

Koch, S. (2017): Das Kind als Medium von Bildung. Autorisierungen eines veränderten frühpädagogischen Handelns. In K. Jergus, K. & Ch. Thompson (Hrsg.), Autorisierungen des pädagogischen Selbst. Studien zu Adressierungen der Bildungskindheit. Wiesbaden: VS, S. 177–199.

Koch, S., Schulz, M., Bloch, B., Cloos, P. & Smidt, W. (2018): Frühpädagogische Perspektiven auf Kinder und Kindheiten. Eine Einführung. In: B. Bloch, P. Cloos, S. Koch, M. Schulz & W. Smidt (Hrsg.), Kinder und Kindheiten. Frühpädagogische Perspektiven. (S. 9–20). Weinheim und Basel: BeltzJuventa.

Koller, H.-C. (2012): Bildung anders denken. Einführung in die Theorie transformatorischer Bildungsprozesse. Stuttgart: Kohlhammer.

Koller, H.-C. (2017): Grundbegriffe, Theorien und Methoden der Erziehungswissenschaft. Eine Einführung. Stuttgart: Kohlhammer.

König, A. (2009): Interaktionsprozesse zwischen ErzieherInnen und Kindern. Eine Videostudie aus dem Kindergartenalltag. Wiesbaden: VS.

König, A. (2012): Interaktion als didaktisches Prinzip (2. Auflage). Schaffhausen: Schubi.

König, A. (2019): Zusammenwirken im Team. In: Welt des Kindes, 5, S. 14–16.

König, A. & Viernickel, S. (2016): Interaktions- und Beziehungsgestaltung zwischen pädagogischen Fachkräften und Kindern. Editorial. In: Frühe Bildung, 5 (1), S. 1–2.

König, A. & Buschle, C. (2017): Hoffnungsträger Weiterbildung: Analysen und Diskussion. In. H. von Balluseck (Hrsg.), Professionalisierung der Frühpädagogik. Perspektiven – Entwicklungen – Herausforderungen (S. 119–132). Opladen: Barbara Budrich.

König, A., Kratz, J., Stadler, K. & Uihlein, C. (2018): Aktuelle Entwicklungen in der Ausbildung von Erzieherinnen und Erziehern an Fachschulen für Sozialpädagogik. Organisationsformen, Zulassungsvoraussetzungen und Curricula – eine Dokumentenanalyse. Weiterbildungsinitiative Frühpädagogische Fachkräfte, WiFF Studien, Band 29. München: Deutsches Jugendinstitut.

Kontos, S. (1999): Preschool Teachers' Talk, Roles, an Activity Settings During Free Play. In: Early Childhood Research Quarterly, 14, No.3, 363–382.

Kovacevic J. & Nürnberg, C. (2014): Kompetenzorientierung als ein didaktischer Ansatz frühpädagogischer Weiterbildung. Weiterbildungsinitiative Frühpädagogische Fachkräfte, WiFF Studien, Band 23. München.

Kovacevic, J. & Schelle, R. (2017): Didaktische Prinzipien für eine kompetenzorientierte Weiterbildung. In: Deutsches Jugendinstitut/Weiterbildungsinitiative Frühpädagogische Fachkräfte (Hrsg.), Bildungsteilhabe und Partizipation. Grundlagen für die kompetenzorientierte Weiterbildung. WiFF Wegweiser Weiterbildung, Band 12. München.

Kovacevic, J. & Schelle, R. (o.J.): Prinzipien einer kompetenzorientierten Didaktik. Weiterbildung frühpädagogischer Fachkräfte auf Grundlage der WiFF-Kompetenzprofile. Unveröffentlichtes Diskussionspapier. München.

Kron, F. W. (2008): Grundwissen Didaktik (5. Auflage). München: Ernst Reinhardt.

Kron, F. W., Jürgens, E. & Standop, J. (2014): Grundwissen Didaktik. München: Reinhardt.

Krüger, H.-H. (2019): Erziehungs- und Bildungswissenschaft als Wissenschaftsdisziplin. Opladen: Barbara Budrich.

Kultusministerkonferenz (KMK) & Jugendministerkonferenz (JMK) (2010): Weiterentwicklung der Aus-, Fort- und Weiterbildung von Erzieherinnen und Erziehern – Gemeinsamer Orientierungsrahmen »Bildung und Erziehung in der Kindheit«. Beschluss der Kultusministerkonferenz vom 16.09.2010. Online verfügbar unter https://www.kmk.org/fileadmin/Dateien/veroeffentlichungen_beschluesse/2010/2010_09_16-Ausbildung-Erzieher-KMK-JFMK.pdf, Zugriff am 28.10.2021.

Kultusministerkonferenz (KMK) (2017): Kompetenzorientiertes Qualifikationsprofil für die Ausbildung von Erzieherinnen und Erziehern an Fachschulen und Fachakademien. Beschluss der Kultusministerkonferenz vom 01.12.2011 i.d.F. vom 24.11.2017. Online verfügbar unter https://www.kmk.org/fileadmin/veroeffentlichungen_beschluesse/2011/2011_12_01-ErzieherInnen-QualiProfil.pdf, Zugriff am 28.10.2021.

Kultusministerkonferenz (KMK) (2020a): Kompetenzorientiertes Qualifikationsprofil für die Ausbildung sozialpädagogischer Assistenzkräfte an Berufsfachschulen. Beschluss der Kultusministerkonferenz vom 18.06.2020. Online verfügbar unter https://www.kmk.org/fileadmin/Dateien/veroeffentlichungen_beschluesse/2020/2020_06_18-RVBFS-Qualiprofil-Sozpaedass.pdf, Zugriff am 28.10.2021.

Kultusministerkonferenz (KMK) (2020b): Rahmenlehrplan für die Fachschule für Sozialpädagogik. Beschluss der Kultusministerkonferenz vom 18.06.2020. Online verfügbar unter https://www.kmk.org/fileadmin/Dateien/veroeffentlichungen_beschluesse/2020/2020_06_18-RVFS-RLP-Sozpaed.pdf, Zugriff am 07.10.2022.

Kultusministerkonferenz (KMK) (2021): Rahmenvereinbarung über die Berufsfachschulen. (Beschluss der Kultusministerkonferenz vom 17.10.2013 i.d.F. vom 25.03.2021. Online verfügbar unter https://www.kmk.org/fileadmin/veroeffentlichungen_beschluesse/2013/2013_10_17-RV-Berufsfachschulen.pdf, Zugriff am 11.10.21.

Kunze, H.-R. & Gisbert, K. (2007): Förderung lernmethodischer Kompetenzen in Kindertageseinrichtungen. In: Bundministerium für Bildung und Forschung (BMBF) (Hrsg.), Auf den Anfang kommt es an. Perspektiven für eine Neuorientierung frühkindlicher Bildung. Bildungsforschung, Band 16 (S. 16–117). Bonn/Berlin.

Laewen, H.-J. (2002): Bildung und Erziehung in Kindertageseinrichtungen. In: H.-J. Laewen & B. Andres (Hrsg.), Bildung und Erziehung in der frühen Kindheit. Bausteine zum Bildungsauftrag von Kindertageseinrichtungen (S. 285–299). Weinheim, Basel und Berlin: Beltz.

Laewen, H.-J. (2013): Funktionen der institutionellen Früherziehung: Bildung, Erziehung, Betreuung, Prävention. In: L. Fried & S. Roux (Hrsg.), Handbuch Pädagogik der frühen Kindheit (S. 96–107). Berlin: Cornelsen.

Lenzen, D. (1997): Lösen die Begriffe Selbstorganisation, Autopoiesis und Emergenz den Bildungsbegriff ab? In: Zeitschrift für Pädagogik 43, H. 6, S. 94.

Liegle, L. (2004): Der Bildungsauftrag des Kindergartens. In: T. Rauschenbach & H.-U. Otto (Hrsg.), Die andere Seite der Bildung. Zum Verhältnis von formellen und informellen Bildungsprozessen (S. 117–121). Wiesbaden: VS Verlag für Sozialwissenschaften.

Liegle, L. (2009): Wir brauchen eine Didaktik der indirekten Erziehung. In: Betrifft KINDER, 09/2009, S. 6–13.

Liegle, L. (2010): Didaktik der indirekten Erziehung. In: K. Meiners, G. Schäfer & R. Staege (Hrsg.), Kinderwelten – Bildungswelten. Unterwegs zur Frühpädagogik (S. 11-25). Berlin: Cornelsen Scriptor.

Linberg, A., Freund, J.-D. & Mann, D. (2017): Bedingungen sensitiver Mutter-Kind-Interaktionen. In: H. Wadepohl, K. Mackowiak, K. Fröhlich-Gidlhoff & D. Weltzien (Hrsg.), Interaktionsgestaltung in Familie und Kindertagesbetreuung (S. 27–52). Wiesbaden: Springer.

Linberg, A. & Burghardt, L. (2020): Altersmischung als Herausforderung – Zusammenhänge von Krippenqualität und Altersspanne der Gruppe. Diskurs Kindheits- und Jugendforschung, 15 (1), S. 53–69.

List, G. (2011): Spracherwerb und die Ausbildung kognitiver und sozialer Kompetenzen. Folgerungen für die Entwicklungsförderung. Weiterbildungsinitiative Frühpädagogische Fachkräfte. WiFF Expertisen, Band 11 (3. überarbeitete Auflage). München.

Lloyd, C. A. & Masur, E. F. (2014): Infant behaviors influence mothers' provision of responsive and directive behaviors. Infant Behavior and Development, 37(3), 276–285.

Lüdtke, U. & Licandro, U. (2017): Die Rolle der Peer-Group für die frühe Sprachbildung. In: frühe Kindheit. 02, S. 39–45.

Mackowiak, K., Mai, M., Keller, L., Johannsen, T., Linck, S. & Bethke, C. (2021): Unterstützung kindlicher Lernprozesse durch kognitiv anregende Interaktionen im Kita-Alltag. In: K. Mackowiak, H. Wadepohl & C. Beckerle (Hrsg.), Interaktionen im Kita-Alltag. Grundlagen und Anregungen für die Praxis (S. 43–62). Stuttgart: Kohlhammer.

Markussen-Brown, J., Juhl, C. B., Piasta, S. B., Bleses, D., Hojen, A. & Justice, L. M. (2017): The effects of language- and literacy-focused professional development on early educators and children: A best-evidence meta-analysis. Early Childhood Research Quarterly, 38, S. 97–115.

Martin, E. (2005): Didaktik der sozialpädagogischen Arbeit. Probleme, Möglichkeiten und Qualität sozialpädagogischen Handelns (6. Auflage). Weinheim/München: Juventa.

McNally, S. & Slutsky, R. (2018): Teacher-child relationships make all the difference. Construction quality interactions in early childhood settings. Early Childhood Development and Care, 188 (5), S. 508–523.

Meyer, H. & Walter-Laager, C. (2019): Grundlagen der Didaktik. In: I. Schenker (Hrsg.), Didaktik in Kindertageseinrichtungen. Eine systemisch-konstruktivistische Perspektive (S. 184–214). Weinheim: Beltz Juventa.

Miller-Kipp, G. & Oelkers, J. (2012): Erziehung. In: H.-E. Tenorth & R. Tippelt (Hrsg.), Beltz Lexikon Pädagogik (S. 206–2011). Weinheim und Basel: Beltz.

Münchmeier, R. & Otto, H. U. & Rabe-Kleberg, U. (2002): Bildung und Lebenskompetenz. Opladen: Barbara Budrich.

Mollenhauer, K. (1976): Theorien zum Erziehungsprozeß. Grundfragen der Erziehungswissenschaft (3. Auflage). München: Juventa.

Mundy, P. & Newell, L. (2007): Attention, Joint Attention, and Social Cognition. In: Association for Psychoglogcial Science, Volume 16/5, S. 269–274.

Neumann, K. (2013): Klassiker der Pädagogik der frühen Kindheit. In: L. Fried & S. Roux (Hrsg.), Handbuch Pädagogik der frühen Kindheit (3. Auflage) (S. 107–118). Berlin: Cornelsen.

Neumann, S. (2014): Bildungskindheit als Professionalisierungsprojekt. Zum Programm einer kindheitspädagogischen Professionalisierungs(folgen)forschung. In: T. Betz & P. Cloos (Hrsg.), Kindheit und Profession. Konturen und Befunde eines Forschungsfeldes (S. 145–159). Weinheim und Basel: Beltz Juventa,

Neuß, N. (2013): Was ist Elementardidaktik? – Grundlegendes zum Lernen und seiner Organisation in Kitas. In: N. Neuß (Hrsg.), Grundwissen Didaktik für Krippe und Kindergarten (S. 12–30). Berlin: Cornelsen Scriptor.

Neuß, N. (2019): Elementardidaktik – Vom Nahen zum Fernen. In: I. Schenker (Hrsg.), Didaktik in Kindertageseinrichtungen. Eine systemisch-konstruktivistische Perspektive (S. 215–231). Weinheim: Beltz Juventa.

Neuß, N. & Westerholt, F. (2010): Didaktische Formen und Momente in der elementarpädagogischen Praxis – Dimensionen didaktischen Handelns im Elementarbereich. In: D. Kasüschke (Hrsg.), Didaktik in der Pädagogik der frühen Kindheit (S. 199–224). Kronach: Carl Link.

Niederle, C. (1986): Kindergartendidaktik. Unsere Kinder, 41. Jg., H. 5, S. 97–101.
Niederle, C. (1987): Didaktische Prinzipien der Kindergartenarbeit. Unsere Kinder, 42. Jg., H. 3, S. 49–68.
Niederle, C. (1997): Didaktische Prinzipien der Kindergartenarbeit. In: Sonderdruck der Fachzeitschrift Unsere Kinder, Methoden des Kindergartens, Band 2. S. 7–28.
National Institute of Child Health and Human Developement (NICHD) (2006): The NICHD Study of Early Child Care and Youth Development – Findings for Children up to Age 4 ½ Years. Online verfügbar unter https://www.nichd.nih.gov/publications/pubs/documents/sec cyd_06.pdf, Zugriff am 28.10.2021.
Nittel, D. (2004): Die ›Veralltäglichung‹ pädagogischen Wissens – im Horizont von Profession, Professionalisierung und Professionalität. Zeitschrift für Pädagogik, 50, S. 342–357.
Oerter, R. (2012): Lernen en passant: Wie und warum Kinder spielend lernen. Diskurs Kindheits- und Jugendforschung, 4, S. 389–403.
Otto, H.-U. & Rauschenbach, T. (2004): Die neue Bildungsdebatte. Chance oder Risiko für die Kinder- und Jugendhilfe? In: H.-U. Otto & T. Rauschenbach (Hrsg.), Die andere Seite der Bildung (S. 9–32). Wiesbaden: VS.
Pauen, S. & Vonderlin, E. (2007): Entwicklungsdiagnostik in den ersten drei Lebensjahren. Empfehlungen zum Ausbau eines Erhebungsinstrumentariums über Kinder im Sozio-oekonomischen-Panel (SOEP). Research Notes 21. Berlin: Deutsches Institut für Wirtschaftsforschung.
Pauen, S. (2012): Wie lernen Kleinkinder? Entwicklungspsychologische Erkenntnisse und ihre Bedeutung für Politik und Gesellschaft. Aus Politik und Zeitgeschichte, 22–24/2012, S. 8–14.
Pauen, S. (2017): Milestones of Normal Development in Early Years (MONDEY). In: F. Petermann & S. Wiedebusch (Hrsg.), Praxishandbuch Kindergarten: Entwicklung von Kindern verstehen und fördern (S. 172–193). Göttingen: Hogrefe.
Perren, S. & Diebold, T. (2017): Soziale Kompetenzen sind bedeutsam für gelingende Peer-Beziehungen und Wohlbefinden in der Kindertagesstätte. frühe Kindheit, 02, S. 30–38.
Petermann, F. (2015): Alltagsintegrierte Förderung oder Förderprogramme im Vorschulalter? In: Frühe Bildung, 4 (3), S. 161–164.
Pianta, R. C., La Paro, K., Hamre, B., (2008): Classroom Assessment Scoring System. Manuel (Pre-K). Baltimore: Paul Brookes Publishing Co.
Pietraß, M. & Wagner, H. (2012): Interaktion und Kommunikation. In: H.-E. Tenorth & R. Tippelt (Hrsg.), Beltz Lexikon Pädagogik (S. 346–347). Beltz: Weinheim/Basel.
Pramling Samuelsson, I. & Asplund Carlsson, M. (2007): Spielend Lernen. Stärkung lernmethodischer Kompetenzen. Braunschweig: Schubi Lernmedien GmbH.
Pramling Samuelsson, I. & Pramling, N. (2017): Vorschuldidaktik für das spielend-lernende Kind. In: P. Erath, F.-M. Konrad & M. Rossa (Hrsg.), Der Kindergarten als Bildungseinrichtung (S. 31–42). Bad Heilbrunn: Klinkhardt.
Preissing, C. & Heller, E. (2010): Der Situationsansatz – mit Kindern die Lebenswelt erkunden. In: D. Kasüschke (Hrsg.), Didaktik in der Pädagogik der frühen Kindheit (S. 90–113). Kronach: Carl Link.
Prengel, A. (2016): Bildungsteilhabe und Partizipation in Kindertageseinrichtungen. WiFF Expertisen, Band 47, München.
Rabe-Kleberg, U. (1996): Professionalität und Geschlechterverhältnis. Oder: Was ist »semi« an traditionellen Frauenberufen? In: A. Combe & W. Helsper (Hrsg.), Pädagogische Professionalität. Untersuchungen zum Typus pädagogischen Handelns (1. Auflage) (S. 276–302). Frankfurt am Main: Suhrkamp.
Remsperger, R. (2008): Feinfühligkeit im Umgang mit Kindern. In: kindergarten heute spezial. Wissen kompakt (3. Auflage). Freiburg: Herder.
Remsperger, R. (2011): Sensitive Responsivität. Zur Qualität pädagogischen Handelns im Kindergarten. Wiesbaden: Springer VS.
Remsperger-Kehm, R. (2020): Interaktionen mit Kindern gestalten – zur Sensitiven Responsivität pädagogischer Fachkräfte. In: G. Müller & R. Thümmler (Hrsg.), Frühkindliche Bildung zwischen Wunsch und Wirklichkeit. Neues zur Kindheits- und Familienpädagogik (S. 178–192). Weinheim: Beltz Juventa.

Reinmann, G. (2013): Didaktisches Handeln. Die Beziehung zwischen Lerntheorie und Didaktischem Design. In: M. Ebner & S. Schön (Hrsg.), L3T. Lehrbuch für Lernen und Lehren mit Technologien (2. Auflage). Ohne Ort.
Reich, K. (2008): Konstruktivistische Didaktik (4. Auflage). Weinheim und Basel: Beltz Juventa.
Reich, K. (2014): Inklusive Didaktik. Weinheim und Basel: Beltz Juventa.
Reich, K. (2019): Konstruktivistische und inclusive Didaktik in der frühen Kindheit. In: I. Schenker (Hrsg.), Didaktik in Kindertageseinrichtungen. Eine systemisch-konstruktivistische Perspektive (S. 12–33). Weinheim: Beltz Juventa.
Reischmann, J. (2004): Kompetenz lehren? Kompetenz- und Performanz- Orientierung in der Andragogik zwischen Didaktik und Organisationsentwicklung. Online verfügbar unter http://www.uni-bamberg.de/fileadmin/andragogik/publi/Reischmann04-Kompetenz.pdf, Download am 13.05.2015.
Reusser, K. (2014): Kompetenzorientierung als Leitbegriff für Didaktik. Beiträge zur Lehrerinnen- und Lehrerbildung, 32, S. 325–339.
Reyer, J. (2015): Die Bildungsaufträge des Kindergartens. Geschichte und aktueller Status. Weinheim und Basel: Beltz Juventa.
Röhner, C. (2020): Bildungspläne im Elementarbereich. In: R. Braches-Chyrek, C. Röhner, H. Sünker & M. Hopf (Hrsg.), Handbuch Frühe Kindheit (S. 689–702). Opladen, Berlin &Toronto: Barbara Budrich.
Rogoff, B. (1990): Apprenticeship in thinking. Cognitive development in social context. New York: Oxford University Press.
Rogoff, B. (1991): Social interaction as apprenticeship in thinking: Guidance and participation in spatial planning. In: L. B. Resnick, J. M. Levine & S. D. Teasley (Hrsg.), Perspectives on socially shared cognition (pp. 349–364). Washington, DC: American Psychological Association.
Roux, S. & Sechtig, J. (2018): Förderung sozialer und emotionaler Kompetenzen. In: T. Schmidt & W. Smidt (Hrsg.), Handbuch empirische Forschung in der Pädagogik der frühen Kindheit (S. 231–248). Waxmann: Münster.
Roßbach, H.-G. (2004): Was und wie sollen Kinder im Kindergarten lernen? In: H.-U. Otto & T. Rauschenbach (Hrsg.), Die andere Seite der Bildung (S. 123–131). Wiesbaden: VS.
Roßbach, H.-G. & Spieß, C. K. (2019): Frühe Bildung in Kindertageseinrichtungen. Rahmenbedingungen und Entwicklungen. In: O. Köller, M. Hasselhorn, F. W. Hesse, K. Maaz, J. Schrader, H. Solga, Spieß, C. K & K. Zimmer (Hrsg.), Das Bildungswesen in Deutschland. Bestand und Potenziale (S. 409–440). Bad Heilbrunn: Julius Klinkhardt.
Schäfer, C. (2010): Die Montessorimethode und Didaktik im Kinderhaus. In: D. Kasüschke (Hrsg.), Didaktik in der Pädagogik der frühen Kindheit (S. 64–89). Kronach: Carl Link.
Schäfer, G. (2008): Bildung in der frühen Kindheit. In: W. Thole, H.-G. Roßbach, M. Fölling-Albers & R. Tippelt (Hrsg.), Bildung und Kindheit. Pädagogik der Frühen Kindheit in Wissenschaft und Lehre (S. 125–139). Opladen/Farmington Hills: Barbara Budrich.
Schäfer, G. E. (2010): Bildung und Lernen durch Erfahrung. In: L. Duncker, G. Lieber, N. Neuß & B. Uhlig (Hrsg.), Bildung in der Kindheit. Das Handbuch zum Lernen in Kindergarten und Grundschule (1. Auflage) (S. 23–29). Seelze: Klett/Kallmeyer.
Schäfer, G. E. (2011): Was ist frühkindliche Bildung? Kindlicher Anfängergeist in einer Kultur des Lernens. Weinheim: Beltz Juventa.
Schäfer, G. E. & von der Beek, A. (2013): Didaktik in der frühen Kindheit. Von Reggio lernen und weiterdenken. Weimar und Berlin: verlag das netz.
Schattenhofer, K. (2015): Was ist eine Gruppe? Verschiedene Sichtweisen und Unterscheidung. In: C. Edding & K. Schattenhofer (Hrsg.), Handbuch Alles über Gruppen: Theorie, Anwendung, Praxis (S. 16–46). Weinheim und München: Beltz.
Schelle, R. (2011): Frühe Bildung – Bedeutung und Aufgaben der pädagogischen Fachkraft. Grundlagen für die kompetenzorientierte Weiterbildung. WIFF Weiterbildungsinitiative frühpädagogische Fachkräfte. München.
Schelle, R. (2021): Bildung und Didaktik im Elementarbereich. In: W. Ellermann (Hrsg.), Methodik der Bildungsarbeit in Kindertagesstätten (2. Auflage). Hamburg: Handwerk und Technik.

Schmidt-Hertha, B. (2018): Bildung im Erwachsenenalter. In: R. Tippelt & B. Schmidt-Hertha (Hrsg.), Handbuch Bildungsforschung (S. 827–844). Wiesbaden: Springer VS.

Schön, D. A. (1983): The reflective practitioner. How professionals think in action. New York: Routledge.

Schützeichel, R. (2015): Soziologische Kommunikationstheorien. Konstanz, München: UVK.

Schulz von Thun, F. (1981): Miteinander reden 1. Störungen und Klärungen. Hamburg: Rowohlt.

Schütze, F. (1992): Sozialarbeit als »bescheidene« Profession. In: B. Dewe, W. Ferchhoff & F.-O. Radtke (Hrsg.), Erziehen als Profession. Zur Logik professionellen Handelns in pädagogischen Feldern (S. 132–170). Opladen: Leske + Budrich.

Schüßler, I. (2008): Reflexives Lernen in der Erwachsenenbildung – zwischen Irritation und Kohärenz. Bildungsforschung 5/2.

Schüßler, I. (2011): Methoden der Erwachsenenbildung. In: T. Fuhr, P. Gonon & C. Hof (Hrsg.), Erwachsenenbildung – Weiterbildung. Handbuch der Erziehungswissenschaften (2. Auflage) (S. 449–461). Paderborn: UTB.

Schuster-Lang, K.-M. (2013): Rahmenpläne für die Bildungsarbeit. In: L. Fried & S. Roux (Hrsg.), Handbuch Pädagogik der frühen Kindheit (S. 147–159). Berlin: Cornelsen.

Siebert, H. (2012): Lernen und Bildung Erwachsener. Bielefeld: W. Bertelsmann Verlag.

Siebholz, S. & Winter, D. (2020): Peers in der frühen Kindheit. In: R. Braches-Chyrek, C. Röhner, H. Sünker & M. Hopf (Hrsg.), Handbuch Frühe Kindheit (S. 421–432). Opladen, Berlin und Toronto: Barbara Budrich.

Siegler, R., Eisenberg, N., De Loache, J. & Saffran, J. (2016): Entwicklungspsychologie im Kindes- und Jugendalter. Deutsche Ausgabe herausgegeben von Sabina Pauen (4. Auflage). Berlin, Heidelberg: Springer.

Simó, S., Rauh, H. & Ziegenhain, U. (2000): Mutter-Kind-lnteraktion im Verlaufe der ersten 18 Lebensmonate und Bindungssicherheit am Ende des 2. Lebensjahres. Psychologie in Erziehung und Unterricht, 47, S. 118–141.

Siraj-Blatchford, I. (2007): Effektive Bildungsprozesse: Lehren in der frühen Kindheit. In: F. Becker-Stoll & M. R. Textor (Hrsg.), Die Erzieherin-Kind-Beziehung (S. 97–114). Berlin, Düsseldorf und Mannheim: Cornelsen.

Siraj-Blatchford, I., Sylva, K., Taggart, B., Melhuish, E. & Sammons, P. (2010): Das Projekt »The Effective Provision of Pre-school Education«: Wirksame Bildungsangebote im Vorschulbereich – EPPE. In: K. Sylva et al. (Hrsg.), Frühe Bildung zählt. Das Effective Pre-school and Primary Education Projekt (EPPE) und das Sure Start Programm (S. 15–27). Berlin: Dohrmann Verlag.

Siraj, I. & Asani, R. (2015): The Role Of Sustained Shared Thinking, Play And Metacognition in Young Children's Learning. In: S. Robson & S. Flannery Quinn (Hrsg.), The Routledge International Handbook of Young Children's Thinking and Understanding (S. 403–415). Oxfordshire: Routledge.

Smidt, W. (2012): Zielkindbezogene pädagogische Qualität im Kindergarten. Eine empirisch-quantitative Studie. Münster: Waxmann.

Sommer, A. & Sechtig, J. (2016): Sozio-emotionale Interaktionsqualität vor dem Hintergrund einer erweiterten Altersmischung im Kindergarten. Frühe Bildung, 5(1), S. 13–21.

Stenger, U. (2010): Zur Didaktik in der Reggio-Pädagogik. In: D. Kasüschke (Hrsg.), Didaktik in der Pädagogik der frühen Kindheit (S. 114–143). Kronach: Carl Link.

Studiengangstag Pädagogik der Kindheit (2022): Kerncurriculum »Kindheitspädagogik«. Online verfügbar unter https://www.fbts-ev.de/was-wir-tun, Zugriff am 7.10.2022

Tenorth, H.-E. (2012): Bildung. In: H.-E. Tenorth & R. Tippelt (Hrsg.), Beltz Lexikon Pädagogik (S. 92–95). Beltz: Weinheim/Basel.

Tenorth, H.-E. & Tippelt, R. (2012): Kompetenz. In: H.-E. Tenorth & R. Tippelt (Hrsg.), Beltz Lexikon Pädagogik (S. 413–414). Beltz: Weinheim/Basel.

Tenorth, H.-E. & Tippelt, R. (2012): Beltz Lexikon Pädagogik. Beltz: Weinheim/Basel.

Textor, M. (2019): Bildungspläne für Kitas. Online verfügbar unter https://www.bpb.de/gesellschaft/bildung/zukunft-bildung/292283/bildungsplaene, Zugriff am 18.2.2021.

Thiersch, H. (1979): Lernen in der Jugendhilfe. In: deutsche jugend, S. 459–466.

Thiersch, H. (2006): Leben lernen, Bildungskonzepte und sozialpädagogische Aufgaben. In: H.-U. Otto & J. Oelkers (Hrsg.), Zeitgemäße Bildung. Herausforderung für Erziehungswissenschaft und Bildungspolitik (S. 21–36). München: Reinhardt.

Thiersch, H. (2012): Lebensweltorientierte Soziale Arbeit. Aufgaben der Praxis im sozialen Wandel. Weinheim und München: Beltz Juventa.

Thole, W. (2008): »Professionalisierung« der Pädagogik der Kindheit. Fachliches Potenzial und Forschungsbedarf. In: W. Thole, H.-G. Roßbach, M. Fölling-Albers & R. Tippelt (Hrsg.), Bildung und Kindheit. Pädagogik der Frühen Kindheit in Wissenschaft und Lehre (S. 271–294). Opladen und Farmington Hills: Barbara Budrich.

Tietze, W., Becker-Stoll, F., Bensel, J., Eckhardt, A. G., Haug- Schnabel, G., Kalicki, B. et al. (Hrsg.) (2013): NUBBEK. Nationale Untersuchung zur Bildung, Betreuung und Erziehung in der frühen Kindheit. Weimar, Berlin: Verlag das Netz.

Tomasello, M. (2006): Die kulturelle Entwicklung des menschlichen Denkens (3. Auflage). Frankfurt am Main: Suhrkamp.

Tomasello, M. (2009): Die Ursprünge der menschlichen Kommunikation. Frankfurt am Main: Suhrkamp.

Vereinigung der Bayerischen Wirtschaft (vbw) (2012): Professionalisierung in der Frühpädagogik. Qualifikationsniveau und -bedingungen des Personals in Kindertageseinrichtungen. Gutachten. Münster: Waxmann.

Trigwell, K., Prosser, M. & Waterhous, F. (1997): Relations between Teachers' Approaches to Teaching and Students' Approaches to Learning. In: Higher Education, 37(1), S. 57–70.

Viernickel, S. (2000): Spiel, Streit, Gemeinsamkeit. Einblicke in die soziale Kinderwelt der unter Zweijährigen. Landau: Verlag Empirische Pädagogik.

Viernickel, S. (2009): Bindung, Bildung und Lernen in der frühen Kindheit. In: S. Viernickel (Hrsg.), Beobachtung und Erziehungspartnerschaft. Berlin/Düsseldorf, S .25–34.

Viernickel, S. & Stenger, U. (2010): Didaktische Schlüssel in der Arbeit mit null- bis dreijährigen Kindern. In: D. Kasüschke (Hrsg.), Didaktik in der Pädagogik der frühen Kindheit (S. 175–198). Kronach: Carl Link.

Wadepohl, H. & K. Mackowiack (2016): Beziehungsgestaltung und deren Bedeutung für die Unterstützung von kindlichen Lernprozessen im Freispiel. In: Frühe Bildung, 5(1), S. 22–30.

Wadepohl. H. (2017): Die Gestaltung wertschätzender Interaktionen als eine Facette der Beziehungsqualität in der Kita. In: H. Wadepohl, K. Mackowiak, K. Fröhlich-Gildhoff & D. Weltzien (Hrsg.), Interaktionsgestaltung in Familie und Kindertagesbetreuung (S. 171–198). Wiesbaden: Springer.

Wadepohl, H. (2021): Kognitiv aktivierende Interaktionsgestaltung, Nr. 10/2021. Online verfügbar unter: https://www.kita-fachtexte.de/de/fachtexte-finden/kognitiv-aktivierende-interaktionsgestaltung. Zugriff am 14.10.2022.

Walter-Laager, C. (2019): Didaktik des Frühbereichs. In: I. Schenker (Hrsg.), Didaktik in Kindertageseinrichtungen. Eine systemisch-konstruktivistische Perspektive (S. 250–268). Weinheim: Beltz Juventa.

Watson, K. (2019): »We are all friends«: Disrupting friendship play discourses in inclusive early childhood education. Contemporary Issues in Early Childhood. Vol.20 (3), S. 253–264.

Watzlawick, P., Beavin, J. H. & Jackson, D. D. (1967): Menschliche Kommunikation: Formen, Störungen, Paradoxien. Bern: Huber.

Weltzien, D. (2014): Pädagogik: Die Gestaltung von Interaktionen in der Kita. Merkmale – Beobachtung – Reflexion. Weinheim und Basel: Beltz Juventa.

Weltzien, D., Fröhlich-Gildhoff, K., Strohmer, J., Rönnau-Böse, M., Wünsche, M., Bücklein, C., Hoffer, R. & Tinius, C. (2017): Gestaltung von Interaktionen. Ein videogestütztes Evaluationsinstrument. Manual. Weinheim und Basel: Beltz Juventa.

Werner, C. D., Linting, M., Vermeer, H. J. & van IJzendoorn, M. H. (2016): Do intervention programs in child care promote the quality of caregiver-child interactions? A meta-analysis of randomized controlled trials. Prevention Science, 17, S. 259–273.

Wertfein, M., Wirts, C. & Wildgruber, A. (2015): Bedingungsfaktoren für gelingende Interaktionen zwischen Erzieherinnen und Kindern. Ausgewählte Ergebnisse der BIKE-Studie. IFP Projektbericht 27/2015. München.

Winkel, R. (1983): Die kritisch-kommunikative Didaktik. In: H. Gudjons, R. Teske & R. Winkel (Hrsg.), Didaktische Theorien (2. Auflage) (S. 93–112). Hamburg: Bergmann +Helbig.
Wrana, D. (2015): Subjekt. In: J. Dinkelaker & A. von Hippel (Hrsg.), Erwachsenenbildung in Grundbegriffen (S. 34–41). Stuttgart: Kohlhammer.
Wulf, C. & Zirfas, J. (2014): Homo educandus. Eine Einleitung in die Pädagogische Anthropologie. In: C. Wulf & J. Zirfas (Hrsg.), Handbuch Pädagogische Anthropologie (S. 9–28). Wiesbaden: Springer VS.
Youniss, J. (1980): Parents and Peers in Social Development. Chicago: The University of Chicago Press.
Zirfas, J. (2011): Bildung. In: J. Kade, W. Helsper, C. Lüders, B. Egloff, F.-O. Radtke & W. Thole (Hrsg.), Pädagogisches Wissen. Erziehungswissenschaft in Grundbegriffen (S. 13–19). Stuttgart: Kohlhammer.
Zirfas, J. (2018): Einführung in die Erziehungswissenschaft. Paderborn: UTB.